Kommentierte Gesetzessammlung Sachkunde nach § 34a und Geprüfte Schutz- und Sicherheitskraft

Robert Schwarz

Kommentierte Gesetzessammlung Sachkunde nach § 34a und Geprüfte Schutz- und Sicherheitskraft

Alle einschlägigen Gesetze und Vorschriften inklusive der DGUV Vorschriften 1 und 23

4., durchgesehene Auflage

 Springer Gabler

Robert Schwarz
Berlin, Deutschland

ISBN 978-3-658-33788-9   ISBN 978-3-658-33789-6 (eBook)
https://doi.org/10.1007/978-3-658-33789-6

Die Deutsche Nationalbibliothek verzeichnet diese Publikation in der Deutschen Nationalbibliografie; detaillierte bibliografische Daten sind im Internet über http://dnb.d-nb.de abrufbar.

Springer Gabler

Lektorat/Planung: Irene Buttkus
Springer Gabler ist ein Imprint der eingetragenen Gesellschaft Springer Fachmedien Wiesbaden GmbH und ist ein Teil von Springer Nature.
Die Anschrift der Gesellschaft ist: Abraham-Lincoln-Str. 46, 65189 Wiesbaden, Germany

Vorwort

Die Arbeit mit den einschlägigen Normen und Vorschriften spielt in den Aus- und Weiterbildungen im Sicherheitsgewerbe eine zentrale Rolle.

Die vorliegende Gesetzessammlung ist als Ergänzung zum Lehr- und Übungsbuch Sachkunde im Bewachungsgewerbe IHK und zum Lehrbuch Geprüfte Schutz- und Sicherheitskraft IHK erschienen und soll die Arbeit mit den wichtigsten Lerninhalten und Übungsfällen ermöglichen.

Analog zu den Lehrbüchern finden sich an den wichtigen Stellen Kommentare und Hinweise zur Anwendung der Vorschriften.

Die Prüfschemata gewährleisten eine gezielte Bearbeitung der Fälle in Vorbereitung auf die mündliche Sachkundeprüfung und die schriftliche Prüfung der Schutz- und Sicherheitskraft.

Viel Erfolg!

Ihr

Berlin, Deutschland   Robert Schwarz
März 2020

Inhaltsverzeichnis

Grundgesetz für die Bundesrepublik Deutschland

GG (Auszug) Ausfertigungsdatum: 23.05.1949

Vollzitat:

Grundgesetz für die Bundesrepublik Deutschland in der im Bundesgesetzblatt Teil III, Gliederungsnummer 100–1, veröffentlichten bereinigten Fassung, das zuletzt durch Artikel 1 des Gesetzes vom 23. Dezember 2014 (BGBl. I S. 2438) geändert worden ist

Stand: Zuletzt geändert durch Art. 1 G v. 23.12.2014 I 2438[1]

Eingangsformel

Der Parlamentarische Rat hat am 23. Mai 1949 in Bonn am Rhein in öffentlicher Sitzung festgestellt, dass das am 8. Mai des Jahres 1949 vom Parlamentarischen Rat beschlossene Grundgesetz für die Bundesrepublik Deutschland in der Woche vom 16. bis 22. Mai 1949 durch die Volksvertretungen von mehr als Zweidritteln der beteiligten deutschen Länder angenommen worden ist. Aufgrund dieser Feststellung hat der Parlamentarische Rat, vertreten durch seine Präsidenten, das Grundgesetz ausgefertigt und verkündet. Das Grundgesetz wird hiermit gemäß Artikel 145 Abs. 3 im Bundesgesetzblatt veröffentlicht:

Präambel

Im Bewusstsein seiner Verantwortung vor Gott und den Menschen, von dem Willen beseelt, als gleichberechtigtes Glied in einem vereinten Europa dem Frieden der

---

[1](+++ Textnachweis Geltung ab: 14.12.1976 +++)

(+++ Maßgaben aufgrund des EinigVtr vgl. GG Anhang EV +++).

© Springer Fachmedien Wiesbaden GmbH, ein Teil von Springer Nature 2021
R. Schwarz, *Kommentierte Gesetzessammlung Sachkunde nach § 34a und Geprüfte Schutz- und Sicherheitskraft*,
https://doi.org/10.1007/978-3-658-33789-6_1

Welt zu dienen, hat sich das Deutsche Volk kraft seiner verfassungsgebenden Gewalt dieses Grundgesetz gegeben. Die Deutschen in den Ländern Baden-Württemberg, Bayern, Berlin, Brandenburg, Bremen, Hamburg, Hessen, Mecklenburg-Vorpommern, Niedersachsen, Nordrhein-Westfalen, Rheinland-Pfalz, Saarland, Sachsen, Sachsen-Anhalt, Schleswig-Holstein und Thüringen haben in freier Selbstbestimmung die Einheit und Freiheit Deutschlands vollendet. Damit gilt dieses Grundgesetz für das gesamte Deutsche Volk.

1.1   Die Grundrechte

Art 1

(1) Die Würde des Menschen ist unantastbar. Sie zu achten und zu schützen ist Verpflichtung aller staatlichen Gewalt.

(2) Das Deutsche Volk bekennt sich darum zu unverletzlichen und unveräußerlichen Menschenrechten als Grundlage jeder menschlichen Gemeinschaft, des Friedens und der Gerechtigkeit in der Welt.

(3) Die nachfolgenden Grundrechte binden Gesetzgebung, vollziehende Gewalt und Rechtsprechung als unmittelbar geltendes Recht.

Art 2

(1) Jeder hat das Recht auf die freie Entfaltung seiner Persönlichkeit, soweit er nicht die Rechte anderer verletzt und nicht gegen die verfassungsmäßige Ordnung oder das Sittengesetz verstößt.

(2) Jeder hat das Recht auf Leben und körperliche Unversehrtheit. Die Freiheit der Person ist unverletzlich. In diese Rechte darf nur aufgrund eines Gesetzes eingegriffen werden.

Art 3

(1) Alle Menschen sind vor dem Gesetz gleich.

(2) Männer und Frauen sind gleichberechtigt. Der Staat fördert die tatsächliche Durchsetzung der Gleichberechtigung von Frauen und Männern und wirkt auf die Beseitigung bestehender Nachteile hin.

(3) Niemand darf wegen seines Geschlechtes, seiner Abstammung, seiner Rasse, seiner Sprache, seiner Heimat und Herkunft, seines Glaubens, seiner religiösen oder politischen Anschauungen benachteiligt oder bevorzugt werden. Niemand darf wegen seiner Behinderung benachteiligt werden.

Art 4

(1) Die Freiheit des Glaubens, des Gewissens und die Freiheit des religiösen und weltanschaulichen Bekenntnisses sind unverletzlich.

(2) Die ungestörte Religionsausübung wird gewährleistet.

(3) Niemand darf gegen sein Gewissen zum Kriegsdienst mit der Waffe gezwungen werden. Das Nähere regelt ein Bundesgesetz.

Art 5

(1) Jeder hat das Recht, seine Meinung in Wort, Schrift und Bild frei zu äußern und zu verbreiten und sich aus allgemein zugänglichen Quellen ungehindert zu unterrichten. Die Pressefreiheit und die Freiheit der Berichterstattung durch Rundfunk und Film werden gewährleistet. Eine Zensur findet nicht statt.

(2) Diese Rechte finden ihre Schranken in den Vorschriften der allgemeinen Gesetze, den gesetzlichen Bestimmungen zum Schutze der Jugend und in dem Recht der persönlichen Ehre.

(3) Kunst und Wissenschaft, Forschung und Lehre sind frei. Die Freiheit der Lehre entbindet nicht von der Treue zur Verfassung.

Art 8

(1) Alle Deutschen haben das Recht, sich ohne Anmeldung oder Erlaubnis friedlich und ohne Waffen zu versammeln.

(2) Für Versammlungen unter freiem Himmel kann dieses Recht durch Gesetz oder aufgrund eines Gesetzes beschränkt werden.

Art 10

(1) Das Briefgeheimnis sowie das Post- und Fernmeldegeheimnis sind unverletzlich.

(2) Beschränkungen dürfen nur aufgrund eines Gesetzes angeordnet werden. Dient die Beschränkung dem Schutze der freiheitlichen demokratischen Grundordnung oder des Bestandes oder der Sicherung des Bundes oder eines

Landes, so kann das Gesetz bestimmen, daß sie dem Betroffenen nicht mitgeteilt wird und daß an die Stelle des Rechtsweges die Nachprüfung durch von der Volksvertretung bestellte Organe und Hilfsorgane tritt.

Zu Art. 10
Der Artikel schützt auch die Kommunikation via Internet/E-Mail, dabei erstreckt sich der Schutz nicht nur auf den bloßen Inhalt, sondern beginnt bereits bei der Kommunikation selbst. Die Informationen über Ort, Zeit, Dauer und Beteiligte sind ebenso schutzwürdig im Sinne dieses Gesetzes.

Art 12
(1) Alle Deutschen haben das Recht, Beruf, Arbeitsplatz und Ausbildungsstätte frei zu wählen. Die Berufsausübung kann durch Gesetz oder aufgrund eines Gesetzes geregelt werden.
(2) Niemand darf zu einer bestimmten Arbeit gezwungen werden, außer im Rahmen einer herkömmlichen allgemeinen, für alle gleichen öffentlichen Dienstleistungspflicht.
(3) Zwangsarbeit ist nur bei einer gerichtlich angeordneten Freiheitsentziehung zulässig.

Art 13
(1) Die Wohnung ist unverletzlich.
(2) Durchsuchungen dürfen nur durch den Richter, bei Gefahr im Verzuge auch durch die in den Gesetzen vorgesehenen anderen Organe angeordnet und nur in der dort vorgeschriebenen Form durchgeführt werden.
(3) Begründen bestimmte Tatsachen den Verdacht, daß jemand eine durch Gesetz einzeln bestimmte besonders schwere Straftat begangen hat, so dürfen zur Verfolgung der Tat aufgrund richterlicher Anordnung technische Mittel zur akustischen Überwachung von Wohnungen, in denen der Beschuldigte sich vermutlich aufhält, eingesetzt werden, wenn die Erforschung des Sachverhalts auf andere Weise unverhältnismäßig erschwert oder aussichtslos wäre. Die Maßnahme ist zu befristen. Die Anordnung erfolgt durch einen mit drei Richtern besetzten Spruchkörper. Bei Gefahr im Verzuge kann sie auch durch einen einzelnen Richter getroffen werden.
(4) Zur Abwehr dringender Gefahren für die öffentliche Sicherheit, insbesondere einer gemeinen Gefahr oder einer Lebensgefahr, dürfen technische Mittel zur Überwachung von Wohnungen nur aufgrund richterlicher Anordnung einge-

setzt werden. Bei Gefahr im Verzuge kann die Maßnahme auch durch eine andere gesetzlich bestimmte Stelle angeordnet werden; eine richterliche Entscheidung ist unverzüglich nachzuholen.

(5) Sind technische Mittel ausschließlich zum Schutze der bei einem Einsatz in Wohnungen tätigen Personen vorgesehen, kann die Maßnahme durch eine gesetzlich bestimmte Stelle angeordnet werden. Eine anderweitige Verwertung der hierbei erlangten Erkenntnisse ist nur zum Zwecke der Strafverfolgung oder der Gefahrenabwehr und nur zulässig, wenn zuvor die Rechtmäßigkeit der Maßnahme richterlich festgestellt ist; bei Gefahr im Verzuge ist die richterliche Entscheidung unverzüglich nachzuholen.

(6) Die Bundesregierung unterrichtet den Bundestag jährlich über den nach Absatz 3 sowie über den im Zuständigkeitsbereich des Bundes nach Absatz 4 und, soweit richterlich überprüfungsbedürftig, nach Absatz 5 erfolgten Einsatz technischer Mittel. Ein vom Bundestag gewähltes Gremium übt auf der Grundlage dieses Berichts die parlamentarische Kontrolle aus. Die Länder gewährleisten eine gleichwertige parlamentarische Kontrolle.

(7) Eingriffe und Beschränkungen dürfen im übrigen nur zur Abwehr einer gemeinen Gefahr oder einer Lebensgefahr für einzelne Personen, aufgrund eines Gesetzes auch zur Verhütung dringender Gefahren für die öffentliche Sicherheit und Ordnung, insbesondere zur Behebung der Raumnot, zur Bekämpfung von Seuchengefahr oder zum Schutze gefährdeter Jugendlicher vorgenommen werden.[2]

Zu Art. 13
Der Begriff Wohnung umfasst jeden umschlossenen Raum, der zum Wohnen oder Schlafen benutzt wird. Damit umfasst er auch z. B. Hotelzimmer und überwiegend ortsfeste Wohnwagen, erstreckt sich aber auch auf Nebenräume wie Garagen oder Keller.

Art 14
(1) Das Eigentum und das Erbrecht werden gewährleistet. Inhalt und Schranken werden durch die Gesetze bestimmt.
(2) Eigentum verpflichtet. Sein Gebrauch soll zugleich dem Wohle der Allgemeinheit dienen.

---

[2] Art. 13 Abs. 3: Eingef. durch Art. 1 Nr. 1 G v. 26.3.1998 I 610 mWv 1.4.1998; mit GG Art. 79 Abs. 3 vereinbar gem. BVerfGE v. 3.3.2004 (1 BvR 2378/98, 1 BvR 1084/99).

(3) Eine Enteignung ist nur zum Wohle der Allgemeinheit zulässig. Sie darf nur durch Gesetz oder aufgrund eines Gesetzes erfolgen, das Art und Ausmaß der Entschädigung regelt. Die Entschädigung ist unter gerechter Abwägung der Interessen der Allgemeinheit und der Beteiligten zu bestimmen. Wegen der Höhe der Entschädigung steht im Streitfalle der Rechtsweg vor den ordentlichen Gerichten offen.

Art 19

(1) Soweit nach diesem Grundgesetz ein Grundrecht durch Gesetz oder aufgrund eines Gesetzes eingeschränkt werden kann, muß das Gesetz allgemein und nicht nur für den Einzelfall gelten. Außerdem muß das Gesetz das Grundrecht unter Angabe des Artikels nennen.

(2) In keinem Falle darf ein Grundrecht in seinem Wesensgehalt angetastet werden.

(3) Die Grundrechte gelten auch für inländische juristische Personen, soweit sie ihrem Wesen nach auf diese anwendbar sind.

(4) Wird jemand durch die öffentliche Gewalt in seinen Rechten verletzt, so steht ihm der Rechtsweg offen. Soweit eine andere Zuständigkeit nicht begründet ist, ist der ordentliche Rechtsweg gegeben. Artikel 10 Abs. 2 Satz 2 bleibt unberührt.

1.2   Der Bund und die Länder

Art 20

(1) Die Bundesrepublik Deutschland ist ein demokratischer und sozialer Bundesstaat.

(2) Alle Staatsgewalt geht vom Volke aus. Sie wird vom Volke in Wahlen und Abstimmungen und durch besondere Organe der Gesetzgebung, der vollziehenden Gewalt und der Rechtsprechung ausgeübt.

(3) Die Gesetzgebung ist an die verfassungsmäßige Ordnung, die vollziehende Gewalt und die Rechtsprechung sind an Gesetz und Recht gebunden.

(4) Gegen jeden, der es unternimmt, diese Ordnung zu beseitigen, haben alle Deutschen das Recht zum Widerstand, wenn andere Abhilfe nicht möglich ist.

Art 30
Die Ausübung der staatlichen Befugnisse und die Erfüllung der staatlichen Aufgaben ist Sache der Länder, soweit dieses Grundgesetz keine andere Regelung trifft oder zulässt.

Art 31
Bundesrecht bricht Landesrecht.

1.3   Die Rechtsprechung

Art 104
(1) Die Freiheit der Person kann nur aufgrund eines förmlichen Gesetzes und nur unter Beachtung der darin vorgeschriebenen Formen beschränkt werden. Festgehaltene Personen dürfen weder seelisch noch körperlich misshandelt werden.
(2) Über die Zulässigkeit und Fortdauer einer Freiheitsentziehung hat nur der Richter zu entscheiden. Bei jeder nicht auf richterlicher Anordnung beruhenden Freiheitsentziehung ist unverzüglich eine richterliche Entscheidung herbeizuführen. Die Polizei darf aus eigener Machtvollkommenheit niemanden länger als bis zum Ende des Tages nach dem Ergreifen in eigenem Gewahrsam halten. Das Nähere ist gesetzlich zu regeln.
(3) Jeder wegen des Verdachtes einer strafbaren Handlung vorläufig Festgenommene ist spätestens am Tage nach der Festnahme dem Richter vorzuführen, der ihm die Gründe der Festnahme mitzuteilen, ihn zu vernehmen und ihm Gelegenheit zu Einwendungen zu geben hat. Der Richter hat unverzüglich entweder einen mit Gründen versehenen schriftlichen Haftbefehl zu erlassen oder die Freilassung anzuordnen.
(4) Von jeder richterlichen Entscheidung über die Anordnung oder Fortdauer einer Freiheitsentziehung ist unverzüglich ein Angehöriger des Festgehaltenen oder eine Person seines Vertrauens zu benachrichtigen.

Quellenverzeichnis Gesetzessammlung

www.gesetze-im-internet.de
www.vbg.de

Gewerbeordnung

2

GewO (Auszug) Ausfertigungsdatum: 21.06.1869

Vollzitat:
„Gewerbeordnung in der Fassung der Bekanntmachung vom 22. Februar 1999 (BGBl. I S. 202), die zuletzt durch Artikel 16 des Gesetzes vom 11. November 2016 (BGBl. I S. 2500) geändert worden ist"
Stand: Neugefasst durch Bek. v. 22.02.1999 I 202; Zuletzt geändert durch Art. 16 G v. 11.11.2016 I 2500[1]

---

[1](+++ Textnachweis Geltung ab: 01.04.1983 +++)
(+++ Zur Anwendung vgl. §§ 4, 6, 158 u. 160 +++)
(+++ Maßgaben aufgrund EinigVtr vgl. GewO Anhang EV; Maßgaben nicht mehr anzuwenden gem. Art. 109 Nr. 3 Buchst. A DBuchst. bb, Buchst. b DBuchst. aa, ii, Buchst. c DBuchst. aa G v. 08.12.2010 I 1864 mWv 15.12.2010 und gem. Art. 1 Nr. 6 Buchst. a DBuchst. aa G v. 21.01.2013 I 91 mWv 29.1.2013 +++)
(+++ Amtlicher Hinweis des Normgebers auf EG-Recht: Umsetzung der EGRL 36/2005 (CELEX Nr: 32005L0036) vgl. G v. 12.12.2008 I 2423 +++).

© Springer Fachmedien Wiesbaden GmbH, ein Teil von Springer Nature 2021
R. Schwarz, *Kommentierte Gesetzessammlung Sachkunde nach § 34a und Geprüfte Schutz- und Sicherheitskraft*,
https://doi.org/10.1007/978-3-658-33789-6_2

2.1   Titel I Allgemeine Bestimmungen

§ 1 Grundsatz der Gewerbefreiheit
(1) Der Betrieb eines Gewerbes ist jedermann gestattet, soweit nicht durch dieses
Gesetz Ausnahmen oder Beschränkungen vorgeschrieben oder zugelassen sind.
(2) Wer gegenwärtig zum Betrieb eines Gewerbes berechtigt ist, kann von demsel-
ben nicht deshalb ausgeschlossen werden, weil er den Erfordernissen dieses
Gesetzes nicht genügt.

§ 11b Bewacherregister
(1) Beim Bundesamt für Wirtschaft und Ausfuhrkontrolle (Registerbehörde) wird
ein Bewacherregister eingerichtet und geführt, in dem zum Zweck der Unterstützung der für den Vollzug des § 34a zuständigen Behörden Daten zu Gewerbetreibenden nach § 34a Absatz 1 Satz 1, Wachpersonen nach § 34a Absatz 1a
Satz 1 und mit der Leitung des Betriebes oder einer Zweigniederlassung beauftragten Personen elektronisch auswertbar zu erfassen sind.
(2) Die Registerbehörde darf folgende Daten verarbeiten:
   1. Daten zur Identifizierung und Erreichbarkeit des Gewerbetreibenden nach
   § 34a Absatz 1 Satz 1, bei juristischen Personen der nach Gesetz, Satzung
   oder Gesellschaftsvertrag jeweils allein oder mit anderen zur Vertretung
   berufenen Personen, sowie der mit der Leitung des Betriebes oder einer
   Zweigniederlassung beauftragten Personen:
   a) Familienname, Geburtsname, Vornamen,
   b) Geschlecht,
   c) Geburtsdatum, Geburtsort, Staat,
   d) Staatsangehörigkeiten,
   e) Telefonnummer, E-Mail-Adresse,
   f) Meldeanschrift bestehend aus Straße, Hausnummer, Postleitzahl, Ort,
   Zusatz, Land, Staat und Regionalschlüssel,
   g) Wohnorte der letzten fünf Jahre bestehend aus Straße, Hausnummer,
   Postleitzahl, Land und Staat,
   h) Art des Ausweisdokuments mit ausstellender Behörde, ausstellendem
   Staat, Datum der Ausstellung, Ausweisnummer, Ablaufdatum, soweit
   vorhanden maschinenlesbarem Namen sowie Inhalt der maschinenlesbaren Zone,
   i) sofern der Gewerbetreibende eine juristische Person ist:

      aa) Rechtsform, Registerart, soweit vorhanden im Register eingetragener Name nebst Registernummer, Registergericht oder ausländische Registernummer und Registerbehörde,

      bb) Betriebliche Anschrift des Sitzes der juristischen Person,

      cc) Telefonnummer und E-Mail-Adresse der juristischen Person,

2. Daten zur Identifizierung und Erreichbarkeit des Gewerbebetriebes:

    a) Geschäftsbezeichnung,

    b) Rechtsform, Registerart, soweit vorhanden im Register eingetragener Name nebst Registernummer, Registergericht oder ausländische Registernummer und Registerbehörde,

    c) Betriebliche Anschrift von Hauptniederlassung und sonstigen Betriebsstätten,

    d) Telefonnummer, E-Mail-Adresse,

3. Daten zur Identifizierung und Erreichbarkeit von Wachpersonen nach § 34a Absatz 1a Satz 1:

    a) Familienname, Geburtsname, Vornamen,

    b) Geschlecht,

    c) Geburtsdatum, Geburtsort, Geburtsland,

    d) Staatsangehörigkeiten,

    e) Meldeanschrift bestehend aus Straße, Hausnummer, Postleitzahl, Ort, Zusatz, Land, Staat und Regionalschlüssel,

    f) Wohnorte der letzten fünf Jahre bestehend aus Straße, Hausnummer, Postleitzahl, Land und Staat,

    g) Art des Ausweisdokuments mit ausstellender Behörde, ausstellendem Staat, Datum der Ausstellung, Ausweisnummer, Ablaufdatum, soweit vorhanden maschinenlesbarem Namen sowie Inhalt der maschinenlesbaren Zone,

4. den Umfang und das Erlöschen der Erlaubnis nach § 34a Absatz 1 Satz 1 einschließlich des Datums der Erlaubniserteilung und des Erlöschens, der Angabe der Kontaktdaten der zuständigen Erlaubnisbehörde sowie den Stand des Erlaubnisverfahrens,

5. die Anzeige eines Gewerbetreibenden nach § 13a über die vorübergehende Erbringung von Bewachungstätigkeiten in Deutschland nebst den Daten nach den Nummern 1 bis 3, soweit diese Daten mit der Anzeige zu übermitteln sind,

6. die Angabe der Tätigkeit der Wachperson nach § 34a Absatz 1a Satz 2 und 5,

7. Untersagung der Beschäftigung nach § 34a Absatz 4,
8. Daten zur Überprüfung der Zuverlässigkeit nach § 34a Absatz 1 Satz 3 Nummer 1, auch in Verbindung mit § 34a Absatz 1a Satz 1 Nummer 1:
   a) Datum, Art und Ergebnis der Überprüfung,
   b) Stand des Überprüfungsprozesses der Zuverlässigkeit,
   c) Datum der Bestands- oder Rechtskraft der Entscheidung,
9. die in Nummer 1 genannten Daten des Gewerbetreibenden, der eine Wachperson zur Überprüfung der Zuverlässigkeit anmeldet,
10. Daten zu Sachkunde- und Unterrichtungsnachweisen der Industrie- und Handelskammern:
    a) Art der erworbenen Qualifikation,
    b) bei Unterrichtungsnachweisen der Unterrichtungszeitraum, bei Sachkundenachweisen das Datum der Sachkundeprüfung,
    c) Ausstellungsdatum des Qualifikationsnachweises, Angabe der Identifikationsnummer der ausstellenden Industrie- und Handelskammer, auf dem Qualifikationsnachweis angegebener Familienname, Vornamen, Geburtsdatum und Geburtsort,
    d) soweit vorhanden ein Validierungscode der Industrie- und Handelskammer,
    e) Datum und Inhalt der Rückmeldung aus der elektronischen Abfrage über die Schnittstelle zu der in § 32 des Umweltauditgesetzes bezeichneten gemeinsamen Stelle,
11. Daten zu Qualifikationsnachweisen von Gewerbetreibenden, bei juristischen Personen der nach Gesetz, Satzung oder Gesellschaftsvertrag jeweils allein oder mit anderen zur Vertretung berufenen Personen, der mit der Leitung des Betriebes oder einer Zweigniederlassung beauftragten Personen sowie Wachpersonen, die dem Sachkunde- oder Unterrichtungsnachweis gleichgestellt wurden:
    a) Art der erworbenen Qualifikation,
    b) Unterrichtungszeitraum,
    c) Ausstellungsdatum des Qualifikationsnachweises, Angabe der Kontaktdaten der ausstellenden Stelle, auf dem Qualifikationsnachweis angegebener Familienname, Vornamen, Geburtsdatum und Geburtsort,
    d) Bescheinigungen des Gewerbetreibenden nach § 17 der Bewachungsverordnung,
12. Daten aus der Schnittstelle des Bewacherregisters zum Bundesamt für Verfassungsschutz nach § 34a Absatz 1 Satz 5 Nummer 4:
    a) meldendes Landesamt für Verfassungsschutz,
    b) Datum der Meldung sowie
    c) Angabe, ob Erkenntnisse vorliegen,

13. Daten zur Identifikation und Erreichbarkeit der für den Vollzug des § 34a
    zuständigen Behörden:
    a) Name,
    b) Anschrift,
    c) Kurzbezeichnung,
    d) Land,
    e) Telefonnummer, E-Mail-Adresse,
    f) Regionalschlüssel.

(3) Die Registerbehörde darf Statusangaben zum Ablauf der Verfahren sowie die
    für den Vollzug des § 34a notwendigen Verknüpfungen aus den Daten nach
    Absatz 2 und die durch das Register vergebenen Identifikationsnummern für
    die Datenobjekte speichern. Die Identifikationsnummern enthalten keine per-
    sonenbezogenen Angaben und werden den Datensätzen zugeordnet.

(4) Die Industrie- und Handelskammern stellen Daten nach Absatz 2 Num-
    mer 10 in Bezug auf Qualifikationsnachweise, die nach dem 1. Januar 2009
    ausgestellt wurden, über die in § 32 Absatz 2 Satz 1 des Umweltauditgesetzes
    bezeichnete gemeinsame Stelle elektronisch zum Abruf für die Registerbe-
    hörde bereit. Die Industrie- und Handelskammern dürfen Daten nach Absatz 2
    Nummer 10 in Bezug auf Qualifikationsnachweise, die vor dem 1. Januar 2009
    ausgestellt wurden, elektronisch zum Abruf bereitstellen. Bei Abfragen durch
    das Bewacherregister, die sich auf Qualifikationsnachweise vor dem 1. Januar
    2009 beziehen, müssen die Daten nacherfasst werden. Dabei üben die zustän-
    digen obersten Landesbehörden die Aufsicht über die Industrie- und Handels-
    kammern aus.

(5) Zum Zweck der Anmeldung von Wachpersonen und der mit der Leitung des
    Betriebes oder einer Zweigniederlassung beauftragten Personen hat der Ge-
    werbetreibende die Vorder- und Rückseite des Ausweisdokuments der anzu-
    meldenden Person in gut lesbarer Fassung vollständig optisch digital erfasst im
    Onlineportal des Registers hochzuladen. Zu diesem Zweck darf der Gewerbe-
    treibende eine Kopie des Ausweisdokuments anfertigen. Der Gewerbetreibende
    bende ist verpflichtet, die Kopie, auch in digitaler Form, unverzüglich nach
    dem Hochladen in das Register zu vernichten. Die in das Register hochgela-
    dene optisch digital erfasste Kopie wird nach Prüfung durch die für den Vollzug
    des § 34a zuständigen Behörden, spätestens nach Bestands- oder Rechtskraft
    der Entscheidung über die Zuverlässigkeit, von der Registerbehörde gelöscht.

(6) Die für den Vollzug des § 34a zuständigen Behörden sind verpflichtet, nach
    Maßgabe des Satzes 2 der Registerbehörde im Anschluss an ein in Absatz 7
    bezeichnetes die Speicherung begründendes Ereignis unverzüglich die nach
    Absatz 2 zu speichernden oder zu einer Änderung oder Löschung einer Eintra-

gung im Register führenden Daten zu übermitteln. Zu diesem Zweck hat der Gewerbetreibende der an seinem Betriebssitz für den Vollzug des § 34a zuständigen Behörde Änderungen der Daten nach Absatz 2 Nummer 1, 2, 10 und 11, ausgenommen die Daten zu den mit der Leitung des Betriebes oder einer Zweigniederlassung beauftragten Personen, unverzüglich, spätestens 14 Tage nach dem Erlangen der Kenntnis der Änderungen, mitzuteilen. Änderungen betreffend Daten zu Wachpersonen nach Absatz 2 Nummer 3, 6, 10 und 11 sowie zu den mit der Leitung des Betriebes oder einer Zweigniederlassung beauftragten Personen nach Absatz 2 Nummer 1, 10 und 11 hat der Gewerbetreibende unverzüglich, spätestens 14 Tage nach dem Erlangen der Kenntnis der Änderungen, über das Bewacherregister mitzuteilen. Zu diesem Zweck ist der Gewerbetreibende berechtigt, Änderungen betreffend Daten nach den Sätzen 2 und 3 zu erheben und

1. im Falle des Satzes 2 an die für den Vollzug des § 34a zuständige Behörde und
2. im Falle des Satzes 3 an die Registerbehörde
   zum Zwecke der Speicherung zu übermitteln.

Der Gewerbetreibende hat Wachpersonen und mit der Leitung eines Betriebes oder einer Zweigniederlassung beauftragte Personen sechs Wochen nach Beendigung des Beschäftigungsverhältnisses über das Bewacherregister bei der für den Vollzug des § 34a zuständigen Behörde abzumelden.

(7) Im Bewacherregister sind die Daten aus den folgenden Anlässen zu speichern:
1. Beantragen oder Erteilen einer Erlaubnis nach § 34a Absatz 1 Satz 1,
2. Versagen oder Erlöschen einer Erlaubnis nach § 34a Absatz 1 Satz 1,
3. Untersagen der Beschäftigung nach § 34a Absatz 4,
4. Anmelden und Abmelden von Wachpersonen und mit der Leitung des Betriebes oder einer Zweigniederlassung beauftragter Personen,
5. Melden von Datenänderungen durch den Gewerbetreibenden gegenüber der für den Vollzug des § 34a zuständigen Behörde nach Absatz 6 Satz 2 oder dem Bewacherregister nach Absatz 6 Satz 3,
6. Überprüfen der Zuverlässigkeit im Rahmen der Regelüberprüfung nach spätestens fünf Jahren von Gewerbetreibenden und gesetzlichen Vertretern juristischer Personen nach § 34a Absatz 1 Satz 10 sowie Wachpersonen nach § 34a Absatz 1a Satz 7 und mit der Leitung des Betriebes oder einer Zweigniederlassung beauftragter Personen,

7. Überprüfen aufgrund eines Nachberichts durch die zuständigen Verfassungsschutzbehörden und Polizeibehörden nach § 34a Absatz 1b Satz 1.

(8) Die Registerbehörde löscht auf Veranlassung der für den Vollzug des § 34a zuständigen Behörden die im Bewacherregister gespeicherten Daten:

1. in den Fällen des Absatzes 7 Nummer 1 bei eingetragener Beantragung der Erlaubnis und begonnener Prüfung, sechs Monate nach Rücknahme des Antrags auf Erlaubnis,

2. in den Fällen des Absatzes 7 Nummer 2 betreffend eine versagte oder zurückgenommene oder widerrufene Erlaubnis durch Überschreibung der Daten bei erneuter Beantragung und Erteilung der Erlaubnis, spätestens nach fünf Jahren; bei Erlöschen der Erlaubnis durch Verzicht oder Tod oder Untergang der juristischen Person, sechs Monate nach Erlöschen der Erlaubnis; bei Verzicht während eines Rücknahmeverfahrens oder Widerrufsverfahrens wegen Unzuverlässigkeit, wenn der Verzicht durch eine spätere Entscheidung gegenstandslos wird,

3. in den Fällen des Absatzes 7 Nummer 3 durch Überschreiben der Daten bei einer zeitlich nachfolgenden Feststellung der Zuverlässigkeit,

4. in den Fällen des Absatzes 7 Nummer 4 bei Anmeldungen betreffend Wachpersonen oder mit der Leitung des Betriebes oder einer Zweigniederlassung beauftragten Personen die Wohnorte der letzten fünf Jahre nach der Entscheidung über die Zuverlässigkeit der Wachpersonen oder der mit der Leitung des Betriebes oder einer Zweigniederlassung beauftragten Personen,

5. in den Fällen des Absatzes 7 Nummer 4 bei Abmeldungen betreffend Wachpersonen und mit der Leitung des Betriebes oder einer Zweigniederlassung beauftragten Personen ein Jahr nach Abmeldung des letzten für die natürliche Person gemeldeten Beschäftigungsverhältnisses im Register,

6. in den Fällen des Absatzes 7 Nummer 5 bei Meldung von Änderungen betreffend Daten nach Absatz 2 Nummer 1, 2, 3, 6, 10 und 11 durch Überschreiben der bisherigen Einträge im Register,

7. in den Fällen des Absatzes 7 Nummer 6 bei Unzuverlässigkeit des Gewerbetreibenden, gesetzlicher Vertreter bei juristischen Personen, von mit der Leitung des Betriebes oder einer Zweigniederlassung beauftragten Personen sowie Wachpersonen, durch Überschreiben der Daten nach Absatz 2 Nummer 7 bei späterer Feststellung der Zuverlässigkeit im Rahmen eines neuen Erlaubnis- oder Anmeldeverfahrens, spätestens nach fünf Jahren, und

8. in den Fällen des Absatzes 7 Nummer 7 bei Unzuverlässigkeit des Gewerbetreibenden, der gesetzlichen Vertreter juristischer Personen, von mit der

Leitung des Betriebes oder einer Zweigniederlassung beauftragten Personen sowie Wachpersonen, durch Überschreiben der Daten nach Absatz 2 Nummer 7 bei späterer Feststellung der Zuverlässigkeit im Rahmen eines neuen Erlaubnis- oder Anmeldeverfahrens, spätestens nach fünf Jahren.

(9) Das Bundesministerium für Wirtschaft und Energie im Einvernehmen mit dem Bundesministerium des Inneren, für Bau und Heimat und dem Bundesministerium der Justiz und für Verbraucherschutz wird ermächtigt, durch Rechtsverordnung mit Zustimmung des Bundesrates die Einzelheiten zu regeln:

1. zu den Datensätzen, die nach Absatz 2 gespeichert werden, sowie zur Datenverarbeitung,

2. zur Einrichtung und Führung des Registers,

3. zum Verfahren der Datenübermittlung an die Registerbehörde, insbesondere durch die für den Vollzug des § 34a zuständigen Behörden und durch die Gewerbetreibenden, sowie der Datenübermittlung durch die Registerbehörde, insbesondere an die für den Vollzug des § 34a zuständigen Behörden,

4. zur Verwendung elektronischer Schnittstellen des Registers, der Schnittstelle zum Verfassungsschutz, zum Deutschen Industrie- und Handelskammertag e. V. und zu Fachverfahren der für den Vollzug des § 34a zuständigen Behörden,

5. zum Verfahren des automatisierten Datenabrufs aus dem Register,

6. zum Datenschutz und der Datensicherheit nebst Protokollierungspflicht der Registerbehörde.

2.2　Titel II Stehendes Gewerbe

2.2.1　I. Allgemeine Erfordernisse

§ 14 Anzeigepflicht; Verordnungsermächtigung

(1) Wer den selbständigen Betrieb eines stehenden Gewerbes, einer Zweigniederlassung oder einer unselbständigen Zweigstelle anfängt, muss dies der zuständigen Behörde gleichzeitig anzeigen. Das Gleiche gilt, wenn

1. der Betrieb verlegt wird,

2. der Gegenstand des Gewerbes gewechselt oder auf Waren oder Leistungen ausgedehnt wird, die bei Gewerbebetrieben der angemeldeten Art nicht geschäftsüblich sind, oder

3. der Betrieb aufgegeben wird.

   Steht die Aufgabe des Betriebes eindeutig fest und ist die Abmeldung nicht innerhalb eines angemessenen Zeitraums erfolgt, kann die Behörde die Abmeldung von Amts wegen vornehmen.

(2) Absatz 1 gilt auch für den Handel mit Arzneimitteln, mit Losen von Lotterien und Ausspielungen sowie mit Bezugs- und Anteilscheinen auf solche Lose und für den Betrieb von Wettannahmestellen aller Art.

(3) Wer die Aufstellung von Automaten jeder Art als selbständiges Gewerbe betreibt, muss die Anzeige bei der zuständigen Behörde seiner Hauptniederlassung erstatten. Der Gewerbetreibende ist verpflichtet, zum Zeitpunkt der Aufstellung des Automaten den Familiennamen mit mindestens einem ausgeschriebenen Vornamen, seine ladungsfähige Anschrift sowie die Anschrift seiner Hauptniederlassung an dem Automaten sichtbar anzubringen. Gewerbetreibende, für die eine Firma im Handelsregister eingetragen ist, haben außerdem ihre Firma in der in Satz 2 bezeichneten Weise anzubringen. Ist aus der Firma der Familienname des Gewerbetreibenden mit einem ausgeschriebenen Vornamen zu ersehen, so genügt die Anbringung der Firma.

(4) Die Finanzbehörden teilen den zuständigen Behörden die nach § 30 der Abgabenordnung geschützten Verhältnisse von Unternehmern im Sinne des § 5 des Gewerbesteuergesetzes mit, wenn deren Steuerpflicht erloschen ist; mitzuteilen sind lediglich Name und betriebliche Anschrift des Unternehmers und der Tag, an dem die Steuerpflicht endete. Die Mitteilungspflicht besteht nicht, soweit ihre Erfüllung mit einem unverhältnismäßigen Aufwand verbunden wäre. Absatz 5 Satz 1 gilt entsprechend.

(5) Die erhobenen Daten dürfen nur für die Überwachung der Gewerbeausübung sowie statistische Erhebungen verwendet werden. Der Name, die betriebliche Anschrift und die angezeigte Tätigkeit des Gewerbetreibenden dürfen allgemein zugänglich gemacht werden.

(6) Öffentlichen Stellen, soweit sie nicht als öffentlich-rechtliche Unternehmen am Wettbewerb teilnehmen, dürfen der Zweckbindung nach Absatz 5 Satz 1 unterliegende Daten übermittelt werden, soweit

1. eine regelmäßige Datenübermittlung nach Absatz 8 zulässig ist,

2. die Kenntnis der Daten zur Abwehr einer gegenwärtigen Gefahr für die öffentliche Sicherheit oder erheblicher Nachteile für das Gemeinwohl erforderlich ist oder

3. der Empfänger die Daten beim Gewerbetreibenden nur mit unverhältnismä-
ßigem Aufwand erheben könnte oder von einer solchen Datenerhebung
nach der Art der Aufgabe, für deren Erfüllung die Kenntnis der Daten erforderlich ist, abgesehen werden muss und kein Grund zu der Annahme besteht, dass das schutzwürdige Interesse des Gewerbetreibenden überwiegt.

Für die Weitergabe von Daten innerhalb der Verwaltungseinheiten, denen die für die Entgegennahme der Anzeige und die Überwachung der Gewerbeausübung zuständigen Behörden angehören, gilt Satz 1 entsprechend.

(7) Öffentlichen Stellen, soweit sie als öffentlich-rechtliche Unternehmen am
Wettbewerb teilnehmen, und nichtöffentlichen Stellen dürfen der Zweckbin-
dung nach Absatz 5 Satz 1 unterliegende Daten übermittelt werden, wenn der
Empfänger ein rechtliches Interesse an der Kenntnis der zu übermittelnden
Daten glaubhaft macht und kein Grund zu der Annahme besteht, dass das
schutzwürdige Interesse des Gewerbetreibenden überwiegt.

(8) Die zuständige Behörde darf Daten aus der Gewerbeanzeige regelmäßig
übermitteln an

1. die Industrie- und Handelskammer zur Wahrnehmung der in den §§ 1, 3
und 5 des Gesetzes zur vorläufigen Regelung des Rechts der Industrie-
und Handelskammern genannten sowie der nach § 1 Abs. 4 desselben
Gesetzes übertragenen Aufgaben,

2. die Handwerkskammer zur Wahrnehmung der in § 91 der Handwerksordnung genannten, insbesondere der ihr durch die §§ 6, 19 und 28 der
Handwerksordnung zugewiesenen und sonstiger durch Gesetz übertra-
gener Aufgaben,

3. die für den Immissionsschutz zuständige Landesbehörde zur Durchführung arbeitsschutzrechtlicher sowie immissionsschutzrechtlicher Vorschriften,

3a. die für den technischen und sozialen Arbeitsschutz, einschließlich den
Entgeltschutz nach dem Heimarbeitsgesetz zuständige Landesbehörde
zur Durchführung ihrer Aufgaben,

4. die nach Landesrecht zuständige Behörde zur Wahrnehmung der Aufgaben, die im Mess- und Eichgesetz und in den aufgrund des Mess- und
Eichgesetzes ergangenen Rechtsverordnungen festgelegt sind,

5. die Bundesagentur für Arbeit zur Wahrnehmung der in § 405 Abs. 1 in Verbindung mit § 404 Abs. 2 des Dritten Buches Sozialgesetzbuch sowie der im Arbeitnehmerüberlassungsgesetz genannten Aufgaben,

6. die Deutsche Gesetzliche Unfallversicherung e. V. ausschließlich zur Weiterleitung an die zuständige Berufsgenossenschaft für die Erfüllung der ihr durch Gesetz übertragenen Aufgaben,

7. die Behörden der Zollverwaltung zur Wahrnehmung der ihnen nach dem Schwarzarbeitsbekämpfungsgesetz, nach § 405 Abs. 1 in Verbindung mit § 404 Abs. 2 des Dritten Buches Sozialgesetzbuch sowie nach dem Arbeitnehmerüberlassungsgesetz obliegenden Aufgaben,

8. das Registergericht, soweit es sich um die Abmeldung einer im Handels- und Genossenschaftsregister eingetragenen Haupt- oder Zweigniederlassung handelt, für Maßnahmen zur Herstellung der inhaltlichen Richtigkeit des Handelsregisters gemäß § 388 Absatz 1 des Gesetzes über das Verfahren in Familiensachen und in den Angelegenheiten der freiwilligen Gerichtsbarkeit oder des Genossenschaftsregisters gemäß § 160 des Gesetzes betreffend die Erwerbs- und Wirtschaftsgenossenschaften,

9. die statistischen Ämter der Länder zur Führung des Statistikregisters nach § 1 Abs. 1 Satz 1 des
   Statistikregistergesetzes in den Fällen des Absatzes 1 Satz 2 Nr. 1 und 2,

10. die für die Lebensmittelüberwachung zuständigen Behörden der Länder zur Durchführung lebensmittelrechtlicher Vorschriften.
    Die Übermittlung der Daten ist auf das zur Wahrnehmung der in Satz 1 bezeichneten Aufgaben Erforderliche zu beschränken. § 138 der Abgabenordnung bleibt unberührt.

(9) Darüber hinaus sind Übermittlungen der nach den Absätzen 1 bis 4 erhobenen Daten nur zulässig, soweit die Kenntnis der Daten zur Verfolgung von Straftaten erforderlich ist oder eine besondere Rechtsvorschrift dies vorsieht.

(10) Die Einrichtung eines automatisierten Verfahrens, das den Abruf von Daten aus der Gewerbeanzeige ermöglicht, ist nur zulässig, wenn technisch sichergestellt ist, dass

1. die abrufende Stelle die bei der zuständigen Stelle gespeicherten Daten nicht verändern kann und

2. ein Abruf durch eine in Absatz 7 genannte Stelle nur möglich ist, wenn die abrufende Stelle entweder den Namen des Gewerbetreibenden oder die betriebliche Anschrift des Gewerbetreibenden angegeben hat; der Abruf von Daten unter Verwendung unvollständiger Abfragedaten oder die Suche mittels einer Ähnlichenfunktion kann zugelassen werden.

(11) Die Einrichtung eines automatisierten Verfahrens, das den Abruf von Daten ermöglicht, die der Zweckbindung nach Absatz 5 Satz 1 unterliegen, ist nur zulässig, soweit

1. dies wegen der Häufigkeit oder der Eilbedürftigkeit der Abrufe und unter Berücksichtigung der schutzwürdigen Interessen der Gewerbetreibenden angemessen ist,

2. die zum Abruf bereitgehaltenen Daten ihrer Art nach für die Aufgaben oder Geschäftszwecke des Empfängers erforderlich sein können und

3. technisch sichergestellt ist, dass Daten durch andere als die in Absatz 8 genannten Stellen nur abgerufen werden können, wenn dabei der Verwendungszweck, für den der Abruf erfolgt, sowie das Aktenzeichen oder eine andere Bezeichnung des Vorgangs, für den der Abruf erfolgt, angegeben wird. Die Datenempfänger sowie die Verwendungszwecke, für die Abrufe zugelassen werden, sind vom Leiter der Verwaltungseinheit schriftlich festzulegen. Die zuständige Stelle protokolliert die Abrufe einschließlich der angegebenen Verwendungszwecke und Vorgangsbezeichnungen. Die Protokolle müssen die Feststellung der für die einzelnen Abrufe verantwortlichen Personen ermöglichen. Eine mindestens stichprobenweise Protokollauswertung ist durch die speichernde Stelle zu gewährleisten. Die Protokolldaten dürfen nur zur Kontrolle der Zulässigkeit der Abrufe verwendet werden und sind nach sechs Monaten zu löschen.

(12) Daten, die der Zweckbindung nach Absatz 5 Satz 1 unterliegen, darf der Empfänger nur für den Zweck verwenden, zu dessen Erfüllung sie ihm übermittelt werden.

(13) Über die Gewerbeanzeigen nach Absatz 1 Satz 1 und 2 Nr. 3 werden monatliche Erhebungen als Bundesstatistik durchgeführt. Die Statistik nach Satz 1 soll als Informationsgrundlage für die Wirtschafts-, Wettbewerbs- und Strukturpolitik dienen. Für die Erhebungen besteht Auskunftspflicht. Auskunftspflichtig sind die Anzeigepflichtigen, die die Auskunftspflicht durch Erstattung der Anzeige erfüllen. Die zuständige Behörde übermittelt aus den Gewerbeanzeigen monatlich die Daten als Erhebungs- oder Hilfsmerkmale an die statistischen Ämter der Länder, die zur Führung der Statistik nach Satz 1 erforderlich sind. Die statistischen Ämter der Länder dürfen die Angaben zum eingetragenen Namen des Betriebes mit Rechtsform und zum Namen des Betriebsinhabers für die Bestimmung der Rechtsform bis zum Abschluss der nach § 12 Abs. 1 des Bundesstatistikgesetzes vorgesehenen Prüfung auswerten. Ferner dürfen sie nähere Angaben zu der angemeldeten Tätigkeit unmittelbar bei den Auskunftspflichtigen erfragen, soweit die ge-

meldete Tätigkeit sonst den Wirtschaftszweigen nach Anhang I der Verordnung (EG) Nr. 1893/2006 des Europäischen Parlaments und des Rates vom 20. Dezember 2006 zur Aufstellung der statistischen Systematik der Wirtschaftszweige NACE Revision 2 und zur Änderung der Verordnung (EWG) Nr. 3037/90 des Rates sowie einiger Verordnungen der EG über bestimmte Bereiche der Statistik (ABl. EU Nr. L 393 S. 1) in der jeweils geltenden Fassung nicht zugeordnet werden kann.

(14) Das Bundesministerium für Wirtschaft und Energie erlässt mit Zustimmung des Bundesrates durch Rechtsverordnung zur Gewährleistung der ordnungsgemäßen Erfüllung der Anzeigepflicht nach Absatz 1, zur Regelung der Datenübermittlung nach Absatz 8 sowie zur Führung der Statistik nach Absatz 13 nähere Vorschriften. Die Rechtsverordnung

1. bestimmt insbesondere, welche erforderlichen Informationen in den Anzeigen nach Absatz 1 anzugeben sind,
2. kann die Verwendung von Vordrucken zur Anzeige eines Gewerbes anordnen, die Gestaltung der Vordrucke durch Muster festlegen und Vorgaben treffen, wie und in welcher Anzahl die Vordrucke auszufüllen sind,
3. kann Rahmenvorgaben für die elektronische Datenverarbeitung und -übermittlung festlegen,
4. bestimmt, welche Daten zur Aufgabenwahrnehmung der in Absatz 8 Satz 1 bezeichneten Stellen erforderlicherweise zu übermitteln sind, und
5. bestimmt, welche Daten als Erhebungs- und Hilfsmerkmale für die Statistik nach Absatz 13 Satz 1 an die statistischen Ämter der Länder zu übermitteln sind.[2]

2.2.2 II. Erfordernis besonderer Überwachung oder Genehmigung

B. Gewerbetreibende, die einer besonderen Genehmigung bedürfen

§ 29 Auskunft und Nachschau

(1) Gewerbetreibende oder sonstige Personen,

---

[2](+++ § 14: Zur Nichtanwendung vgl. § 4 +++)
  (+++ § 14: Zur Anwendung vgl. § 158 +++).

1. die einer Erlaubnis nach den §§ 30, 31, 33a, 33c, 33d, 33i, 34, 34a, 34b, 34c, 34d, 34e, 34f, 34h oder 34i bedürfen oder nach § 34i Absatz 4 von der Erlaubnispflicht befreit sind,
2. die nach § 34b Abs. 5 oder § 36 öffentlich bestellt sind,
3. die ein überwachungsbedürftiges Gewerbe im Sinne des § 38 Abs. 1 betreiben,
4. gegen die ein Untersagungsverfahren nach § 35 oder § 59 eröffnet oder abgeschlossen wurde
5. soweit diese einer gewerblichen Tätigkeit nach § 42 Absatz 1 des Kulturgutschutzgesetzes nachgehen.

(Betroffene), haben den Beauftragten der zuständigen öffentlichen Stelle auf Verlangen die für die Überwachung des Geschäftsbetriebs erforderlichen mündlichen und schriftlichen Auskünfte unentgeltlich zu erteilen.

(2) Die Beauftragten sind befugt, zum Zwecke der Überwachung Grundstücke und Geschäftsräume des Betroffenen während der üblichen Geschäftszeit zu betreten, dort Prüfungen und Besichtigungen vorzunehmen, sich die geschäftlichen Unterlagen vorlegen zu lassen und in diese Einsicht zu nehmen. Zur Verhütung dringender Gefahren für die öffentliche Sicherheit oder Ordnung können die Grundstücke und Geschäftsräume tagsüber auch außerhalb der in Satz 1 genannten Zeit sowie tagsüber auch dann betreten werden, wenn sie zugleich Wohnzwecken des Betroffenen dienen; das Grundrecht der Unverletzlichkeit der Wohnung (Artikel 13 des Grundgesetzes) wird insoweit eingeschränkt.

(3) Der Betroffene kann die Auskunft auf solche Fragen verweigern, deren Beantwortung ihn selbst oder einen der in § 383 Abs. 1 Nr. 1 bis 3 der Zivilprozeßordnung bezeichneten Angehörigen der Gefahr strafgerichtlicher Verfolgung oder eines Verfahrens nach dem Gesetz über Ordnungswidrigkeiten aussetzen würde.

(4) Die Absätze 1 bis 3 finden auch Anwendung, wenn Tatsachen die Annahme rechtfertigen, daß ein erlaubnispflichtiges, überwachungsbedürftiges oder untersagtes Gewerbe ausgeübt wird.

§ 34a Bewachungsgewerbe; Verordnungsermächtigung

(1) Wer gewerbsmäßig Leben oder Eigentum fremder Personen bewachen will (Bewachungsgewerbe), bedarf der Erlaubnis der zuständigen Behörde. Die Erlaubnis kann mit Auflagen verbunden werden, soweit dies zum Schutz der Allgemeinheit oder der Auftraggeber erforderlich ist; unter denselben Vo-

raussetzungen sind auch die nachträgliche Aufnahme, Änderung und Ergänzung von Auflagen zulässig. Die Erlaubnis ist zu versagen, wenn

1. Tatsachen die Annahme rechtfertigen, dass der Antragsteller oder eine der mit der Leitung des Betriebes oder einer Zweigniederlassung beauftragten Personen die für den Gewerbebetrieb erforderliche Zuverlässigkeit nicht besitzt,
2. der Antragsteller in ungeordneten Vermögensverhältnissen lebt,
3. der Antragsteller oder eine mit der Leitung des Betriebes oder einer Zweigniederlassung beauftragte Person nicht durch eine vor der Industrie- und Handelskammer erfolgreich abgelegte Prüfung nachweist, dass er die für die Ausübung des Bewachungsgewerbes notwendige Sachkunde über die rechtlichen und fachlichen Grundlagen besitzt; für juristische Personen gilt dies für die gesetzlichen Vertreter, soweit sie mit der Durchführung von Bewachungsaufgaben direkt befasst sind oder keine mit der Leitung des Betriebes oder einer Zweigniederlassung beauftragte Person einen Sachkundenachweis hat, oder
4. der Antragsteller den Nachweis einer Haftpflichtversicherung nicht erbringt.

Die erforderliche Zuverlässigkeit liegt in der Regel nicht vor, wenn der Antragsteller oder eine der mit der Leitung des Betriebes oder einer Zweigniederlassung beauftragten Person

1. Mitglied in einem Verein, der nach dem Vereinsgesetz als Organisation unanfechtbar verboten wurde oder der einem unanfechtbaren Betätigungsverbot nach dem Vereinsgesetz unterliegt, war und seit der Beendigung der Mitgliedschaft zehn Jahre noch nicht verstrichen sind,
2. Mitglied in einer Partei, deren Verfassungswidrigkeit das Bundesverfassungsgericht nach § 46 des Bundesverfassungsgerichtsgesetzes in der Fassung der Bekanntmachung vom 11. August 1993 (BGBl. I S. 1473), das zuletzt durch Artikel 8 der Verordnung vom 31. August 2015 (BGBl. I S. 1474) geändert worden ist, festgestellt hat, war und seit der Beendigung der Mitgliedschaft zehn Jahre noch nicht verstrichen sind,
3. einzeln oder als Mitglied einer Vereinigung Bestrebungen und Tätigkeiten im Sinne des § 3 Absatz 1 des Bundesverfassungsschutzgesetzes vom 20. Dezember 1990 (BGBl. I S. 2954, 2970), das zuletzt durch Artikel 1 des Gesetzes vom 26. Juli 2016 (BGBl. I S. 1818) geändert worden ist, verfolgt oder unterstützt oder in den letzten fünf Jahren verfolgt oder unterstützt hat,

4. in den letzten fünf Jahren vor Stellung des Antrags wegen Versuchs oder
   Vollendung einer der nachstehend aufgeführten Straftaten zu einer Freiheitsstrafe, Jugendstrafe, Geldstrafe von mindestens 90 Tagessätzen oder mindestens zweimal zu einer geringeren Geldstrafe rechtskräftig verurteilt worden ist oder bei dem die Verhängung von Jugendstrafe ausgesetzt worden ist,
   wenn seit dem Eintritt der Rechtskraft der letzten Verurteilung fünf Jahre
   noch nicht verstrichen sind:
   a) Verbrechen im Sinne von § 12 Absatz 1 des Strafgesetzbuches,
   b) Straftat gegen die sexuelle Selbstbestimmung, des Menschenhandels
      oder der Förderung des Menschenhandels, der vorsätzlichen Körperver-
      letzung, Freiheitsberaubung, des Diebstahls, der Unterschlagung, Erpres-
      sung, des Betrugs, der Untreue, Hehlerei, Urkundenfälschung, des Land-
      friedensbruchs oder Hausfriedensbruchs oder des Widerstands gegen
      oder des tätlichen Angriffs auf Vollstreckungsbeamte oder gegen oder auf
      Personen, die Vollstreckungsbeamten gleichstehen,
   c) Vergehen gegen das Betäubungsmittelgesetz, Arzneimittelgesetz, Waf-
      fengesetz, Sprengstoffgesetz, Aufenthaltsgesetz, Arbeitnehmerüberlas-
      sungsgesetz oder das Schwarzarbeitsbekämpfungsgesetz oder
   d) staatsschutzgefährdende oder gemeingefährliche Straftat.
Zur Überprüfung der Zuverlässigkeit hat die Behörde mindestens einzuholen:
1. eine Auskunft aus dem Gewerbezentralregister nach § 150 Absatz 1,
2. eine unbeschränkte Auskunft nach § 41 Absatz 1 Nummer 9 des Bundeszentralregistergesetzes,
3. eine Stellungnahme der für den Wohnort zuständigen Behörde der Landespolizei, einer zentralen Polizeidienststelle oder des jeweils zuständigen Lan-
   deskriminalamts, ob und welche tatsächlichen Anhaltspunkte bekannt sind,
   die Bedenken gegen die Zuverlässigkeit begründen können, soweit Zwecke
   der Strafverfolgung oder Gefahrenabwehr einer Übermittlung der tatsächlichen Anhaltspunkte nicht entgegenstehen und
4. über die Schnittstelle des Bewacherregisters zum Bundesamt für Verfassungsschutz nach § 11b eine Stellungnahme der für den Sitz der zuständigen Behörde zuständigen Landesbehörde für Verfassungsschutz zu Erkenntnissen, die für die Beurteilung der Zuverlässigkeit von Bedeutung
   sein können.
   Die zuständige Behörde darf die übermittelten Daten verarbeiten, soweit
dies zur Erfüllung ihrer gesetzlichen Aufgaben der Überwachung der Gewerbetreibenden erforderlich ist. Übermittlungsregelungen nach anderen

Gesetzen bleiben unberührt. § 1 des Sicherheitsüberprüfungsgesetzes vom 20. April 1994 (BGBl. I S. 867), das zuletzt durch Artikel 4 des Gesetzes vom 18. Juli 2017 (BGBl. I S. 2732) geändert worden ist, bleibt unberührt. Haben sich der Antragsteller oder eine der mit der Leitung des Betriebes oder einer Zweigniederlassung beauftragten Personen während der letzten drei Jahre vor der Überprüfung der Zuverlässigkeit nicht im Inland oder einem anderen Mitgliedstaat der Europäischen Union oder einem anderen Vertragsstaat des Abkommens über den Europäischen Wirtschaftsraum aufgehalten und kann ihre Zuverlässigkeit deshalb nicht oder nicht ausreichend nach Satz 5 festgestellt werden, so ist die Erlaubnis nach Absatz 1 zu versagen. Die zuständige Behörde hat den Gewerbetreibenden und die mit der Leitung des Betriebes oder einer Zweigniederlassung beauftragten Personen in regelmäßigen Abständen, spätestens jedoch nach Ablauf von fünf Jahren, auf ihre Zuverlässigkeit zu überprüfen.

(1a) Der Gewerbetreibende darf mit der Durchführung von Bewachungsaufgaben nur Personen (Wachpersonen) beschäftigen, die

1. die erforderliche Zuverlässigkeit besitzen und
2. durch eine Bescheinigung der Industrie- und Handelskammer nachweisen, dass sie über die für die Ausübung des Gewerbes notwendigen rechtlichen und fachlichen Grundlagen unterrichtet worden sind und mit ihnen vertraut sind.

Für die Durchführung folgender Tätigkeiten ist zusätzlich zu den Anforderungen des Satzes 1 Nummer 1 der Nachweis einer vor der Industrie- und Handelskammer erfolgreich abgelegten Sachkundeprüfung erforderlich:

1. Kontrollgänge im öffentlichen Verkehrsraum oder in Hausrechtsbereichen mit tatsächlich öffentlichem Verkehr,
2. Schutz vor Ladendieben,
3. Bewachungen im Einlassbereich von gastgewerblichen Diskotheken,
4. Bewachungen von Aufnahmeeinrichtungen nach § 44 des Asylgesetzes in der Fassung der Bekanntmachung vom 2. September 2008 (BGBl. I S. 1798), das zuletzt durch Artikel 6 des Gesetzes vom 31. Juli 2016 (BGBl. I S. 1939) geändert worden ist, von Gemeinschaftsunterkünften nach § 53 des Asylgesetzes oder anderen Immobilien und Einrichtungen, die der auch vorübergehenden amtlichen Unterbringung von Asylsuchenden oder Flüchtlingen dienen, in leitender Funktion,
5. Bewachungen von zugangsgeschützten Großveranstaltungen in leitender Funktion.

Zur Überprüfung der Zuverlässigkeit einer Wachperson und einer mit der Leitung des Betriebes oder einer Zweigniederlassung beauftragten Person hat

die am Hauptwohnsitz der natürlichen Person für den Vollzug nach Landesrecht
zuständige Behörde mindestens eine unbeschränkte Auskunft nach § 41 Absatz 1 Nummer 9 des Bundeszentralregistergesetzes sowie eine Stellungnahme
der für den Wohnort zuständigen Behörde der Landespolizei, einer zentralen
Polizeidienststelle oder dem jeweils zuständigen Landeskriminalamt einzuholen, ob und welche tatsächlichen Anhaltspunkte bekannt sind, die Bedenken
gegen die Zuverlässigkeit begründen können, soweit Zwecke der Strafverfolgung oder Gefahrenabwehr einer Übermittlung der tatsächlichen Anhaltspunkte
nicht entgegen stehen. Bei Wachpersonen und mit der Leitung des Betriebes
oder einer Zweigniederlassung beauftragten Personen ohne einen Hauptwohnsitz in der Bundesrepublik Deutschland ist die Zuverlässigkeit durch die für den
Vollzug zuständige Behörde am Betriebssitz des Gewerbetreibenden, welcher
die natürliche Person als erster anmeldet, zu überprüfen. Absatz 1 Satz 5 Nummer 4 ist entsprechend anzuwenden bei Wachpersonen, die eine der folgenden
Aufgaben wahrnehmen sollen:

1. Bewachungen nach Satz 2 Nummer 4 und 5, auch in nicht leitender Funktion, oder
2. Schutzaufgaben im befriedeten Besitztum bei Objekten, von denen im Fall
   eines kriminellen Eingriffs eine besondere Gefahr für die Allgemeinheit ausgehen kann.

   Satz 5 gilt auch nach Aufnahme der Tätigkeit einer Wachperson. Absatz 1
   Satz 4, 6 bis 10 ist entsprechend anzuwenden.

(1b) Werden der zuständigen Landesbehörde für Verfassungsschutz im Nachhinein Informationen bekannt, die für die Beurteilung der Zuverlässigkeit einer
der in Absatz 1 und Absatz 1a Satz 5 Nummer 1 und 2 genannten Personen
von Bedeutung sind, übermittelt sie diese der zuständigen Behörde nach den
für die Informationsübermittlung geltenden Regelungen der Verfassungs-
schutzgesetze (Nachbericht). Zu diesem Zweck darf die Verfassungsschutzbehörde Name, Vornamen, Geburtsname, Geburtsdatum, Geschlecht, Geburtsort, Geburtsland, Wohnort und gegenwärtige Staatsangehörigkeit und
Doppel- oder frühere Staatsangehörigkeiten der betroffenen Person sowie die
Aktenfundstelle verarbeiten, einschließlich einer Verarbeitung mit ihrer Aktenfundstelle in den gemeinsamen Dateien nach § 6 Absatz 2 des Bundesverfassungsschutzgesetzes. Die im Rahmen der Überprüfung der Zuverlässigkeit verarbeiteten personenbezogenen Daten der in Absatz 1 und Absatz 1a
Satz 5 Nummer 1 und 2 genannten Personen sind spätestens nach fünf Jahren

von der Verfassungsschutzbehörde zu löschen. Sollte die Verfassungsschutzbehörde vorher von einer Versagung, Rücknahme, einem Erlöschen oder Widerruf der Erlaubnis durch die zuständige Behörde Kenntnis erlangen, hat sie
die im Rahmen der Überprüfung der Zuverlässigkeit gespeicherten personenbezogenen Daten der in Absatz 1 genannten Personen spätestens sechs Monate nach Kenntniserlangung zu löschen. Die Sätze 1 bis 4 sind entsprechend
anzuwenden für die nach Absatz 1 Satz 5 Nummer 3 und Absatz 1a Satz 3
beteiligten Polizeibehörden.

(2) Das Bundesministerium für Wirtschaft und Energie kann mit Zustimmung des
Bundesrates durch Rechtsverordnung

1. die für die Entscheidung über eine Erlaubnis nach Absatz 1 Satz 1 erforderlichen vom Antragsteller bei der Antragsstellung anzugebenden Daten
und beizufügenden Unterlagen bestimmen,

2. die Anforderungen und das Verfahren für den Unterrichtungsnachweis
nach Absatz 1a Satz 1 sowie Ausnahmen von der Erforderlichkeit des Un-
terrichtungsnachweises festlegen,

3. die Anforderungen und das Verfahren für eine Sachkundeprüfung nach
Absatz 1 Satz 3 Nummer 3 und Absatz 1a Satz 2 sowie Ausnahmen von
der Erforderlichkeit der Sachkundeprüfung festlegen und

4. zum Schutze der Allgemeinheit und der Auftraggeber Vorschriften erlassen über den Umfang der Befugnisse und Verpflichtungen bei der Ausübung des Bewachungsgewerbes, insbesondere über

a) den Geltungsbereich der Erlaubnis,

b) die Pflichten des Gewerbetreibenden bei der Einstellung und Entlas-
sung der im Bewachungsgewerbe beschäftigten Personen, über die
Aufzeichnung von Daten dieser Personen durch den Gewerbetreibenden und ihre Übermittlung an die für den Vollzug des § 34a zuständigen Behörden, über die Anforderungen, denen diese Personen genügen
müssen, sowie über die Durchführung des Wachdienstes,

c) die Verpflichtung zum Abschluss einer Haftpflichtversicherung, zur
Buchführung einschließlich der Aufzeichnung von Daten über einzelne Geschäftsvorgänge sowie über die Auftraggeber,

d) (weggefallen)

5. zum Schutz der Allgemeinheit und der Auftraggeber Vorschriften erlassen
über die Unterrichtung der für den Vollzug des § 34a zuständigen Behörden durch Gerichte und Staatsanwaltschaften über rechtliche Maßnahmen
gegen Gewerbetreibende und ihre Wachpersonen

6. die Anforderungen und Verfahren festlegen, die zur Durchführung der Richtlinie 2005/36/EG des Europäischen Parlaments und des Rates vom 7. September 2005 über die Anerkennung von Berufsqualifikationen (ABl. L 255 vom 30.09.2005, S. 22), die zuletzt durch die Richtlinie 2013/55/EU (ABl. L 354 vom 28.12.2013, S. 132) geändert worden ist, Anwendung finden sollen auf Inhaber von in einem Mitgliedstaat der Europäischen Union oder eines Vertragsstaates des Abkommens über den Europäischen Wirtschaftsraum erworbenen Berufsqualifikationen, die im Inland das Bewachungsgewerbe vorübergehend oder dauerhaft ausüben möchten,

7. Einzelheiten der regelmäßigen Überprüfung der Zuverlässigkeit nach Absatz 1 Satz 10, auch in Verbindung mit Absatz 1a Satz 7, festlegen,

8. Einzelheiten zur örtlichen Zuständigkeit für den Vollzug regeln, insbesondere die Zuständigkeit für die Überprüfung der Zuverlässigkeit und erforderlichen Qualifikation.

(3) Nach Einholung der unbeschränkten Auskünfte nach § 41 Absatz 1 Nummer 9 des Bundeszentralregistergesetzes zur Überprüfung der Zuverlässigkeit können die zuständigen Behörden das Ergebnis der Überprüfung einschließlich der für die Beurteilung der Zuverlässigkeit erforderlichen Daten an den Gewerbetreibenden übermitteln.

(4) Die Beschäftigung einer Person, die in einem Bewachungsunternehmen mit Bewachungsaufgaben beschäftigt ist, oder einer mit der Leitung des Betriebes oder einer Zweigniederlassung beauftragten Person kann dem Gewerbetreibenden untersagt werden, wenn Tatsachen die Annahme rechtfertigen, dass die Person die für ihre Tätigkeit erforderliche Zuverlässigkeit nicht besitzt.

(5) Der Gewerbetreibende und seine Beschäftigten dürfen bei der Durchführung von Bewachungsaufgaben gegenüber Dritten nur die Rechte, die Jedermann im Falle einer Notwehr, eines Notstandes oder einer Selbsthilfe zustehen, die ihnen vom jeweiligen Auftraggeber vertraglich übertragenen Selbsthilferechte sowie die ihnen gegebenenfalls in Fällen gesetzlicher Übertragung zustehenden Befugnisse eigenverantwortlich ausüben. In den Fällen der Inanspruchnahme dieser Rechte und Befugnisse ist der Grundsatz der Erforderlichkeit zu beachten.

(6) (weggefallen)

Zu § 34a

Zu den Hausrechtsbereichen mit tatsächlich öffentlichem Verkehr gem. Abs. 1a zählen z. B. Einkaufszentren, Museen, Schulen und Universitäten, Krankenhäuser und Gerichte.

Beispiele für sachkundepflichtige Kontrollgänge gem. Abs. 1a sind Kontrollgänge auf Bahnhöfen, in Fußgängerzonen, aber auch in Einkaufszentren und Ladenpassagen.

Quellenverzeichnis Gesetzessammlung

www.gesetze-im-internet.de
www.vbg.de

Verordnung über das Bewachungsgewerbe (Bewachungsverordnung – BewachV)

3

BewachV (Auszug) Ausfertigungsdatum: 07.12.1995

Vollzitat:

„Bewachungsverordnung in der Fassung der Bekanntmachung vom 10. Juli 2003 (BGBl. I S. 1378), die zuletzt durch Artikel 1 der Verordnung vom 1. Dezember 2016 (BGBl. I S. 2692) geändert worden ist"

Stand: Neugefasst durch Bek. v. 10.07.2003 I 1378; zuletzt geändert durch Art. 1 V v. 01.12.2016 I 2692[1]1

3.1 Abschnitt 1 Unterrichtungsverfahren

§ 1 Zweck

Zweck der Unterrichtung ist es, die im Bewachungsgewerbe tätigen Personen, die nach § 34a Absatz 1a Satz 1 der Gewerbeordnung in der Fassung der Bekanntmachung vom 22. Februar 1999 (BGBl. I S. 202), die zuletzt durch Artikel 16 des Gesetzes vom 11. November 2016 (BGBl. I S. 2500) geändert worden ist, über die für die Ausübung des Gewerbes notwendigen rechtlichen und fachlichen Grundlagen zu unterrichten sind, so zu befähigen, dass sie mit den entsprechenden Rechten, Pflichten und Befugnissen sowie mit deren praktischer Anwendung in einem

---

[1](+++ Textnachweis ab: 01.04.1996 +++)

(+++ Amtlicher Hinweis des Normgebers auf EG-Recht:
Umsetzung der EGRL 36/2005 (CELEX Nr: 305L0036) +++).

© Springer Fachmedien Wiesbaden GmbH, ein Teil von Springer Nature 2021
R. Schwarz, *Kommentierte Gesetzessammlung Sachkunde nach § 34a und Geprüfte Schutz- und Sicherheitskraft,*
https://doi.org/10.1007/978-3-658-33789-6_3

Umfang vertraut sind, der ihnen die eigenverantwortliche Wahrnehmung von Bewachungsaufgaben ermöglicht.

§ 2 Zuständige Stelle
Die Unterrichtung erfolgt durch die Industrie- und Handelskammern. Die Unterrichtung kann bei jeder Industrie und Handelskammer erfolgen, die diese Unterrichtung anbietet. Sie können Vereinbarungen zur gemeinsamen Erledigung ihrer Aufgabe nach Satz 1 schließen.

§ 3 Verfahren
(1) Die Unterrichtung erfolgt mündlich, die zu unterrichtende Person muss über die zur Ausübung der Tätigkeit und zum Verständnis des Unterrichtungsverfahrens unverzichtbaren deutschen Sprachkenntnisse auf dem Kompetenzniveau B1 des Gemeinsamen Europäischen Referenzrahmens verfügen. Die Unterrichtung hat mindestens 40 Unterrichtsstunden zu dauern. Eine Unterrichtsstunde beträgt 45 min. Bei der Unterrichtung soll von modernen pädagogischen und didaktischen Möglichkeiten Gebrauch gemacht werden. Mehrere Personen können gleichzeitig unterrichtet werden, wobei die Zahl der Unterrichtsteilnehmer 20 nicht übersteigen soll.

(2) Die Industrie- und Handelskammer stellt eine Bescheinigung nach Anlage 1 aus, wenn die unterrichtete Person am Unterricht ohne Fehlzeiten teilgenommen hat und sich die Kammer durch geeignete Maßnahmen, insbesondere durch einen aktiven Dialog mit den Unterrichtsteilnehmern sowie durch mündliche und schriftliche Verständnisfragen nach jedem Sachgebiet, davon überzeugt hat, dass die Person mit den für die Ausübung des Gewerbes notwendigen rechtlichen Vorschriften und fachspezifischen Pflichten und Befugnissen sowie deren praktischer Anwendung nach Maßgabe von § 4 vertraut ist.

§ 4 Anforderungen
Die Unterrichtung umfasst für alle Arten des Bewachungsgewerbes insbesondere die fachspezifischen Pflichten und Befugnisse folgender Sachgebiete:

1. Recht der öffentlichen Sicherheit und Ordnung einschließlich Gewerberecht und Datenschutzrecht,
2. Bürgerliches Gesetzbuch,
3. Straf- und Strafverfahrensrecht einschließlich Umgang mit Waffen,
4. Unfallverhütungsvorschrift Wach- und Sicherungsdienste,

5. Umgang mit Menschen, insbesondere Verhalten in Gefahrensituationen, Deeskalationstechniken in Konfliktsituationen sowie interkulturelle Kompetenz unter besonderer Beachtung von Diversität und gesellschaftlicher Vielfalt und

6. Grundzüge der Sicherheitstechnik.

Bei der Unterrichtung sind die Sachgebiete der Anlage 3 zugrunde zu legen.

§ 5 Anerkennung anderer Nachweise
Folgende Prüfungszeugnisse werden als Nachweis der erforderlichen Unterrichtung anerkannt:

1. für das Bewachungsgewerbe einschlägige Abschlüsse, die auf Grund von Rechtsverordnungen nach den §§ 4, 53 des Berufsbildungsgesetzes oder nach den §§ 25, 42 der Handwerksordnung erworben wurden,
2. für das Bewachungsgewerbe einschlägige Abschlüsse auf Grund von Rechtsvorschriften, die von den Industrie- und Handelskammern nach § 54 des Berufsbildungsgesetzes erlassen worden sind,
3. Abschlüsse im Rahmen einer Laufbahnprüfung zumindest für den mittleren Polizeivollzugsdienst, auch im Bundesgrenzschutz und in der Bundespolizei, für den mittleren Justizvollzugsdienst, für den mittleren Zolldienst (mit Berechtigung zum Führen einer Waffe) und für Feldjäger in der Bundeswehr,
4. erfolgreich abgelegte Sachkundeprüfung nach § 5c Abs. 6.

Zu § 5
Mindestvoraussetzung nach der Nr. 3 ist eine erfolgreich abgelegte Laufbahnprüfung in der Feldjägertruppe (mind. ATN Feldjägerunteroffizier). Insoweit ist der normale Dienst bei der Bundeswehr, auch mit erfolgter Wachausbildung, nicht ausreichend als Nachweis.

3.2   Abschnitt 1a Sachkundeprüfung

§ 5a Zweck, Betroffene
(1) Zweck der Sachkundeprüfung nach § 34a Absatz 1 Satz 3 Nummer 3 und Absatz 1a Satz 2 der Gewerbeordnung ist es, gegenüber den zuständigen Vollzugsbehörden den Nachweis zu erbringen, dass die in Absatz 2 genannten Personen

Kenntnisse über für die Ausübung dieser Tätigkeiten notwendige rechtliche Vorschriften und fachspezifische Pflichten und Befugnisse sowie deren praktische Anwendung in einem Umfang erworben haben, die ihnen die eigenverantwortliche Wahrnehmung dieser Bewachungsaufgaben ermöglichen.

(2) Folgende Personen haben die Sachkundeprüfung abzulegen:

1. Personen, die das Bewachungsgewerbe nach § 34a Absatz 1 Satz 1 der Gewerbeordnung als Selbstständige ausüben wollen,
2. bei juristischen Personen die gesetzlichen Vertreter, soweit sie mit der Durchführung von Bewachungsaufgaben direkt befasst sind,
3. die mit der Leitung des Gewerbebetriebs beauftragten Personen und
4. sonstige Personen, die mit der Durchführung von Bewachungsaufgaben nach § 34a Absatz 1a Satz 2 der Gewerbeordnung beschäftigt werden.

(3) Gegenstand der Sachkundeprüfung sind die in § 4 aufgeführten Sachgebiete; die Prüfung soll sich auf jedes der dort aufgeführten Gebiete erstrecken, wobei in der mündlichen Prüfung ein Schwerpunkt auf die in § 4 Satz 1 Nummer 1 und 5 genannten Gebiete zu legen ist.

§ 5b Zuständige Stelle und Prüfungsausschuss

(1) Die Abnahme der Sachkundeprüfung erfolgt durch Industrie- und Handelskammern. Die Sachkundeprüfung kann bei jeder Industrie- und Handelskammer abgelegt werden, die diese Prüfung anbietet.

(2) Für die Abnahme der Prüfung errichten Industrie- und Handelskammern Prüfungsausschüsse. Sie berufen die Mitglieder dieses Ausschusses sowie den Vorsitzenden und seinen Stellvertreter. Die Mitglieder müssen für die Prüfungsgebiete sachkundig und für die Mitwirkung im Prüfungswesen geeignet sein.

(3) Mehrere Industrie- und Handelskammern können einen gemeinsamen Prüfungsausschuss errichten.

§ 5c Verfahren

(1) Die Prüfung ist in einen mündlichen und einen schriftlichen Teil zu gliedern.

(2) In der mündlichen Prüfung können gleichzeitig bis zu fünf Prüflinge geprüft werden; sie soll für jeden Prüfling etwa 15 Minuten dauern.

(3) Die Leistung des Prüflings ist von dem Prüfungsausschuss mit bestanden oder nicht bestanden zu bewerten.

(4) Die Prüfung ist nicht öffentlich. Jedoch können in der Prüfung folgende Personen anwesend sein:

   1. beauftragte Vertreter der Aufsichtsbehörden,

   2. Mitglieder eines anderen Prüfungsausschusses,

   3. Vertreter der Industrie- und Handelskammern,

   4. Personen, die beauftragt sind, die Qualität der Prüfungen zu kontrollieren, oder

   5. Personen, die in einen Prüfungsausschuss berufen werden.

   Diese Personen dürfen nicht in die laufende Prüfung eingreifen oder in die Beratung über das Prüfungsergebnis einbezogen werden.

(5) Die Prüfungen dürfen wiederholt werden.

(6) Die Industrie- und Handelskammer stellt eine Bescheinigung nach Anlage 4 aus, wenn die geprüfte Person die Prüfung erfolgreich abgelegt hat.

(7) Einzelheiten des Prüfungsverfahrens erlässt die Kammer in Satzungsform.

§ 5d Anerkennung anderer Nachweise

Inhaber der in § 5 Nummer 1 bis 3 angeführten Prüfungszeugnisse bedürfen nicht der Prüfung nach § 5a.

Zu § 5d
Siehe auch Kommentar zu § 5.

3.3   Abschnitt 2 Haftpflichtversicherung, Haftungsbeschränkung

§ 6 Haftpflichtversicherung

(1) Der Gewerbetreibende hat für sich und die in seinem Gewerbebetrieb beschäftigten Personen zur Deckung der Schäden, die den Auftraggebern oder Dritten bei der Durchführung des Bewachungsvertrages entstehen, bei einem im Gel-

tungsbereich dieser Verordnung zum Geschäftsbetrieb befugten Versicherer eine Haftpflichtversicherung nach Maßgabe des Absatzes 2 Satz 1 abzuschließen und aufrechtzuerhalten.

(2) Die Mindesthöhe der Versicherungssumme beträgt je Schadenereignis
1. für Personenschäden 1 Mio. EUR,
2. für Sachschäden 250.000 EUR,
3. für das Abhandenkommen bewachter Sachen 15.000 EUR,
4. für reine Vermögensschäden 12.500 EUR.

Die Leistungen des Versicherers für alle innerhalb eines Versicherungsjahres verursachten Schäden können auf den doppelten Betrag der Mindestversicherungssumme begrenzt werden. Die in Satz 1 Nr. 3 und 4 genannten Risiken sind von der Versicherungspflicht ausgenommen, soweit der Gewerbetreibende nur für Auftraggeber tätig wird, die sich mit dieser Einschränkung der Versicherungspflicht nachweislich einverstanden erklärt haben.

(3) Zuständige Stelle im Sinne des § 117 Abs. 2 des Versicherungsvertragsgesetzes ist die nach § 155 Abs. 2 der Gewerbeordnung bestimmte Behörde.

(4) Die Absätze 1 und 2 gelten nicht, soweit für den Auftraggeber nur Landfahrzeuge oder Landfahrzeuge einschließlich mitgeführter Gegenstände bewacht werden sollen.

§ 7 Haftungsbeschränkung

Der Gewerbetreibende darf die Haftung aus der Bewachungstätigkeit nur bis zur Mindesthöhe der Versicherungssumme (§ 6 Abs. 2 Satz 1) beschränken, soweit dies auf Grund anderer Rechtsvorschriften zulässig ist. Für die Geltendmachung von Ansprüchen können Ausschlussfristen vereinbart werden.

3.4   Abschnitt 3 Verpflichtungen bei der Ausübung des Gewerbes

§ 8 Datenschutz, Wahrung von Geschäftsgeheimnissen

(1) Die Vorschriften des Ersten und Dritten Abschnitts des Bundesdatenschutzgesetzes finden mit Ausnahme des § 27 Abs. 2 auch Anwendung, soweit der Ge-

werbetreibende in Ausübung seines Gewerbes Daten über Personen, die nicht in seinem Unternehmen beschäftigt sind, weder unter Einsatz von Datenverarbeitungsanlagen noch in oder aus nicht automatisierten Dateien verarbeitet, nutzt oder dafür erhebt. Soweit die Vorschriften des Ersten Abschnitts des Bundesdatenschutzgesetzes nur für automatisierte Verarbeitungen gelten, finden sie keine Anwendung. Die Vorschriften des Dritten Abschnitts des Bundesdatenschutzgesetzes, die nur für automatisierte Verarbeitungen oder für die Verarbeitung personenbezogener Daten in oder aus nicht automatisierten Dateien gelten, finden entsprechende Anwendung. Die §§ 34 und 35 des Bundesdatenschutzgesetzes gelten mit der Maßgabe, dass § 19 Abs. 1 Satz 3 und § 20 Abs. 1 Satz 2 des Bundesdatenschutzgesetzes entsprechende Anwendung finden.

(2) Der Gewerbetreibende hat die in seinem Gewerbebetrieb beschäftigten Personen schriftlich zu verpflichten, auch nach ihrem Ausscheiden Geschäfts- und Betriebsgeheimnisse Dritter, die ihnen in Ausübung des Dienstes bekannt geworden sind, nicht unbefugt zu offenbaren.

Zu § 8

Als Geschäfts- oder Betriebsgeheimnis gelten alle Tatsachen, Umstände und Vorgänge, die nur einem begrenzten Personenkreis zugänglich sind und ein berechtigtes Interesse besteht, dass diese nicht verbreitet werden, insbesondere auch nicht Wettbewerbern zugänglich gemacht werden (Techniken, Rezepte, kaufmännische Daten usw.).

§ 9 Beschäftigte

(1) Der Gewerbetreibende darf mit Bewachungsaufgaben nur Personen beschäftigen, die
1. zuverlässig sind,
2. das 18. Lebensjahr vollendet haben oder einen Abschluss nach § 5 Nummer 1 bis 3 besitzen und
3. einen Unterrichtungsnachweis nach § 3 Absatz 2, ein Prüfungszeugnis nach § 5 oder eine Bescheinigung eines früheren Gewerbetreibenden nach § 17 Absatz 1 Satz 2 oder in den Fällen des § 34a Absatz 1a Satz 2 der Gewerbeordnung ein Prüfungszeugnis nach § 5c Absatz 6 oder § 5 vorlegen.

(2) Der Gewerbetreibende hat die Wachpersonen, die er beschäftigen will, der zuständigen Behörde unter Übersendung der in Absatz 1 genannten Unterlagen vor der Beschäftigung mit Bewachungsaufgaben zu melden. Er hat der Behörde außerdem für jedes Kalenderjahr Namen und Vornamen der bei ihm ausgeschiedenen Wachpersonen unter Angabe des Beschäftigungsbeginns bis zum 31. März des darauf folgenden Jahres zu melden. Die Sätze 1 und 2 sind entsprechend auf die in § 5a Absatz 2 Nummer 2 und 3 genannten Personen anzuwenden

§ 10 Dienstanweisung

(1) Der Gewerbetreibende hat den Wachdienst durch eine Dienstanweisung nach Maßgabe der Sätze 2 und 3 zu regeln. Die Dienstanweisung muss den Hinweis enthalten, dass die Wachperson nicht die Eigenschaft und die Befugnisse eines Polizeibeamten, eines Hilfspolizeibeamten oder eines sonstigen Bediensteten einer Behörde besitzt. Die Dienstanweisung muss ferner bestimmen, dass die Wachperson während des Dienstes nur mit Zustimmung des Gewerbetreibenden eine Schlusswaffe, Hieb- und Stoßwaffen sowie Reizstoffsprühgeräte führen darf und jeden Gebrauch dieser Waffen unverzüglich der zuständigen Polizeidienststelle und dem Gewerbetreibenden anzuzeigen hat.

(2) Der Gewerbetreibende hat der Wachperson einen Abdruck der Dienstanweisung sowie der Unfallverhütungsvorschrift Wach- und Sicherungsdienste (DGUV Vorschrift 23) einschließlich der dazu ergangenen Durchführungsanweisungen gegen Empfangsbescheinigung auszuhändigen.

§ 11 Ausweis

(1) Der Gewerbetreibende hat der Wachperson einen Ausweis nach Maßgabe der Sätze 2 und 3 auszustellen. Der Ausweis muss enthalten:
1. Namen und Vornamen der Wachperson,
2. Namen und Anschrift des Gewerbetreibenden,
3. Lichtbild der Wachperson,
4. Unterschriften der Wachperson sowie des Gewerbetreibenden, seines Vertreters oder seines Bevollmächtigten,
5. Nummer des in der Bundesrepublik Deutschland oder einem EU-/EWR-Staat ausgestellten Personalausweises, Reisepasses, Passersatzes oder Aus-

weisersatzes oder Bezugnahme zu einem sonstigen amtlichen Ausweis-
oder Identifizierungsdokument.
Der Ausweis muss so beschaffen sein, dass er sich von amtlichen Aus-
weisen deutlich unterscheidet.

(2) Der Gewerbetreibende hat die Ausweise fortlaufend zu nummerieren und in
ein Verzeichnis einzutragen.

(3) Wachpersonen sind verpflichtet, den Ausweis in Verbindung mit dem gemäß
Absatz 1 Satz 2 Nummer 5 vorgeschriebenen Ausweis- oder Identifizierungsdokument während des Wachdienstes mitzuführen und auf Verlangen den Beauftragten der Vollzugsbehörden, zum Beispiel Ordnungsämter, Polizei- oder
Zollbehörden, vorzuzeigen. Der Ausweis ist während des Wachdienstes sichtbar zu tragen. Dies gilt nicht für Wachpersonen, die Tätigkeiten nach § 34a
Absatz 1a Satz 2 Nummer 2 der Gewerbeordnung ausüben.

(4) Wachpersonen, die Tätigkeiten nach § 34a Absatz 1a Satz 2 Nummer 1 und 3
bis 5 der Gewerbeordnung ausüben, haben sichtbar ein Schild mit ihrem Namen oder einer Kennnummer sowie mit dem Namen des Gewerbetreibenden
zu tragen.

§ 12 Dienstkleidung

Bestimmt der Gewerbetreibende für seine Wachpersonen eine Dienstkleidung, so
hat er dafür zu sorgen, dass sie nicht mit Uniformen der Angehörigen von Streit-
kräften oder behördlichen Vollzugsorganen verwechselt werden kann und dass
keine Abzeichen verwendet werden, die Amtsabzeichen zum Verwechseln ähnlich
sind. Wachpersonen, die eingefriedetes Besitztum in Ausübung ihres Dienstes betreten sollen, müssen eine Dienstkleidung tragen.

§ 13 Behandlung der Waffen und Anzeigepflicht nach Waffengebrauch

(1) Der Gewerbetreibende ist für die sichere Aufbewahrung der Waffen und der
Munition verantwortlich. Er hat die ordnungsgemäße Rückgabe der Schusswaffen und der Munition nach Beendigung des Wachdienstes sicherzustellen.

(2) Hat der Gewerbetreibende oder eine seiner Wachpersonen im Wachdienst von
Waffen Gebrauch gemacht, so hat der Gewerbetreibende dies unverzüglich der
zuständigen Behörde und, falls noch keine Anzeige nach § 10 Abs. 1 Satz 3
erfolgt ist, der zuständigen Polizeidienststelle anzuzeigen.

§ 13a Anzeigepflicht

Der Gewerbetreibende hat der zuständigen Behörde unverzüglich nach Satz 3 anzuzeigen, welche Personen jeweils mit der Leitung des Betriebs oder einer Zweigniederlassung beauftragt sind. Dies gilt bei juristischen Personen auch für die nach Gesetz, Satzung oder Gesellschaftsvertrag jeweils zur Vertretung berufenen Personen. In der Anzeige ist für jede Person Folgendes anzugeben:

1. der Name, der Geburtsname, sofern dieser vom Namen abweicht, sowie der Vorname,
2. die Staatsangehörigkeit oder die Staatsangehörigkeiten,
3. das Geburtsdatum und der Geburtsort sowie
4. ihre Anschrift.

§ 14 Buchführung und Aufbewahrung

(1) Der Gewerbetreibende hat nach Maßgabe der folgenden Vorschriften Aufzeichnungen zu machen sowie Unterlagen und Belege übersichtlich zu sammeln. Die Aufzeichnungen sind unverzüglich und in deutscher Sprache vorzunehmen. § 239 Abs. 2 bis 4 des Handelsgesetzbuches gilt sinngemäß.

(2) Der Gewerbetreibende hat über jeden Bewachungsvertrag Namen und Anschrift des Auftraggebers, Inhalt und Art des Auftrages sowie Tag des Vertragsabschlusses aufzuzeichnen. Darüber hinaus hat er folgende Aufzeichnungen anzufertigen:

1. gemäß § 9 Abs. 1 über Namen, Anschrift, Geburtsdatum und Tag der Einstellung von Wachpersonen,
2. gemäß § 11 Abs. 3 über die Verpflichtung der Wachpersonen zur Mitführung und zum Vorzeigen des Ausweises,
3. gemäß § 11 Abs. 4 über die Verpflichtung der Wachperson, ein Namensschild oder eine Kennnummer zu tragen,
4. über die Überlassung von Schusswaffen und Munition gemäß § 28 Abs. 3 Satz 2 des Waffengesetzes und über die Rückgabe gemäß § 13 Abs. 1 Satz 2.

(3) Der Gewerbetreibende hat folgende Unterlagen und Belege zu sammeln:

1. Versicherungsvertrag nach § 6 Abs. 1,
2. Verpflichtungserklärung des Wachpersonals nach § 8 Abs. 2,

3. Nachweise über die Zuverlässigkeit, Unterrichtungen und Sachkunde-prüfungen von Wachpersonen nach § 9 Absatz 1 sowie über Meldungen von Wachpersonen, gesetzlichen Vertretern und Betriebsleitern nach § 9 Absatz 2,

4. Dienstanweisung nach § 10 Abs. 1 Satz 1 und Empfangsbescheinigung nach Abs. 2,

5. Vordruck eines Ausweises nach § 11 Abs. 1 Satz 1 und Verzeichnis nach Abs. 2,

6. die Benennung nach § 28 Abs. 3 Satz 1 und die behördliche Zustimmung nach § 28 Abs. 3 Satz 2 des Waffengesetzes,

7. Anzeige über Waffengebrauch nach § 13 Abs. 2.

(4) Die Aufzeichnungen, Unterlagen und Belege sind bis zum Schluss des dritten auf den Zeitpunkt ihrer Entstehung folgenden Kalenderjahres in den Geschäfts-räumen aufzubewahren. Die Aufbewahrungsfrist endet hiervon abweichend

1. in den Fällen des Absatzes 2 Satz 1 und des Absatzes 3 Nr. 1 und aller sich hierauf beziehenden Schriftstücke drei Jahre nach dem Schluss des Kalen-derjahres, in dem die Verträge endeten,

2. in den Fällen des Absatzes 2 Satz 2 Nr. 1 und des Absatzes 3 Nr. 2 bis 5 drei Jahre nach dem Schluss des Kalenderjahres, in dem das Beschäftigungsver-hältnis endete.

(5) Die Verpflichtung, Aufzeichnungen über Bewachungsverträge zu machen, be-steht nicht, soweit Landfahrzeuge bewacht werden.

(6) Eine nach anderen Vorschriften bestehende Pflicht zur Buchführung und zur Aufbewahrung von Büchern, Aufzeichnungen, Unterlagen und Belegen bleibt unberührt.

§ 15 Unterrichtung der Gewerbeämter

In Strafsachen gegen Gewerbetreibende im Sinne des § 34a Absatz 1 Satz 1 der Gewerbeordnung und gegen Bewachungspersonal im Sinne des § 34a Absatz 1a Satz 1 der Gewerbeordnung sind, wenn der Tatvorwurf geeignet ist, Zweifel an der Eignung oder Zuverlässigkeit hervorzurufen, von den Staatsanwaltschaften und Gerichten folgende Informationen an die für die Überwachung des Bewachungs-unternehmens zuständige Behörde zu richten:

1. der Erlass und der Vollzug eines Haft- oder Unterbringungsbefehls,
2. die Anklageschrift oder eine an ihre Stelle tretende Antragsschrift,
3. der Antrag auf Erlass eines Strafbefehls,
4. die das Verfahren abschließende Entscheidung mit Begründung.

3.5 Abschnitt 4 Ordnungswidrigkeiten

§ 16 Ordnungswidrigkeiten
(1) Ordnungswidrig im Sinne des § 144 Absatz 2 Nummer 1b der Gewerbeordnung handelt, wer vorsätzlich oder fahrlässig
1. entgegen § 6 Abs. 1 eine Haftpflichtversicherung nicht abschließt oder nicht aufrechterhält,
2. entgegen § 8 Abs. 2 eine in seinem Gewerbebetrieb beschäftigte Person nicht oder nicht in der vorgeschriebenen Weise verpflichtet,
3. entgegen § 9 Absatz 1 eine Person mit der Bewachung beschäftigt,
4. entgegen § 9 Absatz 2 Satz 1 oder Satz 2, jeweils auch in Verbindung mit Satz 3, eine Meldung nicht, nicht richtig, nicht vollständig, nicht in der vorgeschriebenen Weise oder nicht rechtzeitig macht,
5. entgegen § 10 Abs. 1 Satz 1 den Wachdienst nicht durch Dienstanweisung regelt,
6. entgegen § 11 Abs. 1 Satz 1 einen Ausweis nicht oder nicht richtig ausstellt,
    6a. entgegen § 11 Absatz 3 Satz 1 einen Ausweis nicht mitführt oder nicht oder nicht rechtzeitig vorzeigt,
7. entgegen § 11 Absatz 3 Satz 2 oder Absatz 4 einen Ausweis oder ein Schild nicht oder nicht in der vorgeschriebenen Weise trägt,
8. entgegen § 13 Abs. 1 Satz 2 die Rückgabe der Schusswaffen und der Munition nicht sicherstellt,
9. entgegen § 13 Abs. 2 eine Anzeige nicht, nicht richtig oder nicht rechtzeitig erstattet,
10. entgegen § 13a Satz 1, auch in Verbindung mit Satz 2, eine Anzeige nicht, nicht richtig, nicht vollständig oder nicht rechtzeitig erstattet,

11. entgegen § 14 Abs. 1 Satz 1 oder 2 oder Abs. 2 eine Aufzeichnung nicht, nicht richtig, nicht vollständig, nicht in der vorgeschriebenen Weise oder nicht rechtzeitig macht oder

12. entgegen § 14 Abs. 4 eine Aufzeichnung, eine Unterlage oder einen Beleg nicht oder nicht für die vorgeschriebene Dauer aufbewahrt.

(2) Ordnungswidrig im Sinne des § 145 Abs. 2 Nr. 8 der Gewerbeordnung handelt, wer vorsätzlich oder fahrlässig eine in Absatz 1 bezeichnete Handlung in Ausübung eines Reisegewerbes begeht.

(3) Ordnungswidrig im Sinne des § 146 Abs. 2 Nr. 11 der Gewerbeordnung handelt, wer vorsätzlich oder fahrlässig eine in Absatz 1 bezeichnete Handlung in Ausübung eines Messe-, Ausstellungs- oder Marktgewerbes begeht.

Quellenverzeichnis Gesetzessammlung

www.gesetze-im-internet.de
www.vbg.de

Datenschutz – Rechtsquellen

4

4.1 Verordnung (EU) 2016/679 des Europäischen Parlaments und des Rates vom 27. April 2016 zum Schutz natürlicher Personen bei der Verarbeitung personenbezogener Daten, zum freien Datenverkehr und zur Aufhebung der Richtlinie 95/46/EG (Datenschutz-Grundverordnung) (Auszug)

4.1.1 Kapitel I Allgemeine Bestimmungen

Artikel 1 Gegenstand und Ziele

(1) Diese Verordnung enthält Vorschriften zum Schutz natürlicher Personen bei der Verarbeitung personenbezogener Daten und zum freien Verkehr solcher Daten.

(2) Diese Verordnung schützt die Grundrechte und Grundfreiheiten natürlicher Personen und insbesondere deren Recht auf Schutz personenbezogener Daten.

(3) Der freie Verkehr personenbezogener Daten in der Union darf aus Gründen des Schutzes natürlicher Personen bei der Verarbeitung personenbezogener Daten weder eingeschränkt noch verboten werden.

© Springer Fachmedien Wiesbaden GmbH, ein Teil von Springer
Nature 2021
R. Schwarz, *Kommentierte Gesetzessammlung Sachkunde nach § 34a und Geprüfte Schutz- und Sicherheitskraft*,
https://doi.org/10.1007/978-3-658-33789-6_4

Artikel 2 Sachlicher Anwendungsbereich

(1) Diese Verordnung gilt für die ganz oder teilweise automatisierte Verarbeitung personenbezogener Daten sowie für die nichtautomatisierte Verarbeitung personenbezogener Daten, die in einem Dateisystem gespeichert sind oder gespeichert werden sollen.

(2) Diese Verordnung findet keine Anwendung auf die Verarbeitung personenbezogener Daten

    a) im Rahmen einer Tätigkeit, die nicht in den Anwendungsbereich des Unionsrechts fällt,

    b) durch die Mitgliedstaaten im Rahmen von Tätigkeiten, die in den Anwendungsbereich von Titel V Kap. 2 EUV fallen,

    c) durch natürliche Personen zur Ausübung ausschließlich persönlicher oder familiärer Tätigkeiten,

    d) durch die zuständigen Behörden zum Zwecke der Verhütung, Ermittlung, Aufdeckung oder Verfolgung von Straftaten oder der Strafvollstreckung, einschließlich des Schutzes vor und der Abwehr von Gefahren für die öffentliche Sicherheit.

(3) Für die Verarbeitung personenbezogener Daten durch die Organe, Einrichtungen, Ämter und Agenturen der Union gilt die Verordnung (EG) Nr. 45/2001. Die Verordnung (EG) Nr. 45/2001 und sonstige Rechtsakte der Union, die diese Verarbeitung personenbezogener Daten regeln, werden im Einklang mit Artikel 98 an die Grundsätze und Vorschriften der vorliegenden Verordnung angepasst.

(4) Die vorliegende Verordnung lässt die Anwendung der Richtlinie 2000/31/EG und speziell die Vorschriften der Artikel 12 bis 15 dieser Richtlinie zur Verantwortlichkeit der Vermittler unberührt.

Artikel 3 Räumlicher Anwendungsbereich

(1) Diese Verordnung findet Anwendung auf die Verarbeitung personenbezogener Daten, soweit diese im Rahmen der Tätigkeiten einer Niederlassung eines Verantwortlichen oder eines Auftragsverarbeiters in der Union erfolgt, unabhängig davon, ob die Verarbeitung in der Union stattfindet. 04.05.2016 L 119/32 Amtsblatt der Europäischen Union DE

(2) Diese Verordnung findet Anwendung auf die Verarbeitung personenbezogener Daten von betroffenen Personen, die sich in der Union befinden, durch einen nicht in der Union niedergelassenen Verantwortlichen oder Auftragsverarbeiter, wenn die Datenverarbeitung im Zusammenhang damit steht

a) betroffenen Personen in der Union Waren oder Dienstleistungen anzubieten, unabhängig davon, ob von diesen betroffenen Personen eine Zahlung zu leisten ist;
b) das Verhalten betroffener Personen zu beobachten, soweit ihr Verhalten in der Union erfolgt.

(3) Diese Verordnung findet Anwendung auf die Verarbeitung personenbezogener Daten durch einen nicht in der Union niedergelassenen Verantwortlichen an einem Ort, der aufgrund Völkerrechts dem Recht eines Mitgliedstaats unterliegt.

Artikel 4 Begriffsbestimmungen
Im Sinne dieser Verordnung bezeichnet der Ausdruck:

1. „personenbezogene Daten" alle Informationen, die sich auf eine identifizierte oder identifizierbare natürliche Person (im Folgenden „betroffene Person") beziehen; als identifizierbar wird eine natürliche Person angesehen, die direkt oder indirekt, insbesondere mittels Zuordnung zu einer Kennung wie einem Namen, zu einer Kennnummer, zu Standortdaten, zu einer Online-Kennung oder zu einem oder mehreren besonderen Merkmalen, die Ausdruck der physischen, physiologischen, genetischen, psychischen, wirtschaftlichen, kulturellen oder sozialen Identität dieser natürlichen Person sind, identifiziert werden kann;
2. „Verarbeitung" jeden mit oder ohne Hilfe automatisierter Verfahren ausgeführten Vorgang oder jede solche Vorgangsreihe im Zusammenhang mit personenbezogenen Daten wie das Erheben, das Erfassen, die Organisation, das Ordnen, die Speicherung, die Anpassung oder Veränderung, das Auslesen, das Abfragen, die Verwendung, die Offenlegung durch Übermittlung, Verbreitung oder eine andere Form der Bereitstellung, den Abgleich oder die Verknüpfung, die Einschränkung, das Löschen oder die Vernichtung;
3. „Einschränkung der Verarbeitung" die Markierung gespeicherter personenbezogener Daten mit dem Ziel, ihre künftige Verarbeitung einzuschränken;
4. „Profiling" jede Art der automatisierten Verarbeitung personenbezogener Daten, die darin besteht, dass diese personenbezogenen Daten verwendet werden, um bestimmte persönliche Aspekte, die sich auf eine natürliche Person beziehen, zu bewerten, insbesondere um Aspekte bezüglich Arbeitsleistung, wirtschaftliche Lage, Gesundheit, persönliche Vorlieben, Interessen, Zuverlässigkeit, Verhalten, Aufenthaltsort oder Ortswechsel dieser natürlichen Person zu analysieren oder vorherzusagen;

5. „Pseudonymisierung" die Verarbeitung personenbezogener Daten in einer Weise, dass die personenbezogenen Daten ohne Hinzuziehung zusätzlicher Informationen nicht mehr einer spezifischen betroffenen Person zugeordnet werden können, sofern diese zusätzlichen Informationen gesondert aufbewahrt werden und technischen und organisatorischen Maßnahmen unterliegen, die gewährleisten, dass die personenbezogenen Daten nicht einer identifizierten oder identifizierbaren natürlichen Person zugewiesen werden;

6. „Dateisystem" jede strukturierte Sammlung personenbezogener Daten, die nach bestimmten Kriterien zugänglich sind, unabhängig davon, ob diese Sammlung zentral, dezentral oder nach funktionalen oder geografischen Gesichtspunkten geordnet geführt wird;

7. „Verantwortlicher" die natürliche oder juristische Person, Behörde, Einrichtung oder andere Stelle, die allein oder gemeinsam mit anderen über die Zwecke und Mittel der Verarbeitung von personenbezogenen Daten entscheidet; sind die Zwecke und Mittel dieser Verarbeitung durch das Unionsrecht oder das Recht der Mitgliedstaaten vorgegeben, so kann der Verantwortliche beziehungsweise können die bestimmten Kriterien seiner Benennung nach dem Unionsrecht oder dem Recht der Mitgliedstaaten vorgesehen werden;

8. „Auftragsverarbeiter" eine natürliche oder juristische Person, Behörde, Einrichtung oder andere Stelle, die personenbezogene Daten im Auftrag des Verantwortlichen verarbeitet;

9. „Empfänger" eine natürliche oder juristische Person, Behörde, Einrichtung oder andere Stelle, der personenbezogene Daten offengelegt werden, unabhängig davon, ob es sich bei ihr um einen Dritten handelt oder nicht. Behörden, die im Rahmen eines bestimmten Untersuchungsauftrags nach dem Unionsrecht oder dem Recht der Mitgliedstaaten 04.05.2016 L 119/33 Amtsblatt der Europäischen Union DE möglicherweise personenbezogene Daten erhalten, gelten jedoch nicht als Empfänger; die Verarbeitung dieser Daten durch die genannten Behörden erfolgt im Einklang mit den geltenden Datenschutzvorschriften gemäß den Zwecken der Verarbeitung;

10. „Dritter" eine natürliche oder juristische Person, Behörde, Einrichtung oder andere Stelle, außer der betroffenen Person, dem Verantwortlichen, dem Auftragsverarbeiter und den Personen, die unter der unmittelbaren Verantwortung des Verantwortlichen oder des Auftragsverarbeiters befugt sind, die personenbezogenen Daten zu verarbeiten;

11. „Einwilligung" der betroffenen Person jede freiwillig für den bestimmten Fall, in informierter Weise und unmissverständlich abgegebene Willensbekundung in Form einer Erklärung oder einer sonstigen eindeutigen bestätigenden Hand-

lung, mit der die betroffene Person zu verstehen gibt, dass sie mit der Verarbeitung der sie betreffenden personenbezogenen Daten einverstanden ist;

12. „Verletzung des Schutzes personenbezogener Daten" eine Verletzung der Sicherheit, die, ob unbeabsichtigt oder unrechtmäßig, zur Vernichtung, zum Verlust, zur Veränderung, oder zur unbefugten Offenlegung von beziehungsweise zum unbefugten Zugang zu personenbezogenen Daten führt, die übermittelt, gespeichert oder auf sonstige Weise verarbeitet wurden;

13. „genetische Daten" personenbezogene Daten zu den ererbten oder erworbenen genetischen Eigenschaften einer natürlichen Person, die eindeutige Informationen über die Physiologie oder die Gesundheit dieser natürlichen Person liefern und insbesondere aus der Analyse einer biologischen Probe der betreffenden natürlichen Person gewonnen wurden;

14. „biometrische Daten" mit speziellen technischen Verfahren gewonnene personenbezogene Daten zu den physischen, physiologischen oder verhaltenstypischen Merkmalen einer natürlichen Person, die die eindeutige Identifizierung dieser natürlichen Person ermöglichen oder bestätigen, wie Gesichtsbilder oder daktyloskopische Daten;

15. „Gesundheitsdaten" personenbezogene Daten, die sich auf die körperliche oder geistige Gesundheit einer natürlichen Person, einschließlich der Erbringung von Gesundheitsdienstleistungen, beziehen und aus denen Informationen über deren Gesundheitszustand hervorgehen;

16. „Hauptniederlassung"

a) im Falle eines Verantwortlichen mit Niederlassungen in mehr als einem Mitgliedstaat den Ort seiner Hauptverwaltung in der Union, es sei denn, die Entscheidungen hinsichtlich der Zwecke und Mittel der Verarbeitung personenbezogener Daten werden in einer anderen Niederlassung des Verantwortlichen in der Union getroffen und diese Niederlassung ist befugt, diese Entscheidungen umsetzen zu lassen; in diesem Fall gilt die Niederlassung, die derartige Entscheidungen trifft, als Hauptniederlassung;

b) im Falle eines Auftragsverarbeiters mit Niederlassungen in mehr als einem Mitgliedstaat den Ort seiner Hauptverwaltung in der Union oder, sofern der Auftragsverarbeiter keine Hauptverwaltung in der Union hat, die Niederlassung des Auftragsverarbeiters in der Union, in der die Verarbeitungstätigkeiten im Rahmen der Tätigkeiten einer Niederlassung eines Auftragsverarbeiters hauptsächlich stattfinden, soweit der Auftragsverarbeiter spezifischen Pflichten aus dieser Verordnung unterliegt;

17. „Vertreter" eine in der Union niedergelassene natürliche oder juristische Person, die von dem Verantwortlichen oder Auftragsverarbeiter schriftlich gemäß Artikel 27 bestellt wurde und den Verantwortlichen oder Auftragsverarbeiter in Bezug auf die ihnen jeweils nach dieser Verordnung obliegenden Pflichten vertritt;

18. „Unternehmen" eine natürliche und juristische Person, die eine wirtschaftliche Tätigkeit ausübt, unabhängig von ihrer Rechtsform, einschließlich Personengesellschaften oder Vereinigungen, die regelmäßig einer wirtschaftlichen Tätigkeit nachgehen;

19. „Unternehmensgruppe" eine Gruppe, die aus einem herrschenden Unternehmen und den von diesem abhängigen Unternehmen besteht;

20. „verbindliche interne Datenschutzvorschriften" Maßnahmen zum Schutz personenbezogener Daten, zu deren Einhaltung sich ein im Hoheitsgebiet eines Mitgliedstaats niedergelassener Verantwortlicher oder Auftragsverarbeiter verpflichtet im Hinblick auf Datenübermittlungen oder eine Kategorie von Datenübermittlungen personenbezogener Daten an einen Verantwortlichen oder Auftragsverarbeiter derselben Unternehmensgruppe oder derselben Gruppe von Unternehmen, die eine gemeinsame Wirtschaftstätigkeit ausüben, in einem oder mehreren Drittländern;

21. „Aufsichtsbehörde" eine von einem Mitgliedstaat gemäß Artikel 51 eingerichtete unabhängige staatliche Stelle; 04.05.2016 L 119/34 Amtsblatt der Europäischen Union DE

22. „betroffene Aufsichtsbehörde" eine Aufsichtsbehörde, die von der Verarbeitung personenbezogener Daten betroffen ist, weil a) der Verantwortliche oder der Auftragsverarbeiter im Hoheitsgebiet des Mitgliedstaats dieser Aufsichtsbehörde niedergelassen ist, b) diese Verarbeitung erhebliche Auswirkungen auf betroffene Personen mit Wohnsitz im Mitgliedstaat dieser Aufsichtsbehörde hat oder haben kann oder c) eine Beschwerde bei dieser Aufsichtsbehörde eingereicht wurde;

23. „grenzüberschreitende Verarbeitung" entweder a) eine Verarbeitung personenbezogener Daten, die im Rahmen der Tätigkeiten von Niederlassungen eines Verantwortlichen oder eines Auftragsverarbeiters in der Union in mehr als einem Mitgliedstaat erfolgt, wenn der Verantwortliche oder Auftragsverarbeiter in mehr als einem Mitgliedstaat niedergelassen ist, oder b) eine Verarbeitung personenbezogener Daten, die im Rahmen der Tätigkeiten einer einzelnen Niederlassung eines Verantwortlichen oder eines Auftragsverarbeiters in der Union erfolgt, die jedoch erhebliche Auswirkungen auf betroffene Personen in mehr als einem Mitgliedstaat hat oder haben kann;

24. „maßgeblicher und begründeter Einspruch" einen Einspruch gegen einen Beschlussentwurf im Hinblick darauf, ob ein Verstoß gegen diese Verordnung vorliegt oder ob beabsichtigte Maßnahmen gegen den Verantwortlichen oder den Auftragsverarbeiter im Einklang mit dieser Verordnung steht, wobei aus diesem Einspruch die Tragweite der Risiken klar hervorgeht, die von dem Beschlussentwurf in Bezug auf die Grundrechte und Grundfreiheiten der betroffenen Personen und gegebenenfalls den freien Verkehr personenbezogener Daten in der Union ausgehen;

25. „Dienst der Informationsgesellschaft" eine Dienstleistung im Sinne des Artikels 1 Nummer 1 Buchstabe b der Richtlinie (EU) 2015/1535 des Europäischen Parlaments und des Rates (1);

26. „internationale Organisation" eine völkerrechtliche Organisation und ihre nachgeordneten Stellen oder jede sonstige Einrichtung, die durch eine zwischen zwei oder mehr Ländern geschlossene Übereinkunft oder auf der Grundlage einer solchen Übereinkunft geschaffen wurde.

4.1.2 Kapitel II Grundsätze

Artikel 5 Grundsätze für die Verarbeitung personenbezogener Daten
(1) Personenbezogene Daten müssen
   a) auf rechtmäßige Weise, nach Treu und Glauben und in einer für die betroffene Person nachvollziehbaren Weise verarbeitet werden („Rechtmäßigkeit, Verarbeitung nach Treu und Glauben, Transparenz");
   b) für festgelegte, eindeutige und legitime Zwecke erhoben werden und dürfen nicht in einer mit diesen Zwecken nicht zu vereinbarenden Weise weiterverarbeitet werden; eine Weiterverarbeitung für im öffentlichen Interesse liegende Archivzwecke, für wissenschaftliche oder historische Forschungszwecke oder für statistische Zwecke gilt gemäß Artikel 89 Absatz 1 nicht als unvereinbar mit den ursprünglichen Zwecken („Zweckbindung");
   c) dem Zweck angemessen und erheblich sowie auf das für die Zwecke der Verarbeitung notwendige Maß beschränkt sein („Datenminimierung");
   d) sachlich richtig und erforderlichenfalls auf dem neuesten Stand sein; es sind alle angemessenen Maßnahmen zu treffen, damit personenbezogene Daten, die im Hinblick auf die Zwecke ihrer Verarbeitung unrichtig sind, unverzüglich gelöscht oder berichtigt werden („Richtigkeit");

e) in einer Form gespeichert werden, die die Identifizierung der betroffenen Personen nur so lange ermöglicht, wie es für die Zwecke, für die sie verarbeitet werden, erforderlich ist; personenbezogene Daten dürfen länger gespeichert werden, soweit die personenbezogenen Daten vorbehaltlich der Durchführung geeigneter technischer und organisatorischer Maßnahmen, die von dieser Verordnung zum Schutz der Rechte und Freiheiten der betroffenen Person gefordert werden, ausschließlich für im öffentlichen Interesse liegende Archivzwecke oder für wissenschaftliche und historische Forschungszwecke oder für statistische Zwecke gemäß Artikel 89 Absatz 1 verarbeitet werden („Speicherbegrenzung");

f) in einer Weise verarbeitet werden, die eine angemessene Sicherheit der personenbezogenen Daten gewährleistet, einschließlich Schutz vor unbefugter oder unrechtmäßiger Verarbeitung und vor unbeabsichtigtem Verlust, unbeabsichtigter Zerstörung oder unbeabsichtigter Schädigung durch geeignete technische und organisatorische Maßnahmen („Integrität und Vertraulichkeit");

(2) Der Verantwortliche ist für die Einhaltung des Absatzes 1 verantwortlich und muss dessen Einhaltung nachweisen können („Rechenschaftspflicht").

Artikel 6 Rechtmäßigkeit der Verarbeitung

(1) Die Verarbeitung ist nur rechtmäßig, wenn mindestens eine der nachstehenden Bedingungen erfüllt ist:

a) Die betroffene Person hat ihre Einwilligung zu der Verarbeitung der sie betreffenden personenbezogenen Daten für einen oder mehrere bestimmte Zwecke gegeben;

b) die Verarbeitung ist für die Erfüllung eines Vertrags, dessen Vertragspartei die betroffene Person ist, oder zur Durchführung vorvertraglicher Maßnahmen erforderlich, die auf Anfrage der betroffenen Person erfolgen;

c) die Verarbeitung ist zur Erfüllung einer rechtlichen Verpflichtung erforderlich, der der Verantwortliche unterliegt;

d) die Verarbeitung ist erforderlich, um lebenswichtige Interessen der betroffenen Person oder einer anderen natürlichen Person zu schützen;

e) die Verarbeitung ist für die Wahrnehmung einer Aufgabe erforderlich, die im öffentlichen Interesse liegt oder in Ausübung öffentlicher Gewalt erfolgt, die dem Verantwortlichen übertragen wurde;

f) die Verarbeitung ist zur Wahrung der berechtigten Interessen des Verantwortlichen oder eines Dritten erforderlich, sofern nicht die Interessen oder Grundrechte und Grundfreiheiten der betroffenen Person, die den Schutz personenbezogener Daten erfordern, überwiegen, insbesondere dann, wenn es sich bei der betroffenen Person um ein Kind handelt. Unterabsatz 1 Buchstabe f gilt nicht für die von Behörden in Erfüllung ihrer Aufgaben vorgenommene Verarbeitung.

(2) Die Mitgliedstaaten können spezifischere Bestimmungen zur Anpassung der Anwendung der Vorschriften dieser Verordnung in Bezug auf die Verarbeitung zur Erfüllung von Absatz 1 Buchstaben c und e beibehalten oder einführen, indem sie spezifische Anforderungen für die Verarbeitung sowie sonstige Maßnahmen präziser bestimmen, um eine rechtmäßig und nach Treu und Glauben erfolgende Verarbeitung zu gewährleisten, einschließlich für andere besondere Verarbeitungssituationen gemäß Kapitel IX.

(3) Die Rechtsgrundlage für die Verarbeitungen gemäß Absatz 1 Buchstaben c und e wird festgelegt durch

a) Unionsrecht oder

b) das Recht der Mitgliedstaaten, dem der Verantwortliche unterliegt.

Der Zweck der Verarbeitung muss in dieser Rechtsgrundlage festgelegt oder hinsichtlich der Verarbeitung gemäß Absatz 1 Buchstabe e für die Erfüllung einer Aufgabe erforderlich sein, die im öffentlichen Interesse liegt oder in Ausübung öffentlicher Gewalt erfolgt, die dem Verantwortlichen übertragen wurde. Diese Rechtsgrundlage kann spezifische Bestimmungen zur Anpassung der Anwendung der Vorschriften dieser Verordnung enthalten, unter anderem Bestimmungen darüber, welche allgemeinen Bedingungen für die Regelung der Rechtmäßigkeit der Verarbeitung durch den Verantwortlichen gelten, welche Arten von Daten verarbeitet werden, welche Personen betroffen sind, an welche Einrichtungen und für welche Zwecke die personenbezogenen Daten offengelegt werden dürfen, welcher Zweckbindung sie unterliegen, wie lange sie gespeichert werden dürfen und welche Verarbeitungsvorgänge und -verfahren angewandt werden dürfen, einschließlich Maßnahmen zur Gewährleistung einer rechtmäßig und nach Treu und Glauben 04.05.2016 L 119/36 Amtsblatt der Europäischen Union DE erfolgenden Verarbeitung, wie solche für sonstige besondere Verarbeitungssituationen gemäß Kapitel IX. Das Unionsrecht oder das Recht der Mitgliedstaaten müssen ein im öffentlichen Interesse liegendes Ziel verfolgen und in einem angemessenen Verhältnis zu dem verfolgten legitimen Zweck stehen.

(4) Beruht die Verarbeitung zu einem anderen Zweck als zu demjenigen, zu dem die personenbezogenen Daten erhoben wurden, nicht auf der Einwilligung der betroffenen Person oder auf einer Rechtsvorschrift der Union oder der Mitgliedstaaten, die in einer demokratischen Gesellschaft eine notwendige und verhältnismäßige Maßnahme zum Schutz der in Artikel 23 Absatz 1 genannten

Ziele darstellt, so berücksichtigt der Verantwortliche – um festzustellen, ob die Verarbeitung zu einem anderen Zweck mit demjenigen, zu dem die personenbezogenen Daten ursprünglich erhoben wurden, vereinbar ist – unter anderem

a) jede Verbindung zwischen den Zwecken, für die die personenbezogenen Daten erhoben wurden, und den Zwecken der beabsichtigten Weiterverarbeitung,

b) den Zusammenhang, in dem die personenbezogenen Daten erhoben wurden, insbesondere hinsichtlich des Verhältnisses zwischen den betroffenen Personen und dem Verantwortlichen,

c) die Art der personenbezogenen Daten, insbesondere ob besondere Kategorien personenbezogener Daten gemäß Artikel 9 verarbeitet werden oder ob personenbezogene Daten über strafrechtliche Verurteilungen und Straftaten gemäß Artikel 10 verarbeitet werden,

d) die möglichen Folgen der beabsichtigten Weiterverarbeitung für die betroffenen Personen,

e) das Vorhandensein geeigneter Garantien, wozu Verschlüsselung oder Pseudonymisierung gehören kann.

Artikel 7 Bedingungen für die Einwilligung

(1) Beruht die Verarbeitung auf einer Einwilligung, muss der Verantwortliche nachweisen können, dass die betroffene Person in die Verarbeitung ihrer personenbezogenen Daten eingewilligt hat.

(2) Erfolgt die Einwilligung der betroffenen Person durch eine schriftliche Erklärung, die noch andere Sachverhalte betrifft, so muss das Ersuchen um Einwilligung in verständlicher und leicht zugänglicher Form in einer klaren und einfachen Sprache so erfolgen, dass es von den anderen Sachverhalten klar zu unterscheiden ist. Teile der Erklärung sind dann nicht verbindlich, wenn sie einen Verstoß gegen diese Verordnung darstellen.

(3) Die betroffene Person hat das Recht, ihre Einwilligung jederzeit zu widerrufen. Durch den Widerruf der Einwilligung wird die Rechtmäßigkeit der aufgrund der Einwilligung bis zum Widerruf erfolgten Verarbeitung nicht berührt. Die betroffene Person wird vor Abgabe der Einwilligung hiervon in Kenntnis gesetzt. Der Widerruf der Einwilligung muss so einfach wie die Erteilung der Einwilligung sein.

(4) Bei der Beurteilung, ob die Einwilligung freiwillig erteilt wurde, muss dem Umstand in größtmöglichem Umfang Rechnung getragen werden, ob unter

anderem die Erfüllung eines Vertrags, einschließlich der Erbringung einer Dienstleistung, von der Einwilligung zu einer Verarbeitung von personenbezogenen Daten abhängig ist, die für die Erfüllung des Vertrags nicht erforderlich sind.

Artikel 9 Verarbeitung besonderer Kategorien personenbezogener Daten

(1) Die Verarbeitung personenbezogener Daten, aus denen die rassische und ethnische Herkunft, politische Meinungen, religiöse oder weltanschauliche Überzeugungen oder die Gewerkschaftszugehörigkeit hervorgehen, sowie die Verarbeitung von genetischen Daten, biometrischen Daten zur eindeutigen Identifizierung einer natürlichen Person, Gesundheitsdaten oder Daten zum Sexualleben oder der sexuellen Orientierung einer natürlichen Person ist untersagt.

(2) Absatz 1 gilt nicht in folgenden Fällen:

a) Die betroffene Person hat in die Verarbeitung der genannten personenbezogenen Daten für einen oder mehrere festgelegte Zwecke ausdrücklich eingewilligt, es sei denn, nach Unionsrecht oder dem Recht der Mitgliedstaaten kann das Verbot nach Absatz 1 durch die Einwilligung der betroffenen Person nicht aufgehoben werden,

b) die Verarbeitung ist erforderlich, damit der Verantwortliche oder die betroffene Person die ihm bzw. ihr aus dem Arbeitsrecht und dem Recht der sozialen Sicherheit und des Sozialschutzes erwachsenden Rechte ausüben und seinen bzw. ihren diesbezüglichen Pflichten nachkommen kann, soweit dies nach Unionsrecht oder dem Recht der Mitgliedstaaten oder einer Kollektivvereinbarung nach dem Recht der Mitgliedstaaten, das geeignete Garantien für die Grundrechte und die Interessen der betroffenen Person vorsieht, zulässig ist,

c) die Verarbeitung ist zum Schutz lebenswichtiger Interessen der betroffenen Person oder einer anderen natürlichen Person erforderlich und die betroffene Person ist aus körperlichen oder rechtlichen Gründen außerstande, ihre Einwilligung zu geben,

d) die Verarbeitung erfolgt auf der Grundlage geeigneter Garantien durch eine politisch, weltanschaulich, religiös oder gewerkschaftlich ausgerichtete Stiftung, Vereinigung oder sonstige Organisation ohne Gewinnerzielungsabsicht im Rahmen ihrer rechtmäßigen Tätigkeiten und unter der Voraussetzung, dass sich die Verarbeitung ausschließlich auf die Mitglieder oder ehemalige Mitglieder der Organisation oder auf Personen, die im Zusammenhang mit deren Tätigkeitszweck regelmäßige Kontakte mit ihr unterhalten, bezieht und die personenbezogenen Daten nicht ohne Einwilligung der betroffenen Personen nach außen offengelegt werden,

e) die Verarbeitung bezieht sich auf personenbezogene Daten, die die betroffene Person offensichtlich öffentlich gemacht hat,

f) die Verarbeitung ist zur Geltendmachung, Ausübung oder Verteidigung von Rechtsansprüchen oder bei Handlungen der Gerichte im Rahmen ihrer justiziellen Tätigkeit erforderlich,

g) die Verarbeitung ist auf der Grundlage des Unionsrechts oder des Rechts eines Mitgliedstaats, das in angemessenem Verhältnis zu dem verfolgten Ziel steht, den Wesensgehalt des Rechts auf Datenschutz wahrt und angemessene und spezifische Maßnahmen zur Wahrung der Grundrechte und Interessen der betroffenen Person vorsieht, aus Gründen eines erheblichen öffentlichen Interesses erforderlich,

h) die Verarbeitung ist für Zwecke der Gesundheitsvorsorge oder der Arbeitsmedizin, für die Beurteilung der Arbeitsfähigkeit des Beschäftigten, für die medizinische Diagnostik, die Versorgung oder Behandlung im Gesundheits- oder Sozialbereich oder für die Verwaltung von Systemen und Diensten im Gesundheits- oder Sozialbereich auf der Grundlage des Unionsrechts oder des Rechts eines Mitgliedstaats oder aufgrund eines Vertrags mit einem Angehörigen eines Gesundheitsberufs und vorbehaltlich der in Absatz 3 genannten Bedingungen und Garantien erforderlich,

i) die Verarbeitung ist aus Gründen des öffentlichen Interesses im Bereich der öffentlichen Gesundheit, wie dem Schutz vor schwerwiegenden grenzüberschreitenden Gesundheitsgefahren oder zur Gewährleistung hoher Qualitäts- und Sicherheitsstandards bei der Gesundheitsversorgung und bei Arzneimitteln und Medizinprodukten, auf der Grundlage des Unionsrechts oder des Rechts eines Mitgliedstaats, das angemessene und spezifische Maßnahmen zur Wahrung der Rechte und Freiheiten der betroffenen Person, insbesondere des Berufsgeheimnisses, vorsieht, erforderlich, oder 04.05.2016 L 119/38 Amtsblatt der Europäischen Union DE

j) die Verarbeitung ist auf der Grundlage des Unionsrechts oder des Rechts eines Mitgliedstaats, das in angemessenem Verhältnis zu dem verfolgten Ziel steht, den Wesensgehalt des Rechts auf Datenschutz wahrt und angemessene und spezifische Maßnahmen zur Wahrung der Grundrechte und Interessen der betroffenen Person vorsieht, für im öffentlichen Interesse liegende Archivzwecke, für wissenschaftliche oder historische Forschungszwecke oder für statistische Zwecke gemäß Artikel 89 Absatz 1 erforderlich.

(3) Die in Absatz 1 genannten personenbezogenen Daten dürfen zu den in Absatz 2 Buchstabe h genannten Zwecken verarbeitet werden, wenn diese Daten von Fachpersonal oder unter dessen Verantwortung verarbeitet werden und dieses Fachpersonal nach dem Unionsrecht oder dem Recht eines Mitgliedstaats oder den Vorschriften nationaler zuständiger Stellen dem Berufsgeheimnis unterliegt, oder wenn die Verarbeitung durch eine andere Person erfolgt, die ebenfalls nach dem Unionsrecht oder dem Recht eines Mitgliedstaats oder den Vorschriften nationaler zuständiger Stellen einer Geheimhaltungspflicht unterliegt.

(4) Die Mitgliedstaaten können zusätzliche Bedingungen, einschließlich Beschränkungen, einführen oder aufrechterhalten, soweit die Verarbeitung von genetischen, biometrischen oder Gesundheitsdaten betroffen ist.

4.1.3 Kapitel III Rechte der betroffenen Person

4.1.3.1 Abschn. 1 Transparenz und Modalitäten

Artikel 12 Transparente Information, Kommunikation und Modalitäten für die Ausübung der Rechte der betroffenen Person

(1) ¹Der Verantwortliche trifft geeignete Maßnahmen, um der betroffenen Person alle Informationen gemäß den Artikeln 13 und 14 und alle Mitteilungen gemäß den Artikeln 15 bis 22 und Artikel 34, die sich auf die Verarbeitung beziehen, in präziser, transparenter, verständlicher und leicht zugänglicher Form in einer klaren und einfachen Sprache zu übermitteln; dies gilt insbesondere für Informationen, die sich speziell an Kinder richten. ²Die Übermittlung der Informationen erfolgt schriftlich oder in anderer Form, gegebenenfalls auch elektronisch. ³Falls von der betroffenen Person verlangt, kann die Information mündlich erteilt werden, sofern die Identität der betroffenen Person in anderer Form nachgewiesen wurde.

(2) ¹Der Verantwortliche erleichtert der betroffenen Person die Ausübung ihrer Rechte gemäß den Artikeln 15 bis 22. ²In den in Artikel 11 Absatz 2 genannten Fällen darf sich der Verantwortliche nur dann weigern, aufgrund des Antrags der betroffenen Person auf Wahrnehmung ihrer Rechte gemäß den Artikeln 15 bis 22 tätig zu werden, wenn er glaubhaft macht, dass er nicht in der Lage ist, die betroffene Person zu identifizieren.

(3) [1]Der Verantwortliche stellt der betroffenen Person Informationen über die auf Antrag gemäß den Artikeln 15 bis 22 ergriffenen Maßnahmen unverzüglich, in jedem Fall aber innerhalb eines Monats nach Eingang des Antrags zur Verfügung. [2]Diese Frist kann um weitere zwei Monate verlängert werden, wenn dies unter Berücksichtigung der Komplexität und der Anzahl von Anträgen erforderlich ist. [3]Der Verantwortliche unterrichtet die betroffene Person innerhalb eines Monats nach Eingang des Antrags über eine Fristverlängerung, zusammen mit den Gründen für die Verzögerung. [4]Stellt die betroffene Person den Antrag elektronisch, so ist sie nach Möglichkeit auf elektronischem Weg zu unterrichten, sofern sie nichts anderes angibt.

(4) Wird der Verantwortliche auf den Antrag der betroffenen Person hin nicht tätig, so unterrichtet er die betroffene Person ohne Verzögerung, spätestens aber innerhalb eines Monats nach Eingang des Antrags über die Gründe hierfür und über die Möglichkeit, bei einer Aufsichtsbehörde Beschwerde einzulegen oder einen gerichtlichen Rechtsbehelf einzulegen.

(5) [1]Informationen gemäß den Artikeln 13 und 14 sowie alle Mitteilungen und Maßnahmen gemäß den Artikeln 15 bis 22 und Artikel 34 werden unentgeltlich zur Verfügung gestellt. [2]Bei offenkundig unbegründeten oder – insbesondere im Fall von häufiger Wiederholung – exzessiven Anträgen einer betroffenen Person kann der Verantwortliche entweder

1. ein angemessenes Entgelt verlangen, bei dem die Verwaltungskosten für die Unterrichtung oder die Mitteilung oder die Durchführung der beantragten Maßnahme berücksichtigt werden, oder
2. sich weigern, aufgrund des Antrags tätig zu werden.

[3]Der Verantwortliche hat den Nachweis für den offenkundig unbegründeten oder exzessiven Charakter des Antrags zu erbringen.

(6) Hat der Verantwortliche begründete Zweifel an der Identität der natürlichen Person, die den Antrag gemäß den Artikeln 15 bis 21 stellt, so kann er unbeschadet des Artikels 11 zusätzliche Informationen anfordern, die zur Bestätigung der Identität der betroffenen Person erforderlich sind.

(7) [1]Die Informationen, die den betroffenen Personen gemäß den Artikeln 13 und 14 bereitzustellen sind, können in Kombination mit standardisierten Bildsymbolen bereitgestellt werden, um in leicht wahrnehmbarer, verständlicher und klar nachvollziehbarer Form einen aussagekräftigen Überblick über die beabsichtigte Verarbeitung zu vermitteln. [2]Werden die Bildsymbole in elektronischer Form dargestellt, müssen sie maschinenlesbar sein.

(8) Der Kommission wird die Befugnis übertragen, gemäß Artikel 92 delegierte Rechtsakte zur Bestimmung der Informationen, die durch Bildsymbole darzustellen sind, und der Verfahren für die Bereitstellung standardisierter Bildsymbole zu erlassen.

Artikel 13 Informationspflicht bei Erhebung von personenbezogenen Daten bei der betroffenen Person

(1) Werden personenbezogene Daten bei der betroffenen Person erhoben, so teilt der Verantwortliche der betroffenen Person zum Zeitpunkt der Erhebung dieser Daten Folgendes mit:

a) den Namen und die Kontaktdaten des Verantwortlichen sowie gegebenenfalls seines Vertreters;

b) gegebenenfalls die Kontaktdaten des Datenschutzbeauftragten;

c) die Zwecke, für die die personenbezogenen Daten verarbeitet werden sollen, sowie die Rechtsgrundlage für die Verarbeitung; 04.05.2016 L 119/40 Amtsblatt der Europäischen Union DE

d) wenn die Verarbeitung auf Artikel 6 Absatz 1 Buchstabe f beruht, die berechtigten Interessen, die von dem Verantwortlichen oder einem Dritten verfolgt werden;

e) gegebenenfalls die Empfänger oder Kategorien von Empfängern der personenbezogenen Daten und

f) gegebenenfalls die Absicht des Verantwortlichen, die personenbezogenen Daten an ein Drittland oder eine internationale Organisation zu übermitteln, sowie das Vorhandensein oder das Fehlen eines Angemessenheitsbeschlusses der Kommission oder im Falle von Übermittlungen gemäß Artikel 46 oder Artikel 47 oder Artikel 49 Absatz 1 Unterabsatz 2 einen Verweis auf die geeigneten oder angemessenen Garantien und die Möglichkeit, wie eine Kopie von ihnen zu erhalten ist, oder wo sie verfügbar sind.

(2) Zusätzlich zu den Informationen gemäß Absatz 1 stellt der Verantwortliche der betroffenen Person zum Zeitpunkt der Erhebung dieser Daten folgende weitere Informationen zur Verfügung, die notwendig sind, um eine faire und transparente Verarbeitung zu gewährleisten:

a) die Dauer, für die die personenbezogenen Daten gespeichert werden oder, falls dies nicht möglich ist, die Kriterien für die Festlegung dieser Dauer;

b) das Bestehen eines Rechts auf Auskunft seitens des Verantwortlichen über die betreffenden personenbezogenen Daten sowie auf Berichtigung oder Löschung oder auf Einschränkung der Verarbeitung oder eines Wider-

spruchsrechts gegen die Verarbeitung sowie des Rechts auf Datenübertragbarkeit;

c) wenn die Verarbeitung auf Artikel 6 Absatz 1 Buchstabe a oder Artikel 9
Absatz 2 Buchstabe a beruht, das Bestehen eines Rechts, die Einwilligung
jederzeit zu widerrufen, ohne dass die Rechtmäßigkeit der aufgrund der
Einwilligung bis zum Widerruf erfolgten Verarbeitung berührt wird;

d) das Bestehen eines Beschwerderechts bei einer Aufsichtsbehörde;

e) ob die Bereitstellung der personenbezogenen Daten gesetzlich oder vertraglich vorgeschrieben oder für einen Vertragsabschluss erforderlich ist,
ob die betroffene Person verpflichtet ist, die personenbezogenen Daten bereitzustellen, und welche mögliche Folgen die Nichtbereitstellung hätte und

f) das Bestehen einer automatisierten Entscheidungsfindung einschließlich
Profiling gemäß Artikel 22 Absätze 1 und 4 und – zumindest in diesen Fällen – aussagekräftige Informationen über die involvierte Logik sowie die
Tragweite und die angestrebten Auswirkungen einer derartigen Verarbeitung für die betroffene Person.

(3) Beabsichtigt der Verantwortliche, die personenbezogenen Daten für einen anderen Zweck weiterzuverarbeiten als den, für den die personenbezogenen Daten erhoben wurden, so stellt er der betroffenen Person vor dieser Weiterverarbeitung Informationen über diesen anderen Zweck und alle anderen
maßgeblichen Informationen gemäß Absatz 2 zur Verfügung.

(4) Die Absätze 1, 2 und 3 finden keine Anwendung, wenn und soweit die betroffene Person bereits über die Informationen verfügt.

**Artikel 14 Informationspflicht, wenn die personenbezogenen Daten nicht bei
der betroffenen Person erhoben wurden**

(1) Werden personenbezogene Daten nicht bei der betroffenen Person erhoben, so
teilt der Verantwortliche der betroffenen Person Folgendes mit:

a) den Namen und die Kontaktdaten des Verantwortlichen sowie gegebenenfalls seines Vertreters;

b) zusätzlich die Kontaktdaten des Datenschutzbeauftragten;

c) die Zwecke, für die die personenbezogenen Daten verarbeitet werden sollen, sowie die Rechtsgrundlage für die Verarbeitung;

d) die Kategorien personenbezogener Daten, die verarbeitet werden;

e) gegebenenfalls die Empfänger oder Kategorien von Empfängern der personenbezogenen Daten; 04.05.2016 L 119/41 Amtsblatt der Europäischen
Union DE

f) gegebenenfalls die Absicht des Verantwortlichen, die personenbezogenen Daten an einen Empfänger in einem Drittland oder einer internationalen Organisation zu übermitteln, sowie das Vorhandensein oder das Fehlen eines Angemessenheitsbeschlusses der Kommission oder im Falle von Übermittlungen gemäß Artikel 46 oder Artikel 47 oder Artikel 49 Absatz 1 Unterabsatz 2 einen Verweis auf die geeigneten oder angemessenen Garantien und die Möglichkeit, eine Kopie von ihnen zu erhalten, oder wo sie verfügbar sind.

(2) Zusätzlich zu den Informationen gemäß Absatz 1 stellt der Verantwortliche der betroffenen Person die folgenden Informationen zur Verfügung, die erforderlich sind, um der betroffenen Person gegenüber eine faire und transparente Verarbeitung zu gewährleisten:

a) die Dauer, für die die personenbezogenen Daten gespeichert werden oder, falls dies nicht möglich ist, die Kriterien für die Festlegung dieser Dauer;

b) wenn die Verarbeitung auf Artikel 6 Absatz 1 Buchstabe f beruht, die berechtigten Interessen, die von dem Verantwortlichen oder einem Dritten verfolgt werden;

c) das Bestehen eines Rechts auf Auskunft seitens des Verantwortlichen über die betreffenden personenbezogenen Daten sowie auf Berichtigung oder Löschung oder auf Einschränkung der Verarbeitung und eines Widerspruchsrechts gegen die Verarbeitung sowie des Rechts auf Datenübertragbarkeit;

d) wenn die Verarbeitung auf Artikel 6 Absatz 1 Buchstabe a oder Artikel 9 Absatz 2 Buchstabe a beruht, das Bestehen eines Rechts, die Einwilligung jederzeit zu widerrufen, ohne dass die Rechtmäßigkeit der aufgrund der Einwilligung bis zum Widerruf erfolgten Verarbeitung berührt wird;

e) das Bestehen eines Beschwerderechts bei einer Aufsichtsbehörde;

f) aus welcher Quelle die personenbezogenen Daten stammen und gegebenenfalls ob sie aus öffentlich zugänglichen Quellen stammen;

g) das Bestehen einer automatisierten Entscheidungsfindung einschließlich Profiling gemäß Artikel 22 Absätze 1 und 4 und – zumindest in diesen Fällen – aussagekräftige Informationen über die involvierte Logik sowie die Tragweite und die angestrebten Auswirkungen einer derartigen Verarbeitung für die betroffene Person.

(3) Der Verantwortliche erteilt die Informationen gemäß den Absätzen 1 und 2
    a) unter Berücksichtigung der spezifischen Umstände der Verarbeitung der per-
       sonenbezogenen Daten innerhalb einer angemessenen Frist nach Erlangung
       der personenbezogenen Daten, längstens jedoch innerhalb eines Monats,
    b) falls die personenbezogenen Daten zur Kommunikation mit der betroffe-
       nen Person verwendet werden sollen, spätestens zum Zeitpunkt der ersten
       Mitteilung an sie, oder,
    c) falls die Offenlegung an einen anderen Empfänger beabsichtigt ist, spätes-
       tens zum Zeitpunkt der ersten Offenlegung.

(4) Beabsichtigt der Verantwortliche, die personenbezogenen Daten für einen an-
    deren Zweck weiterzuverarbeiten als den, für den die personenbezogenen
    Daten erlangt wurden, so stellt er der betroffenen Person vor dieser Weiterver-
    arbeitung Informationen über diesen anderen Zweck und alle anderen maßgeb-
    lichen Informationen gemäß Absatz 2 zur Verfügung.

(5) Die Absätze 1 bis 4 finden keine Anwendung, wenn und soweit
    a) die betroffene Person bereits über die Informationen verfügt,
    b) die Erteilung dieser Informationen sich als unmöglich erweist oder einen
       unverhältnismäßigen Aufwand erfordern würde; dies gilt insbesondere für
       die Verarbeitung für im öffentlichen Interesse liegende Archivzwecke, für
       wissenschaftliche oder historische Forschungszwecke oder für statistische
       Zwecke vorbehaltlich der in Artikel 89 Absatz 1 genannten Bedingungen
       und Garantien oder soweit die in Absatz 1 des vorliegenden Artikels ge-
       nannte Pflicht voraussichtlich die Verwirklichung der Ziele dieser Verarbei-
       tung unmöglich macht oder ernsthaft beeinträchtigt In diesen Fällen er-
       greift der Verantwortliche geeignete Maßnahmen zum Schutz der Rechte
       und Freiheiten sowie der berechtigten Interessen der betroffenen Person,
       einschließlich der Bereitstellung dieser Informationen für die Öffent-
       lichkeit,
    c) die Erlangung oder Offenlegung durch Rechtsvorschriften der Union oder
       der Mitgliedstaaten, denen der Verantwortliche unterliegt und die geeignete
       Maßnahmen zum Schutz der berechtigten Interessen der betroffenen Per-
       son vorsehen, ausdrücklich geregelt ist oder
    d) die personenbezogenen Daten gemäß dem Unionsrecht oder dem Recht der
       Mitgliedstaaten dem Berufsgeheimnis, einschließlich einer satzungsmäßi-
       gen Geheimhaltungspflicht, unterliegen und daher vertraulich behandelt
       werden müssen.

Artikel 15 Auskunftsrecht der betroffenen Person

(1) Die betroffene Person hat das Recht, von dem Verantwortlichen eine Bestätigung darüber zu verlangen, ob sie betreffende personenbezogene Daten verarbeitet werden; ist dies der Fall, so hat sie ein Recht auf Auskunft über diese personenbezogenen Daten und auf folgende Informationen:

a) die Verarbeitungszwecke;

b) die Kategorien personenbezogener Daten, die verarbeitet werden;

c) die Empfänger oder Kategorien von Empfängern, gegenüber denen die personenbezogenen Daten offengelegt worden sind oder noch offengelegt werden, insbesondere bei Empfängern in Drittländern oder bei internationalen Organisationen;

d) falls möglich die geplante Dauer, für die die personenbezogenen Daten gespeichert werden, oder, falls dies nicht möglich ist, die Kriterien für die Festlegung dieser Dauer;

e) das Bestehen eines Rechts auf Berichtigung oder Löschung der sie betreffenden personenbezogenen Daten oder auf Einschränkung der Verarbeitung durch den Verantwortlichen oder eines Widerspruchsrechts gegen diese Verarbeitung;

f) das Bestehen eines Beschwerderechts bei einer Aufsichtsbehörde;

g) wenn die personenbezogenen Daten nicht bei der betroffenen Person erhoben werden, alle verfügbaren Informationen über die Herkunft der Daten;

h) das Bestehen einer automatisierten Entscheidungsfindung einschließlich Profiling gemäß Artikel 22 Absätze 1 und 4 und – zumindest in diesen Fällen – aussagekräftige Informationen über die involvierte Logik sowie die Tragweite und die angestrebten Auswirkungen einer derartigen Verarbeitung für die betroffene Person.

(2) Werden personenbezogene Daten an ein Drittland oder an eine internationale Organisation übermittelt, so hat die betroffene Person das Recht, über die geeigneten Garantien gemäß Artikel 46 im Zusammenhang mit der Übermittlung unterrichtet zu werden.

(3) Der Verantwortliche stellt eine Kopie der personenbezogenen Daten, die Gegenstand der Verarbeitung sind, zur Verfügung. Für alle weiteren Kopien, die die betroffene Person beantragt, kann der Verantwortliche ein angemessenes Entgelt auf der Grundlage der Verwaltungskosten verlangen. Stellt die betroffene Person den Antrag elektronisch, so sind die Informationen in einem gängigen elektronischen Format zur Verfügung zu stellen, sofern sie nichts anderes angibt.

(4) Das Recht auf Erhalt einer Kopie gemäß Absatz 1b darf die Rechte und Freiheiten anderer Personen nicht beeinträchtigen.

4.1.3.2 Abschn. 3 Berichtigung und Löschung

Artikel 16 Recht auf Berichtigung

Die betroffene Person hat das Recht, von dem Verantwortlichen unverzüglich die Berichtigung sie betreffender unrichtiger personenbezogener Daten zu verlangen. Unter Berücksichtigung der Zwecke der Verarbeitung hat die betroffene Person das Recht, die Vervollständigung unvollständiger personenbezogener Daten – auch mittels einer ergänzenden Erklärung – zu verlangen.

Artikel 17 Recht auf Löschung („Recht auf Vergessenwerden")

(1) Die betroffene Person hat das Recht, von dem Verantwortlichen zu verlangen, dass sie betreffende personenbezogene Daten unverzüglich gelöscht werden, und der Verantwortliche ist verpflichtet, personenbezogene Daten unverzüglich zu löschen, sofern einer der folgenden Gründe zutrifft:

   a) Die personenbezogenen Daten sind für die Zwecke, für die sie erhoben oder auf sonstige Weise verarbeitet wurden, nicht mehr notwendig. 04.05.2016 L 119/43 Amtsblatt der Europäischen Union DE

   b) Die betroffene Person widerruft ihre Einwilligung, auf die sich die Verarbeitung gemäß Artikel 6 Absatz 1 Buchstabe a oder Artikel 9 Absatz 2 Buchstabe a stützte, und es fehlt an einer anderweitigen Rechtsgrundlage für die Verarbeitung.

   c) Die betroffene Person legt gemäß Artikel 21 Absatz 1 Widerspruch gegen die Verarbeitung ein und es liegen keine vorrangigen berechtigten Gründe für die Verarbeitung vor, oder die betroffene Person legt gemäß Artikel 21 Absatz 2 Widerspruch gegen die Verarbeitung ein.

   d) Die personenbezogenen Daten wurden unrechtmäßig verarbeitet.

   e) Die Löschung der personenbezogenen Daten ist zur Erfüllung einer rechtlichen Verpflichtung nach dem Unionsrecht oder dem Recht der Mitgliedstaaten erforderlich, dem der Verantwortliche unterliegt.

   f) Die personenbezogenen Daten wurden in Bezug auf angebotene Dienste der Informationsgesellschaft gemäß Artikel 8 Absatz 1 erhoben.

(2) Hat der Verantwortliche die personenbezogenen Daten öffentlich gemacht und ist er gemäß Absatz 1 zu deren Löschung verpflichtet, so trifft er unter Berücksichtigung der verfügbaren Technologie und der Implementierungskosten angemessene Maßnahmen, auch technischer Art, um für die Datenverarbeitung

Verantwortliche, die die personenbezogenen Daten verarbeiten, darüber zu informieren, dass eine betroffene Person von ihnen die Löschung aller Links zu diesen personenbezogenen Daten oder von Kopien oder Replikationen dieser personenbezogenen Daten verlangt hat.

(3) Die Absätze 1 und 2 gelten nicht, soweit die Verarbeitung erforderlich ist
   a) zur Ausübung des Rechts auf freie Meinungsäußerung und Information;
   b) zur Erfüllung einer rechtlichen Verpflichtung, die die Verarbeitung nach dem Recht der Union oder der Mitgliedstaaten, dem der Verantwortliche unterliegt, erfordert, oder zur Wahrnehmung einer Aufgabe, die im öffentlichen Interesse liegt oder in Ausübung öffentlicher Gewalt erfolgt, die dem Verantwortlichen übertragen wurde;
   c) aus Gründen des öffentlichen Interesses im Bereich der öffentlichen Gesundheit gemäß Artikel 9 Absatz 2 Buchstaben h und i sowie Artikel 9 Absatz 3;
   d) für im öffentlichen Interesse liegende Archivzwecke, wissenschaftliche oder historische Forschungszwecke oder für statistische Zwecke gemäß Artikel 89 Absatz 1, soweit das in Absatz 1 genannte Recht voraussichtlich die Verwirklichung der Ziele dieser Verarbeitung unmöglich macht oder ernsthaft beeinträchtigt, oder
   e) zur Geltendmachung, Ausübung oder Verteidigung von Rechtsansprüchen.

Artikel 18 Recht auf Einschränkung der Verarbeitung

(1) Die betroffene Person hat das Recht, von dem Verantwortlichen die Einschränkung der Verarbeitung zu verlangen, wenn eine der folgenden Voraussetzungen gegeben ist:
   a) die Richtigkeit der personenbezogenen Daten von der betroffenen Person bestritten wird, und zwar für eine Dauer, die es dem Verantwortlichen ermöglicht, die Richtigkeit der personenbezogenen Daten zu überprüfen,
   b) die Verarbeitung unrechtmäßig ist und die betroffene Person die Löschung der personenbezogenen Daten ablehnt und stattdessen die Einschränkung der Nutzung der personenbezogenen Daten verlangt;
   c) der Verantwortliche die personenbezogenen Daten für die Zwecke der Verarbeitung nicht länger benötigt, die betroffene Person sie jedoch zur Geltendmachung, Ausübung oder Verteidigung von Rechtsansprüchen benötigt, oder
   d) die betroffene Person Widerspruch gegen die Verarbeitung gemäß Artikel 21 Absatz 1 eingelegt hat, solange noch nicht feststeht, ob die berechtigten Gründe des Verantwortlichen gegenüber denen der betroffenen Person überwiegen.

(2) Wurde die Verarbeitung gemäß Absatz 1 eingeschränkt, so dürfen diese personenbezogenen Daten – von ihrer Speicherung abgesehen – nur mit Einwilligung der betroffenen Person oder zur Geltendmachung, Ausübung oder Verteidigung von Rechtsansprüchen oder zum Schutz der Rechte einer anderen
natürlichen oder juristischen Person oder aus Gründen eines wichtigen
öffentlichen Interesses der Union oder eines Mitgliedstaats verarbeitet werden.
04.05.2016 L 119/44 Amtsblatt der Europäischen Union DE
(3) Eine betroffene Person, die eine Einschränkung der Verarbeitung gemäß Absatz 1 erwirkt hat, wird von dem Verantwortlichen unterrichtet, bevor die Einschränkung aufgehoben wird.

**Artikel 19 Mitteilungspflicht im Zusammenhang mit der Berichtigung oder
Löschung personenbezogener Daten oder der Einschränkung der Verarbeitung**

Der Verantwortliche teilt allen Empfängern, denen personenbezogenen Daten offengelegt wurden, jede Berichtigung oder Löschung der personenbezogenen Daten
oder eine Einschränkung der Verarbeitung nach Artikel 16, Artikel 17 Absatz 1 und
Artikel 18 mit, es sei denn, dies erweist sich als unmöglich oder ist mit einem unverhältnismäßigen Aufwand verbunden. Der Verantwortliche unterrichtet die betroffene Person über diese Empfänger, wenn die betroffene Person dies verlangt.

Artikel 20 Recht auf Datenübertragbarkeit

(1) Die betroffene Person hat das Recht, die sie betreffenden personenbezogenen
Daten, die sie einem Verantwortlichen bereitgestellt hat, in einem strukturier-
ten, gängigen und maschinenlesbaren Format zu erhalten, und sie hat das
Recht, diese Daten einem anderen Verantwortlichen ohne Behinderung durch
den Verantwortlichen, dem die personenbezogenen Daten bereitgestellt wurden, zu übermitteln, sofern
a) die Verarbeitung auf einer Einwilligung gemäß Artikel 6 Absatz 1 Buchstabe a oder Artikel 9 Absatz 2 Buchstabe a oder auf einem Vertrag gemäß
Artikel 6 Absatz 1 Buchstabe b beruht und
b) die Verarbeitung mithilfe automatisierter Verfahren erfolgt.
(2) Bei der Ausübung ihres Rechts auf Datenübertragbarkeit gemäß Absatz 1 hat
die betroffene Person das Recht, zu erwirken, dass die personenbezogenen Daten direkt von einem Verantwortlichen einem anderen Verantwortlichen übermittelt werden, soweit dies technisch machbar ist.

(3) Die Ausübung des Rechts nach Absatz 1 des vorliegenden Artikels lässt Artikel 17 unberührt. Dieses Recht gilt nicht für eine Verarbeitung, die für die Wahrnehmung einer Aufgabe erforderlich ist, die im öffentlichen Interesse liegt oder in Ausübung öffentlicher Gewalt erfolgt, die dem Verantwortlichen übertragen wurde.

(4) Das Recht gemäß Absatz 2 darf die Rechte und Freiheiten anderer Personen nicht beeinträchtigen.

4.1.3.3   Abschn. 4 Widerspruchsrecht und automatisierte Entscheidungsfindung im Einzelfall

Artikel 21 Widerspruchsrecht

(1) Die betroffene Person hat das Recht, aus Gründen, die sich aus ihrer besonderen Situation ergeben, jederzeit gegen die Verarbeitung sie betreffender personenbezogener Daten, die aufgrund von Artikel 6 Absatz 1 Buchstaben e oder f erfolgt, Widerspruch einzulegen; dies gilt auch für ein auf diese Bestimmungen gestütztes Profiling. Der Verantwortliche verarbeitet die personenbezogenen Daten nicht mehr, es sei denn, er kann zwingende schutzwürdige Gründe für die Verarbeitung nachweisen, die die Interessen, Rechte und Freiheiten der betroffenen Person überwiegen, oder die Verarbeitung dient der Geltendmachung, Ausübung oder Verteidigung von Rechtsansprüchen.

(2) Werden personenbezogene Daten verarbeitet, um Direktwerbung zu betreiben, so hat die betroffene Person das Recht, jederzeit Widerspruch gegen die Verarbeitung sie betreffender personenbezogener Daten zum Zwecke derartiger Werbung einzulegen; dies gilt auch für das Profiling, soweit es mit solcher Direktwerbung in Verbindung steht.

(3) Widerspricht die betroffene Person der Verarbeitung für Zwecke der Direktwerbung, so werden die personenbezogenen Daten nicht mehr für diese Zwecke verarbeitet. 04.05.2016 L 119/45 Amtsblatt der Europäischen Union DE

(4) Die betroffene Person muss spätestens zum Zeitpunkt der ersten Kommunikation mit ihr ausdrücklich auf das in den Absätzen 1 und 2 genannte Recht hingewiesen werden; dieser Hinweis hat in einer verständlichen und von anderen Informationen getrennten Form zu erfolgen.

(5) Im Zusammenhang mit der Nutzung von Diensten der Informationsgesellschaft kann die betroffene Person ungeachtet der Richtlinie 2002/58/EG ihr Widerspruchsrecht mittels automatisierter Verfahren ausüben, bei denen technische Spezifikationen verwendet werden.

(6) Die betroffene Person hat das Recht, aus Gründen, die sich aus ihrer besonderen Situation ergeben, gegen die sie betreffende Verarbeitung sie betreffender personenbezogener Daten, die zu wissenschaftlichen oder historischen Forschungszwecken oder zu statistischen Zwecken gemäß Artikel 89 Absatz 1 erfolgt, Widerspruch einzulegen, es sei denn, die Verarbeitung ist zur Erfüllung einer im öffentlichen Interesse liegenden Aufgabe erforderlich.

Artikel 22 Automatisierte Entscheidungen im Einzelfall einschließlich Profiling

(1) Die betroffene Person hat das Recht, nicht einer ausschließlich auf einer automatisierten Verarbeitung – einschließlich Profiling – beruhenden Entscheidung unterworfen zu werden, die ihr gegenüber rechtliche Wirkung entfaltet oder sie in ähnlicher Weise erheblich beeinträchtigt.

(2) Absatz 1 gilt nicht, wenn die Entscheidung
   a) für den Abschluss oder die Erfüllung eines Vertrags zwischen der betroffenen Person und dem Verantwortlichen erforderlich ist,
   b) aufgrund von Rechtsvorschriften der Union oder der Mitgliedstaaten, denen der Verantwortliche unterliegt, zulässig ist und diese Rechtsvorschriften angemessene Maßnahmen zur Wahrung der Rechte und Freiheiten sowie der berechtigten Interessen der betroffenen Person enthalten oder
   c) mit ausdrücklicher Einwilligung der betroffenen Person erfolgt.

(3) In den in Absatz 2 Buchstaben a und c genannten Fällen trifft der Verantwortliche angemessene Maßnahmen, um die Rechte und Freiheiten sowie die berechtigten Interessen der betroffenen Person zu wahren, wozu mindestens das Recht auf Erwirkung des Eingreifens einer Person seitens des Verantwortlichen, auf Darlegung des eigenen Standpunkts und auf Anfechtung der Entscheidung gehört.

(4) Entscheidungen nach Absatz 2 dürfen nicht auf besonderen Kategorien personenbezogener Daten nach Artikel 9 Absatz 1 beruhen, sofern nicht Artikel 9 Absatz 2 Buchstabe a oder g gilt und angemessene Maßnahmen zum Schutz der Rechte und Freiheiten sowie der berechtigten Interessen der betroffenen Person getroffen wurden.

4.1.3.4   Abschn. 5 Beschränkungen

Artikel 23 Beschränkungen

(1) Durch Rechtsvorschriften der Union oder der Mitgliedstaaten, denen der Verantwortliche oder der Auftragsverarbeiter unterliegt, können die Pflichten und Rechte gemäß den Artikeln 12 bis 22 und Artikel 34 sowie Artikel 5, insofern dessen Bestimmungen den in den Artikeln 12 bis 22 vorgesehenen Rechten und Pflichten entsprechen, im Wege von Gesetzgebungsmaßnahmen beschränkt werden, sofern eine solche Beschränkung den Wesensgehalt der Grundrechte und Grundfreiheiten achtet und in einer demokratischen Gesellschaft eine notwendige und verhältnismäßige Maßnahme darstellt, die Folgendes sicherstellt:

a) die nationale Sicherheit;

b) die Landesverteidigung;

c) die öffentliche Sicherheit; 04.05.2016 L 119/46 Amtsblatt der Europäischen Union DE

d) die Verhütung, Ermittlung, Aufdeckung oder Verfolgung von Straftaten oder die Strafvollstreckung, einschließlich des Schutzes vor und der Abwehr von Gefahren für die öffentliche Sicherheit;

e) den Schutz sonstiger wichtiger Ziele des allgemeinen öffentlichen Interesses der Union oder eines Mitgliedstaats, insbesondere eines wichtigen wirtschaftlichen oder finanziellen Interesses der Union oder eines Mitgliedstaats, etwa im Währungs-, Haushalts- und Steuerbereich sowie im Bereich der öffentlichen Gesundheit und der sozialen Sicherheit;

f) den Schutz der Unabhängigkeit der Justiz und den Schutz von Gerichtsverfahren;

g) die Verhütung, Aufdeckung, Ermittlung und Verfolgung von Verstößen gegen die berufsständischen Regeln reglementierter Berufe;

h) Kontroll-, Überwachungs- und Ordnungsfunktionen, die dauernd oder zeitweise mit der Ausübung öffentlicher Gewalt für die unter den Buchstaben a bis e und g genannten Zwecke verbunden sind;

i) den Schutz der betroffenen Person oder der Rechte und Freiheiten anderer Personen;

j) die Durchsetzung zivilrechtlicher Ansprüche.

(2) Jede Gesetzgebungsmaßnahme im Sinne des Absatzes 1 muss insbesondere gegebenenfalls spezifische Vorschriften enthalten zumindest in Bezug auf
a) die Zwecke der Verarbeitung oder die Verarbeitungskategorien,
b) die Kategorien personenbezogener Daten,
c) den Umfang der vorgenommenen Beschränkungen,
d) die Garantien gegen Missbrauch oder unrechtmäßigen Zugang oder unrechtmäßige Übermittlung;
e) die Angaben zu dem Verantwortlichen oder den Kategorien von Verantwortlichen,
f) die jeweiligen Speicherfristen sowie die geltenden Garantien unter Berücksichtigung von Art, Umfang und Zwecken der Verarbeitung oder der Verarbeitungskategorien,
g) die Risiken für die Rechte und Freiheiten der betroffenen Personen und
h) das Recht der betroffenen Personen auf Unterrichtung über die Beschränkung, sofern dies nicht dem Zweck der Beschränkung abträglich ist.

4.1.4 Kapitel IV Verantwortlicher und Auftragsverarbeiter

4.1.4.1 Abschn. 1 Allgemeine Pflichten

Artikel 24 Verantwortung des für die Verarbeitung Verantwortlichen
(1) Der Verantwortliche setzt unter Berücksichtigung der Art, des Umfangs, der Umstände und der Zwecke der Verarbeitung sowie der unterschiedlichen Eintrittswahrscheinlichkeit und Schwere der Risiken für die Rechte und Freiheiten natürlicher Personen geeignete technische und organisatorische Maßnahmen um, um sicherzustellen und den Nachweis dafür erbringen zu können, dass die Verarbeitung gemäß dieser Verordnung erfolgt. Diese Maßnahmen werden erforderlichenfalls überprüft und aktualisiert.
(2) Sofern dies in einem angemessenen Verhältnis zu den Verarbeitungstätigkeiten steht, müssen die Maßnahmen gemäß Absatz 1 die Anwendung geeigneter Datenschutzvorkehrungen durch den Verantwortlichen umfassen.
(3) Die Einhaltung der genehmigten Verhaltensregeln gemäß Artikel 40 oder eines genehmigten Zertifizierungsverfahrens gemäß Artikel 42 kann als Gesichtspunkt herangezogen werden, um die Erfüllung der Pflichten des Verantwortlichen nachzuweisen.

4.1.4.2   Abschn. 2 Sicherheit personenbezogener Daten

Artikel 32 Sicherheit der Verarbeitung

(1) Unter Berücksichtigung des Stands der Technik, der Implementierungskosten und der Art, des Umfangs, der Umstände und der Zwecke der Verarbeitung sowie der unterschiedlichen Eintrittswahrscheinlichkeit und Schwere des Risikos für die Rechte und Freiheiten natürlicher Personen treffen der Verantwortliche und der Auftragsverarbeiter geeignete technische und organisatorische Maßnahmen, um ein dem Risiko angemessenes Schutzniveau zu gewährleisten; diese Maßnahmen schließen unter anderem Folgendes ein:

  a) die Pseudonymisierung und Verschlüsselung personenbezogener Daten;
  04.05.2016 L 119/51 Amtsblatt der Europäischen Union DE

  b) die Fähigkeit, die Vertraulichkeit, Integrität, Verfügbarkeit und Belastbarkeit der Systeme und Dienste im Zusammenhang mit der Verarbeitung auf Dauer sicherzustellen;

  c) die Fähigkeit, die Verfügbarkeit der personenbezogenen Daten und den Zugang zu ihnen bei einem physischen oder technischen Zwischenfall rasch wiederherzustellen;

  d) ein Verfahren zur regelmäßigen Überprüfung, Bewertung und Evaluierung der Wirksamkeit der technischen und organisatorischen Maßnahmen zur Gewährleistung der Sicherheit der Verarbeitung.

(2) Bei der Beurteilung des angemessenen Schutzniveaus sind insbesondere die Risiken zu berücksichtigen, die mit der Verarbeitung verbunden sind, insbesondere durch – ob unbeabsichtigt oder unrechtmäßig – Vernichtung, Verlust, Veränderung oder unbefugte Offenlegung von beziehungsweise unbefugten Zugang zu personenbezogenen Daten, die übermittelt, gespeichert oder auf andere Weise verarbeitet wurden.

(3) Die Einhaltung genehmigter Verhaltensregeln gemäß Artikel 40 oder eines genehmigten Zertifizierungsverfahrens gemäß Artikel 42 kann als Faktor herangezogen werden, um die Erfüllung der in Absatz 1 des vorliegenden Artikels genannten Anforderungen nachzuweisen.

(4) Der Verantwortliche und der Auftragsverarbeiter unternehmen Schritte, um sicherzustellen, dass ihnen unterstellte natürliche Personen, die Zugang zu personenbezogenen Daten haben, diese nur auf Anweisung des Verantwortlichen verarbeiten, es sei denn, sie sind nach dem Recht der Union oder der Mitgliedstaaten zur Verarbeitung verpflichtet.

Artikel 33 Meldung von Verletzungen des Schutzes personenbezogener Daten an die Aufsichtsbehörde

(1) Im Falle einer Verletzung des Schutzes personenbezogener Daten meldet der Verantwortliche unverzüglich und möglichst binnen 72 Stunden, nachdem ihm die Verletzung bekannt wurde, diese der gemäß Artikel 51 zuständigen Aufsichtsbehörde, es sei denn, dass die Verletzung des Schutzes personenbezogener Daten voraussichtlich nicht zu einem Risiko für die Rechte und Freiheiten natürlicher Personen führt. Erfolgt die Meldung an die Aufsichtsbehörde nicht binnen 72 Stunden, so ist ihr eine Begründung für die Verzögerung beizufügen.

(2) Wenn dem Auftragsverarbeiter eine Verletzung des Schutzes personenbezogener Daten bekannt wird, meldet er diese dem Verantwortlichen unverzüglich.

(3) Die Meldung gemäß Absatz 1 enthält zumindest folgende Informationen:

   a) eine Beschreibung der Art der Verletzung des Schutzes personenbezogener Daten, soweit möglich mit Angabe der Kategorien und der ungefähren Zahl der betroffenen Personen, der betroffenen Kategorien und der ungefähren Zahl der betroffenen personenbezogenen Datensätze;

   b) den Namen und die Kontaktdaten des Datenschutzbeauftragten oder einer sonstigen Anlaufstelle für weitere Informationen;

   c) eine Beschreibung der wahrscheinlichen Folgen der Verletzung des Schutzes personenbezogener Daten;

   d) eine Beschreibung der von dem Verantwortlichen ergriffenen oder vorgeschlagenen Maßnahmen zur Behebung der Verletzung des Schutzes personenbezogener Daten und gegebenenfalls Maßnahmen zur Abmilderung ihrer möglichen nachteiligen Auswirkungen.

(4) Wenn und soweit die Informationen nicht zur gleichen Zeit bereitgestellt werden können, kann der Verantwortliche diese Informationen ohne unangemessene weitere Verzögerung schrittweise zur Verfügung stellen.

(5) Der Verantwortliche dokumentiert Verletzungen des Schutzes personenbezogener Daten einschließlich aller im Zusammenhang mit der Verletzung des Schutzes personenbezogener Daten stehenden Fakten, von deren Auswirkungen und der ergriffenen Abhilfemaßnahmen. Diese Dokumentation muss der Aufsichtsbehörde die Überprüfung der Einhaltung der Bestimmungen dieses Artikels ermöglichen.

Artikel 34 Benachrichtigung der von einer Verletzung des Schutzes personenbezogener Daten betroffenen Person

(1) Hat die Verletzung des Schutzes personenbezogener Daten voraussichtlich ein hohes Risiko für die persönlichen Rechte und Freiheiten natürlicher Personen

zur Folge, so benachrichtigt der Verantwortliche die betroffene Person unverzüglich von der Verletzung. 04.05.2016 L 119/52 Amtsblatt der Europäischen Union DE

(2) Die in Absatz 1 genannte Benachrichtigung der betroffenen Person beschreibt in klarer und einfacher Sprache die Art der Verletzung des Schutzes personenbezogener Daten und enthält zumindest die in Artikel 33 Absatz 3 Buchstaben b, c und d genannten Informationen und Maßnahmen.

(3) Die Benachrichtigung der betroffenen Person gemäß Absatz 1 ist nicht erforderlich, wenn eine der folgenden Bedingungen erfüllt ist:

   a) der Verantwortliche geeignete technische und organisatorische Sicherheitsvorkehrungen getroffen hat und diese Vorkehrungen auf die von der Verletzung betroffenen personenbezogenen Daten angewandt wurden, insbesondere solche, durch die die personenbezogenen Daten für alle Personen, die nicht zum Zugang zu den personenbezogenen Daten befugt sind, unzugänglich gemacht werden, etwa durch Verschlüsselung;

   b) der Verantwortliche durch nachfolgende Maßnahmen sichergestellt hat, dass das hohe Risiko für die Rechte und Freiheiten der betroffenen Personen gemäß Absatz 1 aller Wahrscheinlichkeit nach nicht mehr besteht;

   c) dies mit einem unverhältnismäßigen Aufwand verbunden wäre. In diesem Fall hat stattdessen eine öffentliche Bekanntmachung oder eine ähnliche Maßnahme zu erfolgen, durch die die betroffenen Personen vergleichbar wirksam informiert werden.

(4) Wenn der Verantwortliche die betroffene Person nicht bereits über die Verletzung des Schutzes personenbezogener Daten benachrichtigt hat, kann die Aufsichtsbehörde unter Berücksichtigung der Wahrscheinlichkeit, mit der die Verletzung des Schutzes personenbezogener Daten zu einem hohen Risiko führt, von dem Verantwortlichen verlangen, dies nachzuholen, oder sie kann mit einem Beschluss feststellen, dass bestimmte der in Absatz 3 genannten Voraussetzungen erfüllt sind.

4.1.4.3   Abschn. 3 Datenschutz-Folgenabschätzung und vorherige Konsultation

Artikel 35 Datenschutz-Folgenabschätzung

(1) Hat eine Form der Verarbeitung, insbesondere bei Verwendung neuer Technologien, aufgrund der Art, des Umfangs, der Umstände und der Zwecke der Verarbeitung voraussichtlich ein hohes Risiko für die Rechte und Freiheiten

natürlicher Personen zur Folge, so führt der Verantwortliche vorab eine Ab-
schätzung der Folgen der vorgesehenen Verarbeitungsvorgänge für den Schutz
personenbezogener Daten durch. Für die Untersuchung mehrerer ähnlicher
Verarbeitungsvorgänge mit ähnlich hohen Risiken kann eine einzige Abschät-
zung vorgenommen werden.

(2) Der Verantwortliche holt bei der Durchführung einer Datenschutz-Folgenabschätzung den Rat des Datenschutzbeauftragten, sofern ein solcher benannt
wurde, ein.

(3) Eine Datenschutz-Folgenabschätzung gemäß Absatz 1 ist insbesondere in
folgenden Fällen erforderlich:

a) systematische und umfassende Bewertung persönlicher Aspekte natürlicher Personen, die sich auf automatisierte Verarbeitung einschließlich
Profiling gründet und die ihrerseits als Grundlage für Entscheidungen
dient, die Rechtswirkung gegenüber natürlichen Personen entfalten oder
diese in ähnlich erheblicher Weise beeinträchtigen;

b) umfangreiche Verarbeitung besonderer Kategorien von personenbezogenen Daten gemäß Artikel 9 Absatz 1 oder von personenbezogenen
Daten über strafrechtliche Verurteilungen und Straftaten gemäß Artikel 10 oder

c) systematische umfangreiche Überwachung öffentlich zugänglicher Bereiche.

(4) Die Aufsichtsbehörde erstellt eine Liste der Verarbeitungsvorgänge, für die
gemäß Absatz 1 eine Datenschutz-Folgenabschätzung durchzuführen ist, und
veröffentlicht diese. Die Aufsichtsbehörde übermittelt diese Listen dem in
Artikel 68 genannten Ausschuss.

(5) Die Aufsichtsbehörde kann des Weiteren eine Liste der Arten von Verarbei-
tungsvorgängen erstellen und veröffentlichen, für die keine Datenschutz-
Folgenabschätzung erforderlich ist. Die Aufsichtsbehörde übermittelt diese
Listen dem Ausschuss.

(6) Vor Festlegung der in den Absätzen 4 und 5 genannten Listen wendet die
zuständige Aufsichtsbehörde das Kohärenzverfahren gemäß Artikel 63 an,
wenn solche Listen Verarbeitungstätigkeiten umfassen, die mit dem Angebot
von Waren oder Dienstleistungen für betroffene Personen oder der Beobachtung des Verhaltens dieser Personen in mehreren Mitgliedstaaten im Zusammenhang stehen oder die den freien Verkehr personenbezogener Daten innerhalb der Union erheblich beeinträchtigen könnten. 04.05.2016 L 119/53
Amtsblatt der Europäischen Union DE

(7) Die Folgenabschätzung enthält zumindest Folgendes:

    a) eine systematische Beschreibung der geplanten Verarbeitungsvorgänge und der Zwecke der Verarbeitung, gegebenenfalls einschließlich der von dem Verantwortlichen verfolgten berechtigten Interessen;

    b) eine Bewertung der Notwendigkeit und Verhältnismäßigkeit der Verarbeitungsvorgänge in Bezug auf den Zweck;

    c) eine Bewertung der Risiken für die Rechte und Freiheiten der betroffenen Personen gemäß Absatz 1 und

    d) die zur Bewältigung der Risiken geplanten Abhilfemaßnahmen, einschließlich Garantien, Sicherheitsvorkehrungen und Verfahren, durch die der Schutz personenbezogener Daten sichergestellt und der Nachweis dafür erbracht wird, dass diese Verordnung eingehalten wird, wobei den Rechten und berechtigten Interessen der betroffenen Personen und sonstiger Betroffener Rechnung getragen wird.

(8) Die Einhaltung genehmigter Verhaltensregeln gemäß Artikel 40 durch die zuständigen Verantwortlichen oder die zuständigen Auftragsverarbeiter ist bei der Beurteilung der Auswirkungen der von diesen durchgeführten Verarbeitungsvorgänge, insbesondere für die Zwecke einer Datenschutz-Folgenabschätzung, gebührend zu berücksichtigen.

(9) Der Verantwortliche holt gegebenenfalls den Standpunkt der betroffenen Personen oder ihrer Vertreter zu der beabsichtigten Verarbeitung unbeschadet des Schutzes gewerblicher oder öffentlicher Interessen oder der Sicherheit der Verarbeitungsvorgänge ein.

(10) Falls die Verarbeitung gemäß Artikel 6 Absatz 1 Buchstabe c oder e auf einer Rechtsgrundlage im Unionsrecht oder im Recht des Mitgliedstaats, dem der Verantwortliche unterliegt, beruht und falls diese Rechtsvorschriften den konkreten Verarbeitungsvorgang oder die konkreten Verarbeitungsvorgänge regeln und bereits im Rahmen der allgemeinen Folgenabschätzung im Zusammenhang mit dem Erlass dieser Rechtsgrundlage eine Datenschutz-Folgenabschätzung erfolgte, gelten die Absätze 1 bis 7 nur, wenn es nach dem Ermessen der Mitgliedstaaten erforderlich ist, vor den betreffenden Verarbeitungstätigkeiten eine solche Folgenabschätzung durchzuführen.

(11) Erforderlichenfalls führt der Verantwortliche eine Überprüfung durch, um zu bewerten, ob die Verarbeitung gemäß der Datenschutz-Folgenabschätzung durchgeführt wird; dies gilt zumindest, wenn hinsichtlich des mit den Verarbeitungsvorgängen verbundenen Risikos Änderungen eingetreten sind.

Artikel 36 Vorherige Konsultation

(1) Der Verantwortliche konsultiert vor der Verarbeitung die Aufsichtsbehörde, wenn aus einer Datenschutz-Folgenabschätzung gemäß Artikel 35 hervorgeht, dass die Verarbeitung ein hohes Risiko zur Folge hätte, sofern der Verantwortliche keine Maßnahmen zur Eindämmung des Risikos trifft.

(2) Falls die Aufsichtsbehörde der Auffassung ist, dass die geplante Verarbeitung gemäß Absatz 1 nicht im Einklang mit dieser Verordnung stünde, insbesondere weil der Verantwortliche das Risiko nicht ausreichend ermittelt oder nicht ausreichend eingedämmt hat, unterbreitet sie dem Verantwortlichen und gegebenenfalls dem Auftragsverarbeiter innerhalb eines Zeitraums von bis zu acht Wochen nach Erhalt des Ersuchens um Konsultation entsprechende schriftliche Empfehlungen und kann ihre in Artikel 58 genannten Befugnisse ausüben. Diese Frist kann unter Berücksichtigung der Komplexität der geplanten Verarbeitung um sechs Wochen verlängert werden. Die Aufsichtsbehörde unterrichtet den Verantwortlichen oder gegebenenfalls den Auftragsverarbeiter über eine solche Fristverlängerung innerhalb eines Monats nach Eingang des Antrags auf Konsultation zusammen mit den Gründen für die Verzögerung. Diese Fristen können ausgesetzt werden, bis die Aufsichtsbehörde die für die Zwecke der Konsultation angeforderten Informationen erhalten hat.

(3) Der Verantwortliche stellt der Aufsichtsbehörde bei einer Konsultation gemäß Absatz 1 folgende Informationen zur Verfügung:

a) gegebenenfalls Angaben zu den jeweiligen Zuständigkeiten des Verantwortlichen, der gemeinsam Verantwortlichen und der an der Verarbeitung beteiligten Auftragsverarbeiter, insbesondere bei einer Verarbeitung innerhalb einer Gruppe von Unternehmen;

b) die Zwecke und die Mittel der beabsichtigten Verarbeitung;

c) die zum Schutz der Rechte und Freiheiten der betroffenen Personen gemäß dieser Verordnung vorgesehenen Maßnahmen und Garantien;

d) gegebenenfalls die Kontaktdaten des Datenschutzbeauftragten; 04.05.2016 L 119/54 Amtsblatt der Europäischen Union DE

e) die Datenschutz-Folgenabschätzung gemäß Artikel 35 und

f) alle sonstigen von der Aufsichtsbehörde angeforderten Informationen.

(4) Die Mitgliedstaaten konsultieren die Aufsichtsbehörde bei der Ausarbeitung eines Vorschlags für von einem nationalen Parlament zu erlassende Gesetzgebungsmaßnahmen oder von auf solchen Gesetzgebungsmaßnahmen basierenden Regelungsmaßnahmen, die die Verarbeitung betreffen.

(5) Ungeachtet des Absatzes 1 können Verantwortliche durch das Recht der Mitgliedstaaten verpflichtet werden, bei der Verarbeitung zur Erfüllung einer im öffentlichen Interesse liegenden Aufgabe, einschließlich der Verarbeitung zu Zwecken der sozialen Sicherheit und der öffentlichen Gesundheit, die Aufsichtsbehörde zu konsultieren und deren vorherige Genehmigung einzuholen.

4.1.4.4   Abschn. 4 Datenschutzbeauftragter

Artikel 37 Benennung eines Datenschutzbeauftragten
(1) Der Verantwortliche und der Auftragsverarbeiter benennen auf jeden Fall einen Datenschutzbeauftragten, wenn
  a) die Verarbeitung von einer Behörde oder öffentlichen Stelle durchgeführt wird, mit Ausnahme von Gerichten, die im Rahmen ihrer justiziellen Tätigkeit handeln,
  b) die Kerntätigkeit des Verantwortlichen oder des Auftragsverarbeiters in der Durchführung von Verarbeitungsvorgängen besteht, welche aufgrund ihrer Art, ihres Umfangs und/oder ihrer Zwecke eine umfangreiche regelmäßige und systematische Überwachung von betroffenen Personen erforderlich machen, oder
  c) die Kerntätigkeit des Verantwortlichen oder des Auftragsverarbeiters in der umfangreichen Verarbeitung besonderer Kategorien von Daten gemäß Artikel 9 oder von personenbezogenen Daten über strafrechtliche Verurteilungen und Straftaten gemäß Artikel 10 besteht.
(2) Eine Unternehmensgruppe darf einen gemeinsamen Datenschutzbeauftragten ernennen, sofern von jeder Niederlassung aus der Datenschutzbeauftragte leicht erreicht werden kann.
(3) Falls es sich bei dem Verantwortlichen oder dem Auftragsverarbeiter um eine Behörde oder öffentliche Stelle handelt, kann für mehrere solcher Behörden oder Stellen unter Berücksichtigung ihrer Organisationsstruktur und ihrer Größe ein gemeinsamer Datenschutzbeauftragter benannt werden.
(4) In anderen als den in Absatz 1 genannten Fällen können der Verantwortliche oder der Auftragsverarbeiter oder Verbände und andere Vereinigungen, die Kategorien von Verantwortlichen oder Auftragsverarbeitern vertreten, einen Datenschutzbeauftragten benennen; falls dies nach dem Recht der Union oder der Mitgliedstaaten vorgeschrieben ist, müssen sie einen solchen benennen. Der Datenschutzbeauftragte kann für derartige Verbände und andere Vereinigungen, die Verantwortliche oder Auftragsverarbeiter vertreten, handeln.

(5) Der Datenschutzbeauftragte wird auf der Grundlage seiner beruflichen Qualifikation und insbesondere des Fachwissens benannt, das er auf dem Gebiet des
Datenschutzrechts und der Datenschutzpraxis besitzt, sowie auf der Grundlage
seiner Fähigkeit zur Erfüllung der in Artikel 39 genannten Aufgaben.

(6) Der Datenschutzbeauftragte kann Beschäftigter des Verantwortlichen oder des
Auftragsverarbeiters sein oder seine Aufgaben auf der Grundlage eines Dienst-
leistungsvertrags erfüllen.

(7) Der Verantwortliche oder der Auftragsverarbeiter veröffentlicht die Kontaktdaten des Datenschutzbeauftragten und teilt diese Daten der Aufsichtsbehörde mit.

4.1.5 Kapitel VIII Rechtsbehelfe, Haftung und Sanktionen

Artikel 82 Haftung und Recht auf Schadenersatz

(1) Jede Person, der wegen eines Verstoßes gegen diese Verordnung ein materiel-
ler oder immaterieller Schaden entstanden ist, hat Anspruch auf Schadenersatz
gegen den Verantwortlichen oder gegen den Auftragsverarbeiter.

(2) Jeder an einer Verarbeitung beteiligte Verantwortliche haftet für den Schaden,
der durch eine nicht dieser Verordnung entsprechende Verarbeitung verursacht
wurde. Ein Auftragsverarbeiter haftet für den durch eine Verarbeitung verursachten Schaden nur dann, wenn er seinen speziell den Auftragsverarbeitern
auferlegten Pflichten aus dieser Verordnung nicht nachgekommen ist oder unter Nichtbeachtung der rechtmäßig erteilten Anweisungen des für die Datenverarbeitung Verantwortlichen oder gegen diese Anweisungen gehandelt hat.

(3) Der Verantwortliche oder der Auftragsverarbeiter wird von der Haftung gemäß
Absatz 2 befreit, wenn er nachweist, dass er in keinerlei Hinsicht für den Umstand, durch den der Schaden eingetreten ist, verantwortlich ist.

(4) Ist mehr als ein Verantwortlicher oder mehr als ein Auftragsverarbeiter bzw.
sowohl ein Verantwortlicher als auch ein Auftragsverarbeiter an derselben Verarbeitung beteiligt und sind sie gemäß den Absätzen 2 und 3 für einen durch
die Verarbeitung verursachten Schaden verantwortlich, so haftet jeder Verantwortliche oder jeder Auftragsverarbeiter für den gesamten Schaden, damit ein
wirksamer Schadensersatz für die betroffene Person sichergestellt ist.

(5) Hat ein Verantwortlicher oder Auftragsverarbeiter gemäß Absatz 4 vollständigen Schadenersatz für den erlittenen Schaden gezahlt, so ist dieser Verantwortliche oder Auftragsverarbeiter berechtigt, von den übrigen an derselben Verarbeitung beteiligten für die Datenverarbeitung Verantwortlichen oder Auftragsverarbeitern den Teil des Schadenersatzes zurückzufordern, der unter den in Absatz 2 festgelegten Bedingungen ihrem Anteil an der Verantwortung für den Schaden entspricht. 04.05.2016 L 119/81 Amtsblatt der Europäischen Union DE

(6) Mit Gerichtsverfahren zur Inanspruchnahme des Rechts auf Schadenersatz sind die Gerichte zu befassen, die nach den in Artikel 79 Absatz 2 genannten Rechtsvorschriften des Mitgliedstaats zuständig sind.

Artikel 83 Allgemeine Bedingungen für die Verhängung von Geldbußen

(1) Jede Aufsichtsbehörde stellt sicher, dass die Verhängung von Geldbußen gemäß diesem Artikel für Verstöße gegen diese Verordnung gemäß den Absätzen 5 und 6 in jedem Einzelfall wirksam, verhältnismäßig und abschreckend ist.

(2) Geldbußen werden je nach den Umständen des Einzelfalls zusätzlich zu oder anstelle von Maßnahmen nach Artikel 58 Absatz 2 Buchstaben a bis h und i verhängt. Bei der Entscheidung über die Verhängung einer Geldbuße und über deren Betrag wird in jedem Einzelfall Folgendes gebührend berücksichtigt:

   a) Art, Schwere und Dauer des Verstoßes unter Berücksichtigung der Art, des Umfangs oder des Zwecks der betreffenden Verarbeitung sowie der Zahl der von der Verarbeitung betroffenen Personen und des Ausmaßes des von ihnen erlittenen Schadens;

   b) Vorsätzlichkeit oder Fahrlässigkeit des Verstoßes;

   c) jegliche von dem Verantwortlichen oder dem Auftragsverarbeiter getroffenen Maßnahmen zur Minderung des den betroffenen Personen entstandenen Schadens;

   d) Grad der Verantwortung des Verantwortlichen oder des Auftragsverarbeiters unter Berücksichtigung der von ihnen gemäß den Artikeln 25 und 32 getroffenen technischen und organisatorischen Maßnahmen;

   e) etwaige einschlägige frühere Verstöße des Verantwortlichen oder des Auftragsverarbeiters;

f) Umfang der Zusammenarbeit mit der Aufsichtsbehörde, um dem Verstoß abzuhelfen und seine möglichen nachteiligen Auswirkungen zu mindern;

g) Kategorien personenbezogener Daten, die von dem Verstoß betroffen sind;

h) Art und Weise, wie der Verstoß der Aufsichtsbehörde bekannt wurde, insbesondere ob und gegebenenfalls in welchem Umfang der Verantwortliche oder der Auftragsverarbeiter den Verstoß mitgeteilt hat;

i) Einhaltung der nach Artikel 58 Absatz 2 früher gegen den für den betreffenden Verantwortlichen oder Auftragsverarbeiter in Bezug auf denselben Gegenstand angeordneten Maßnahmen, wenn solche Maßnahmen angeordnet wurden;

j) Einhaltung von genehmigten Verhaltensregeln nach Artikel 40 oder genehmigten Zertifizierungsverfahren nach Artikel 42 und

k) jegliche anderen erschwerenden oder mildernden Umstände im jeweiligen Fall, wie unmittelbar oder mittelbar durch den Verstoß erlangte finanzielle Vorteile oder vermiedene Verluste.

(3) Verstößt ein Verantwortlicher oder ein Auftragsverarbeiter bei gleichen oder miteinander verbundenen Verarbeitungsvorgängen vorsätzlich oder fahrlässig gegen mehrere Bestimmungen dieser Verordnung, so übersteigt der Gesamtbetrag der Geldbuße nicht den Betrag für den schwerwiegendsten Verstoß.

(4) Bei Verstößen gegen die folgenden Bestimmungen werden im Einklang mit Absatz 2 Geldbußen von bis zu 10.000.000 EUR oder im Fall eines Unternehmens von bis zu 2 % seines gesamten weltweit erzielten Jahresumsatzes des vorangegangenen Geschäftsjahrs verhängt, je nachdem, welcher der Beträge höher ist:

a) die Pflichten der Verantwortlichen und der Auftragsverarbeiter gemäß den Artikeln 8, 11, 25 bis 39, 42 und 43;

b) die Pflichten der Zertifizierungsstelle gemäß den Artikeln 42 und 43;

c) die Pflichten der Überwachungsstelle gemäß Artikel 41 Absatz 4.
04.05.2016 L 119/82 Amtsblatt der Europäischen Union DE

(5) Bei Verstößen gegen die folgenden Bestimmungen werden im Einklang mit Absatz 2 Geldbußen von bis zu 20.000.000 EUR oder im Fall eines Unternehmens von bis zu 4 % seines gesamten weltweit erzielten Jahresumsatzes des vorangegangenen Geschäftsjahrs verhängt, je nachdem, welcher der Beträge höher ist:

a) die Grundsätze für die Verarbeitung, einschließlich der Bedingungen für die Einwilligung, gemäß den Artikeln 5, 6, 7 und 9;

b) die Rechte der betroffenen Person gemäß den Artikeln 12 bis 22;
c) die Übermittlung personenbezogener Daten an einen Empfänger in einem Drittland oder an eine internationale Organisation gemäß den Artikeln 44 bis 49;
d) alle Pflichten gemäß den Rechtsvorschriften der Mitgliedstaaten, die im Rahmen des Kapitels IX erlassen wurden;
e) Nichtbefolgung einer Anweisung oder einer vorübergehenden oder endgültigen Beschränkung oder Aussetzung der Datenübermittlung durch die Aufsichtsbehörde gemäß Artikel 58 Absatz 2 oder Nichtgewährung des Zugangs unter Verstoß gegen Artikel 58 Absatz 1.

(6) Bei Nichtbefolgung einer Anweisung der Aufsichtsbehörde gemäß Artikel 58 Absatz 2 werden im Einklang mit Absatz 2 des vorliegenden Artikels Geldbußen von bis zu 20. 000.000 EUR oder im Fall eines Unternehmens von bis zu 4 % seines gesamten weltweit erzielten Jahresumsatzes des vorangegangenen Geschäftsjahrs verhängt, je nachdem, welcher der Beträge höher ist.

(7) Unbeschadet der Abhilfebefugnisse der Aufsichtsbehörden gemäß Artikel 58 Absatz 2 kann jeder Mitgliedstaat Vorschriften dafür festlegen, ob und in welchem Umfang gegen Behörden und öffentliche Stellen, die in dem betreffenden Mitgliedstaat niedergelassen sind, Geldbußen verhängt werden können.

(8) Die Ausübung der eigenen Befugnisse durch eine Aufsichtsbehörde gemäß diesem Artikel muss angemessenen Verfahrensgarantien gemäß dem Unionsrecht und dem Recht der Mitgliedstaaten, einschließlich wirksamer gerichtlicher Rechtsbehelfe und ordnungsgemäßer Verfahren, unterliegen.

(9) Sieht die Rechtsordnung eines Mitgliedstaats keine Geldbußen vor, kann dieser Artikel so angewandt werden, dass die Geldbuße von der zuständigen Aufsichtsbehörde in die Wege geleitet und von den zuständigen nationalen Gerichten verhängt wird, wobei sicherzustellen ist, dass diese Rechtsbehelfe wirksam sind und die gleiche Wirkung wie die von Aufsichtsbehörden verhängten Geldbußen haben. In jeden Fall müssen die verhängten Geldbußen wirksam, verhältnismäßig und abschreckend sein. Die betreffenden Mitgliedstaaten teilen der Kommission bis zum 25. Mai 2018 die Rechtsvorschriften mit, die sie aufgrund dieses Absatzes erlassen, sowie unverzüglich alle späteren Änderungsgesetze oder Änderungen dieser Vorschriften.

4.2   Bundesdatenschutzgesetz (BDSG)

BDSG (Auszug) Ausfertigungsdatum: 30.06.2017
Vollzitat:
„Bundesdatenschutzgesetz vom 30. Juni 2017 (BGBl. I S. 2097)"
Ersetzt G 204-3 v. 20.12.1990 I 2954, 2955 (BDSG 1990)

4.2.1   Teil 1 Gemeinsame Bestimmungen

4.2.1.1   Kap. 1 Anwendungsbereich und Begriffsbestimmungen

§ 1 Anwendungsbereich des Gesetzes
(1) Dieses Gesetz gilt für die Verarbeitung personenbezogener Daten durch
   1. öffentliche Stellen des Bundes,
   2. öffentliche Stellen der Länder, soweit der Datenschutz nicht durch Landes-
      gesetz geregelt ist und soweit sie
      a) Bundesrecht ausführen oder
      b) als Organe der Rechtspflege tätig werden und es sich nicht um Verwal-
         tungsangelegenheiten handelt.
   Für nichtöffentliche Stellen gilt dieses Gesetz für die ganz oder teilweise
   automatisierte Verarbeitung personenbezogener Daten sowie die nicht automatisierte Verarbeitung personenbezogener Daten, die in einem Dateisystem
   gespeichert sind oder gespeichert werden sollen, es sei denn, die Verarbeitung
   durch natürliche Personen erfolgt zur Ausübung ausschließlich persönlicher
   oder familiärer Tätigkeiten.
(2) Andere Rechtsvorschriften des Bundes über den Datenschutz gehen den Vorschriften dieses Gesetzes vor. Regeln sie einen Sachverhalt, für den dieses Gesetz gilt, nicht oder nicht abschließend, finden die Vorschriften dieses Gesetzes
   Anwendung. Die Verpflichtung zur Wahrung gesetzlicher Geheimhaltungs-
   pflichten oder von Berufs- oder besonderen Amtsgeheimnissen, die nicht auf
   gesetzlichen Vorschriften beruhen, bleibt unberührt.
(3) Die Vorschriften dieses Gesetzes gehen denen des Verwaltungsverfahrensge-
   setzes vor, soweit bei der Ermittlung des Sachverhalts personenbezogene Daten verarbeitet werden.

(4) Dieses Gesetz findet Anwendung auf öffentliche Stellen. Auf nichtöffentliche
Stellen findet es Anwendung, sofern

1. der Verantwortliche oder Auftragsverarbeiter personenbezogene Daten im
Inland verarbeitet,

2. die Verarbeitung personenbezogener Daten im Rahmen der Tätigkeiten einer inländischen Niederlassung des Verantwortlichen oder Auftragsverarbeiters erfolgt oder

3. der Verantwortliche oder Auftragsverarbeiter zwar keine Niederlassung in
einem Mitgliedstaat der Europäischen Union oder in einem anderen Vertragsstaat des Abkommens über den Europäischen Wirtschaftsraum hat, er
aber in den Anwendungsbereich der Verordnung (EU) 2016/679 des Europäischen Parlaments und des Rates vom 27. April 2016 zum Schutz natürlicher Personen bei der Verarbeitung personenbezogener Daten, zum freien
Datenverkehr und zur Aufhebung der Richtlinie 95/46/EG (Datenschutz-
Grundverordnung) (ABl. L 119 vom 04.05.2016, S. 1; L 314 vom
22.11.2016, S. 72) fällt. Sofern dieses Gesetz nicht gemäß Satz 2 Anwendung findet, gelten für den Verantwortlichen oder Auftragsverarbeiter nur
die §§ 8 bis 21, 39 bis 44.

(5) Die Vorschriften dieses Gesetzes finden keine Anwendung, soweit das Recht
der Europäischen Union, im Besonderen die Verordnung (EU) 2016/679 in der
jeweils geltenden Fassung, unmittelbar gilt.

(6) Bei Verarbeitungen zu Zwecken gemäß Artikel 2 der Verordnung (EU)
2016/679 stehen die Vertragsstaaten des Abkommens über den Europäischen
Wirtschaftsraum und die Schweiz den Mitgliedstaaten der Europäischen
Union gleich. Andere Staaten gelten insoweit als Drittstaaten.

(7) Bei Verarbeitungen zu Zwecken gemäß Artikel 1 Absatz 1 der Richtlinie (EU)
2016/680 des Europäischen Parlaments und des Rates vom 27. April 2016 zum
Schutz natürlicher Personen bei der Verarbeitung personenbezogener Daten
durch die zuständigen Behörden zum Zwecke der Verhütung, Ermittlung, Aufdeckung oder Verfolgung von Straftaten oder der Strafvollstreckung sowie
zum freien Datenverkehr und zur Aufhebung des Rahmenbeschlusses
2008/977/JI des Rates (ABl. L 119 vom 04.05.2016, S. 89) stehen die bei der
Umsetzung, Anwendung und Entwicklung des Schengen-Besitzstands assozi-
ierten Staaten den Mitgliedstaaten der Europäischen Union gleich. Andere
Staaten gelten insoweit als Drittstaaten.

(8) Für Verarbeitungen personenbezogener Daten durch öffentliche Stellen im
Rahmen von nicht in die Anwendungsbereiche der Verordnung (EU) 2016/679

und der Richtlinie (EU) 2016/680 fallenden Tätigkeiten finden die Verordnung (EU) 2016/679 und die Teile 1 und 2 dieses Gesetzes entsprechend Anwendung, soweit nicht in diesem Gesetz oder einem anderen Gesetz Abweichendes geregelt ist.

§ 2 Begriffsbestimmungen

(1) Öffentliche Stellen des Bundes sind die Behörden, die Organe der Rechtspflege und andere öffentlich-rechtlich organisierte Einrichtungen des Bundes, der bundesunmittelbaren Körperschaften, der Anstalten und Stiftungen des öffentlichen Rechts sowie deren Vereinigungen ungeachtet ihrer Rechtsform.

(2) Öffentliche Stellen der Länder sind die Behörden, die Organe der Rechtspflege und andere öffentlich-rechtlich organisierte Einrichtungen eines Landes, einer Gemeinde, eines Gemeindeverbandes oder sonstiger der Aufsicht des Landes unterstehender juristischer Personen des öffentlichen Rechts sowie deren Vereinigungen ungeachtet ihrer Rechtsform.

(3) Vereinigungen des privaten Rechts von öffentlichen Stellen des Bundes und der Länder, die Aufgaben der öffentlichen Verwaltung wahrnehmen, gelten ungeachtet der Beteiligung nichtöffentlicher Stellen als öffentliche Stellen des Bundes, wenn

1. sie über den Bereich eines Landes hinaus tätig werden oder
2. dem Bund die absolute Mehrheit der Anteile gehört oder die absolute Mehrheit der Stimmen zusteht.

Andernfalls gelten sie als öffentliche Stellen der Länder.

(4) Nichtöffentliche Stellen sind natürliche und juristische Personen, Gesellschaften und andere Personenvereinigungen des privaten Rechts, soweit sie nicht unter die Absätze 1 bis 3 fallen. Nimmt eine nichtöffentliche Stelle hoheitliche Aufgaben der öffentlichen Verwaltung wahr, ist sie insoweit öffentliche Stelle im Sinne dieses Gesetzes.

(5) Öffentliche Stellen des Bundes gelten als nichtöffentliche Stellen im Sinne dieses Gesetzes, soweit sie als öffentlich-rechtliche Unternehmen am Wettbewerb teilnehmen. Als nichtöffentliche Stellen im Sinne dieses Gesetzes gelten auch öffentliche Stellen der Länder, soweit sie als öffentlich-rechtliche Unternehmen am Wettbewerb teilnehmen, Bundesrecht ausführen und der Datenschutz nicht durch Landesgesetz geregelt ist.

§ 4 Videoüberwachung öffentlich zugänglicher Räume

(1) Die Beobachtung öffentlich zugänglicher Räume mit optisch-elektronischen Einrichtungen (Videoüberwachung) ist nur zulässig, soweit sie

1. zur Aufgabenerfüllung öffentlicher Stellen,
2. zur Wahrnehmung des Hausrechts oder
3. zur Wahrnehmung berechtigter Interessen für konkret festgelegte Zwecke erforderlich ist und keine Anhaltspunkte bestehen, dass schutzwürdige Interessen der Betroffenen überwiegen.

Bei der Videoüberwachung von

1. öffentlich zugänglichen großflächigen Anlagen, wie insbesondere Sport-, Versammlungs- und Vergnügungsstätten, Einkaufszentren oder Parkplätzen, oder
2. Fahrzeugen und öffentlich zugänglichen großflächigen Einrichtungen des öffentlichen Schienen-, Schiffs und Busverkehrs gilt der Schutz von Leben, Gesundheit oder Freiheit von dort aufhältigen Personen als ein besonders wichtiges Interesse.

(2) Der Umstand der Beobachtung und der Name und die Kontaktdaten des Verantwortlichen sind durch geeignete Maßnahmen zum frühestmöglichen Zeitpunkt erkennbar zu machen.

(3) Die Speicherung oder Verwendung von nach Absatz 1 erhobenen Daten ist zulässig, wenn sie zum Erreichen des verfolgten Zwecks erforderlich ist und keine Anhaltspunkte bestehen, dass schutzwürdige Interessen der Betroffenen überwiegen. Absatz 1 Satz 2 gilt entsprechend. Für einen anderen Zweck dürfen sie nur weiterverarbeitet werden, soweit dies zur Abwehr von Gefahren für die staatliche und öffentliche Sicherheit sowie zur Verfolgung von Straftaten erforderlich ist.

(4) Werden durch Videoüberwachung erhobene Daten einer bestimmten Person zugeordnet, so besteht die Pflicht zur Information der betroffenen Person über die Verarbeitung gemäß den Artikeln 13 und 14 der Verordnung (EU) 2016/679. § 32 gilt entsprechend.

(5) Die Daten sind unverzüglich zu löschen, wenn sie zur Erreichung des Zwecks nicht mehr erforderlich sind oder schutzwürdige Interessen der Betroffenen einer weiteren Speicherung entgegenstehen.

4.2.2   Teil 2 Durchführungsbestimmungen für Verarbeitungen zu Zwecken gemäß Artikel 2 der Verordnung (EU) 2016/679

4.2.2.1   Kap. 1 Rechtsgrundlagen der Verarbeitung personenbezogener Daten

Abschn. 1 Verarbeitung besonderer Kategorien personenbezogener Daten und Verarbeitung zu anderen Zwecken

§ 22 Verarbeitung besonderer Kategorien personenbezogener Daten
(1) Abweichend von Artikel 9 Absatz 1 der Verordnung (EU) 2016/679 ist die Verarbeitung besonderer Kategorien personenbezogener Daten im Sinne des Artikels 9 Absatz 1 der Verordnung (EU) 2016/679 zulässig

1. durch öffentliche und nichtöffentliche Stellen, wenn sie

a) erforderlich ist, um die aus dem Recht der sozialen Sicherheit und des Sozialschutzes erwachsenden Rechte auszuüben und den diesbezüglichen Pflichten nachzukommen,

b) zum Zweck der Gesundheitsvorsorge, für die Beurteilung der Arbeitsfähigkeit des Beschäftigten, für die medizinische Diagnostik, die Versorgung oder Behandlung im Gesundheits- oder Sozialbereich oder für die Verwaltung von Systemen und Diensten im Gesundheits- und Sozialbereich oder aufgrund eines Vertrags der betroffenen Person mit einem Angehörigen eines Gesundheitsberufs erforderlich ist und diese Daten von ärztlichem Personal oder durch sonstige Personen, die einer entsprechenden Geheimhaltungspflicht unterliegen, oder unter deren Verantwortung verarbeitet werden, oder

c) aus Gründen des öffentlichen Interesses im Bereich der öffentlichen Gesundheit, wie des Schutzes vor schwerwiegenden grenzüberschreitenden Gesundheitsgefahren oder zur Gewährleistung hoher Qualitäts- und Sicherheitsstandards bei der Gesundheitsversorgung und bei Arzneimitteln und Medizinprodukten erforderlich ist; ergänzend zu den in Absatz 2 genannten Maßnahmen sind insbesondere die berufsrechtlichen und strafrechtlichen Vorgaben zur Wahrung des Berufsgeheimnisses einzuhalten,

2. durch öffentliche Stellen, wenn sie

   a) aus Gründen eines erheblichen öffentlichen Interesses zwingend erforderlich ist,

   b) zur Abwehr einer erheblichen Gefahr für die öffentliche Sicherheit erforderlich ist,

   c) zur Abwehr erheblicher Nachteile für das Gemeinwohl oder zur Wahrung erheblicher Belange des Gemeinwohls zwingend erforderlich ist oder

   d) aus zwingenden Gründen der Verteidigung oder der Erfüllung über- oder zwischenstaatlicher Verpflichtungen einer öffentlichen Stelle des Bundes auf dem Gebiet der Krisenbewältigung oder Konfliktverhinderung oder für humanitäre Maßnahmen erforderlich ist und soweit die Interessen des Verantwortlichen an der Datenverarbeitung in den Fällen der Nummer 2 die Interessen der betroffenen Person überwiegen.

(2) In den Fällen des Absatzes 1 sind angemessene und spezifische Maßnahmen zur Wahrung der Interessen der betroffenen Person vorzusehen. Unter Berücksichtigung des Stands der Technik, der Implementierungskosten und der Art, des Umfangs, der Umstände und der Zwecke der Verarbeitung sowie der unterschiedlichen Eintrittswahrscheinlichkeit und Schwere der mit der Verarbeitung verbundenen Risiken für die Rechte und Freiheiten natürlicher Personen können dazu insbesondere gehören:

1. technisch organisatorische Maßnahmen, um sicherzustellen, dass die Verarbeitung gemäß der Verordnung (EU) 2016/679 erfolgt,

2. Maßnahmen, die gewährleisten, dass nachträglich überprüft und festgestellt werden kann, ob und von wem personenbezogene Daten eingegeben, verändert oder entfernt worden sind,

3. Sensibilisierung der an Verarbeitungsvorgängen Beteiligten,

4. Benennung einer oder eines Datenschutzbeauftragten,

5. Beschränkung des Zugangs zu den personenbezogenen Daten innerhalb der verantwortlichen Stelle und von Auftragsverarbeitern,

6. Pseudonymisierung personenbezogener Daten,

7. Verschlüsselung personenbezogener Daten,

8. Sicherstellung der Fähigkeit, Vertraulichkeit, Integrität, Verfügbarkeit und Belastbarkeit der Systeme und Dienste im Zusammenhang mit der Verarbeitung personenbezogener Daten, einschließlich der Fähigkeit, die Verfügbarkeit und den Zugang bei einem physischen oder technischen Zwischenfall rasch wiederherzustellen,

9. zur Gewährleistung der Sicherheit der Verarbeitung die Einrichtung eines Verfahrens zur regelmäßigen Überprüfung, Bewertung und Evaluierung der Wirksamkeit der technischen und organisatorischen Maßnahmen oder

10. spezifische Verfahrensregelungen, die im Fall einer Übermittlung oder Verarbeitung für andere Zwecke die Einhaltung der Vorgaben dieses Gesetzes sowie der Verordnung (EU) 2016/679 sicherstellen.

§ 23 Verarbeitung zu anderen Zwecken durch öffentliche Stellen

(1) Die Verarbeitung personenbezogener Daten zu einem anderen Zweck als zu demjenigen, zu dem die Daten erhoben wurden, durch öffentliche Stellen im Rahmen ihrer Aufgabenerfüllung ist zulässig, wenn

1. offensichtlich ist, dass sie im Interesse der betroffenen Person liegt und kein Grund zu der Annahme besteht, dass sie in Kenntnis des anderen Zwecks ihre Einwilligung verweigern würde,

2. Angaben der betroffenen Person überprüft werden müssen, weil tatsächliche Anhaltspunkte für deren Unrichtigkeit bestehen,

3. sie zur Abwehr erheblicher Nachteile für das Gemeinwohl oder einer Gefahr für die öffentliche Sicherheit, die Verteidigung oder die nationale Sicherheit, zur Wahrung erheblicher Belange des Gemeinwohls oder zur Sicherung des Steuer- und Zollaufkommens erforderlich ist,

4. sie zur Verfolgung von Straftaten oder Ordnungswidrigkeiten, zur Vollstreckung oder zum Vollzug von Strafen oder Maßnahmen im Sinne des § 11 Absatz 1 Nummer 8 des Strafgesetzbuchs oder von Erziehungsmaßregeln oder Zuchtmitteln im Sinne des Jugendgerichtsgesetzes oder zur Vollstreckung von Geldbußen erforderlich ist,

5. sie zur Abwehr einer schwerwiegenden Beeinträchtigung der Rechte einer anderen Person erforderlich ist oder

6. sie der Wahrnehmung von Aufsichts- und Kontrollbefugnissen, der Rechnungsprüfung oder der Durchführung von Organisationsuntersuchungen des Verantwortlichen dient; dies gilt auch für die Verarbeitung zu Ausbildungs- und Prüfungszwecken durch den Verantwortlichen, soweit schutzwürdige Interessen der betroffenen Person dem nicht entgegenstehen.

(2) Die Verarbeitung besonderer Kategorien personenbezogener Daten im Sinne des Artikels 9 Absatz 1 der Verordnung (EU) 2016/679 zu einem anderen Zweck als zu demjenigen, zu dem die Daten erhoben wurden, ist zulässig, wenn die Voraussetzungen des Absatzes 1 und ein Ausnahmetatbestand nach Artikel 9 Absatz 2 der Verordnung (EU) 2016/679 oder nach § 22 vorliegen.

§ 24 Verarbeitung zu anderen Zwecken durch nichtöffentliche Stellen
(1) Die Verarbeitung personenbezogener Daten zu einem anderen Zweck als zu
    demjenigen, zu dem die Daten erhoben wurden, durch nichtöffentliche Stellen
    ist zulässig, wenn
    1. sie zur Abwehr von Gefahren für die staatliche oder öffentliche Sicherheit
       oder zur Verfolgung von Straftaten erforderlich ist oder
    2. sie zur Geltendmachung, Ausübung oder Verteidigung zivilrechtlicher An-
       sprüche erforderlich ist, sofern nicht die Interessen der betroffenen Person
       an dem Ausschluss der Verarbeitung überwiegen.
(2) Die Verarbeitung besonderer Kategorien personenbezogener Daten im Sinne
    des Artikels 9 Absatz 1 der Verordnung (EU) 2016/679 zu einem anderen
    Zweck als zu demjenigen, zu dem die Daten erhoben wurden, ist zulässig,
    wenn die Voraussetzungen des Absatzes 1 und ein Ausnahmetatbestand nach
    Artikel 9 Absatz 2 der Verordnung (EU) 2016/679 oder nach § 22 vorliegen.

4.2.2.2   Kap. 2 Rechte der betroffenen Person

**§ 32 Informationspflicht bei Erhebung von personenbezogenen Daten bei der
betroffenen Person**
(1) Die Pflicht zur Information der betroffenen Person gemäß Artikel 13 Absatz 3
    der Verordnung (EU) 2016/679 besteht ergänzend zu der in Artikel 13 Absatz 4
    der Verordnung (EU) 2016/679 genannten Ausnahme dann nicht, wenn die
    Erteilung der Information über die beabsichtigte Weiterverarbeitung
    1. eine Weiterverarbeitung analog gespeicherter Daten betrifft, bei der sich
       der Verantwortliche durch die Weiterverarbeitung unmittelbar an die betrof-
       fene Person wendet, der Zweck mit dem ursprünglichen Erhebungszweck
       gemäß der Verordnung (EU) 2016/679 vereinbar ist, die Kommunikation
       mit der betroffenen Person nicht in digitaler Form erfolgt und das Interesse
       der betroffenen Person an der Informationserteilung nach den Umständen
       des Einzelfalls, insbesondere mit Blick auf den Zusammenhang, in dem die
       Daten erhoben wurden, als gering anzusehen ist,
    2. im Fall einer öffentlichen Stelle die ordnungsgemäße Erfüllung der in der
       Zuständigkeit des Verantwortlichen liegenden Aufgaben im Sinne des Arti-
       kels 23 Absatz 1 Buchstabe a bis e der Verordnung (EU) 2016/679 gefähr-
       den würde und die Interessen des Verantwortlichen an der Nichterteilung
       der Information die Interessen der betroffenen Person überwiegen,
    3. die öffentliche Sicherheit oder Ordnung gefährden oder sonst dem Wohl
       des Bundes oder eines Landes Nachteile bereiten würde und die Interessen

des Verantwortlichen an der Nichterteilung der Information die Interessen
der betroffenen Person überwiegen,

4. die Geltendmachung, Ausübung oder Verteidigung rechtlicher Ansprüche
    beeinträchtigen würde und die Interessen des Verantwortlichen an der
    Nichterteilung der Information die Interessen der betroffenen Person über-
    wiegen oder

5. eine vertrauliche Übermittlung von Daten an öffentliche Stellen gefähr-
    den würde.

(2) Unterbleibt eine Information der betroffenen Person nach Maßgabe des Absat-
     zes 1, ergreift der Verantwortliche geeignete Maßnahmen zum Schutz der be-
     rechtigten Interessen der betroffenen Person, einschließlich der Bereitstellung
     der in Artikel 13 Absatz 1 und 2 der Verordnung (EU) 2016/679 genannten
     Informationen für die Öffentlichkeit in präziser, transparenter, verständlicher
     und leicht zugänglicher Form in einer klaren und einfachen Sprache. Der Ver-
     antwortliche hält schriftlich fest, aus welchen Gründen er von einer Informa-
     tion abgesehen hat. Die Sätze 1 und 2 finden in den Fällen des Absatzes 1
     Nummer 4 und 5 keine Anwendung.

(3) Unterbleibt die Benachrichtigung in den Fällen des Absatzes 1 wegen eines
     vorübergehenden Hinderungsgrundes, kommt der Verantwortliche der Infor-
     mationspflicht unter Berücksichtigung der spezifischen Umstände der Verar-
     beitung innerhalb einer angemessenen Frist nach Fortfall des Hinderungsgrun-
     des, spätestens jedoch innerhalb von zwei Wochen, nach.

§ 33 Informationspflicht, wenn die personenbezogenen Daten nicht bei der betroffenen Person erhoben wurden

(1) Die Pflicht zur Information der betroffenen Person gemäß Artikel 14 Absatz 1,
     2 und 4 der Verordnung (EU) 2016/679 besteht ergänzend zu den in Artikel 14
     Absatz 5 der Verordnung (EU) 2016/679 und der in § 29 Absatz 1 Satz 1 ge-
     nannten Ausnahme nicht, wenn die Erteilung der Information

1. im Fall einer öffentlichen Stelle

    a) die ordnungsgemäße Erfüllung der in der Zuständigkeit des Verantwort-
        lichen liegenden Aufgaben im Sinne des Artikels 23 Absatz 1 Buchstabe
        a bis e der Verordnung (EU) 2016/679 gefährden würde oder

    b) die öffentliche Sicherheit oder Ordnung gefährden oder sonst dem Wohl
        des Bundes oder eines Landes Nachteile bereiten würde und deswegen
        das Interesse der betroffenen Person an der Informationserteilung zu-
        rücktreten muss,

2. im Fall einer nichtöffentlichen Stelle

   a) die Geltendmachung, Ausübung oder Verteidigung zivilrechtlicher An-
      sprüche beeinträchtigen würde oder die Verarbeitung Daten aus zivil-
      rechtlichen Verträgen beinhaltet und der Verhütung von Schäden durch
      Straftaten dient, sofern nicht das berechtigte Interesse der betroffenen
      Person an der Informationserteilung überwiegt, oder

   b) die zuständige öffentliche Stelle gegenüber dem Verantwortlichen fest-
      gestellt hat, dass das Bekanntwerden der Daten die öffentliche Sicherheit
      oder Ordnung gefährden oder sonst dem Wohl des Bundes oder eines
      Landes Nachteile bereiten würde; im Fall der Datenverarbeitung für
      Zwecke der Strafverfolgung bedarf es keiner Feststellung nach dem ers-
      ten Halbsatz.

(2) Unterbleibt eine Information der betroffenen Person nach Maßgabe des Absatzes 1, ergreift der Verantwortliche geeignete Maßnahmen zum Schutz der berechtigten Interessen der betroffenen Person, einschließlich der Bereitstellung
der in Artikel 14 Absatz 1 und 2 der Verordnung (EU) 2016/679 genannten
Informationen für die Öffentlichkeit in präziser, transparenter, verständlicher
und leicht zugänglicher Form in einer klaren und einfachen Sprache. Der Verantwortliche hält schriftlich fest, aus welchen Gründen er von einer Information abgesehen hat.

(3) Bezieht sich die Informationserteilung auf die Übermittlung personenbezogener Daten durch öffentliche Stellen an Verfassungsschutzbehörden, den Bun-
desnachrichtendienst, den Militärischen Abschirmdienst und, soweit die Sicherheit des Bundes berührt wird, andere Behörden des Bundesministeriums
der Verteidigung, ist sie nur mit Zustimmung dieser Stellen zulässig.

§ 34 Auskunftsrecht der betroffenen Person

(1) Das Recht auf Auskunft der betroffenen Person gemäß Artikel 15 der Verordnung (EU) 2016/679 besteht ergänzend zu den in § 27 Absatz 2, § 28 Absatz 2
und § 29 Absatz 1 Satz 2 genannten Ausnahmen nicht, wenn

   1. die betroffene Person nach § 33 Absatz 1 Nummer 1, 2 Buchstabe b oder
      Absatz 3 nicht zu informieren ist, oder

   2. die Daten

     a) nur deshalb gespeichert sind, weil sie aufgrund gesetzlicher oder sat-
       zungsmäßiger Aufbewahrungsvorschriften nicht gelöscht werden dür-
       fen, oder

     b) ausschließlich Zwecken der Datensicherung oder der Datenschutzkon-
       trolle dienen und die Auskunftserteilung einen unverhältnismäßigen

Aufwand erfordern würde sowie eine Verarbeitung zu anderen Zwecken durch geeignete technische und organisatorische Maßnahmen ausgeschlossen ist.

(2) Die Gründe der Auskunftsverweigerung sind zu dokumentieren. Die Ablehnung der Auskunftserteilung ist gegenüber der betroffenen Person zu begründen, soweit nicht durch die Mitteilung der tatsächlichen und rechtlichen Gründe, auf die die Entscheidung gestützt wird, der mit der Auskunftsverweigerung verfolgte Zweck gefährdet würde. Die zum Zweck der Auskunftserteilung an die betroffene Person und zu deren Vorbereitung gespeicherten Daten dürfen nur für diesen Zweck sowie für Zwecke der Datenschutzkontrolle verarbeitet werden; für andere Zwecke ist die Verarbeitung nach Maßgabe des Artikels 18 der Verordnung (EU) 2016/679 einzuschränken.

(3) Wird der betroffenen Person durch eine öffentliche Stelle des Bundes keine Auskunft erteilt, so ist sie auf ihr Verlangen der oder dem Bundesbeauftragten zu erteilen, soweit nicht die jeweils zuständige oberste Bundesbehörde im Einzelfall feststellt, dass dadurch die Sicherheit des Bundes oder eines Landes gefährdet würde. Die Mitteilung der oder des Bundesbeauftragten an die betroffene Person über das Ergebnis der datenschutzrechtlichen Prüfung darf keine Rückschlüsse auf den Erkenntnisstand des Verantwortlichen zulassen, sofern dieser nicht einer weitergehenden Auskunft zustimmt.

(4) Das Recht der betroffenen Person auf Auskunft über personenbezogene Daten, die durch eine öffentliche Stelle weder automatisiert verarbeitet noch nicht automatisiert verarbeitet und in einem Dateisystem gespeichert werden, besteht nur, soweit die betroffene Person Angaben macht, die das Auffinden der Daten ermöglichen, und der für die Erteilung der Auskunft erforderliche Aufwand nicht außer Verhältnis zu dem von der betroffenen Person geltend gemachten Informationsinteresse steht.

§ 35 Recht auf Löschung

(1) Ist eine Löschung im Fall nicht automatisierter Datenverarbeitung wegen der besonderen Art der Speicherung nicht oder nur mit unverhältnismäßig hohem Aufwand möglich und ist das Interesse der betroffenen Person an der Löschung als gering anzusehen, besteht das Recht der betroffenen Person auf und die Pflicht des Verantwortlichen zur Löschung personenbezogener Daten gemäß Artikel 17 Absatz 1 der Verordnung (EU)2016/679 ergänzend zu den in Artikel 17 Absatz 3 der Verordnung (EU) 2016/679 genannten Ausnahmen nicht. In diesem Fall tritt an die Stelle einer Löschung die Einschränkung der

Verarbeitung gemäß Artikel 18 der Verordnung (EU) 2016/679. Die Sätze 1 und 2 finden keine Anwendung, wenn die personenbezogenen Daten unrechtmäßig verarbeitet wurden.

(2) Ergänzend zu Artikel 18 Absatz 1 Buchstabe b und c der Verordnung (EU) 2016/679 gilt Absatz 1 Satz 1 und 2 entsprechend im Fall des Artikels 17 Absatz 1 Buchstabe a und d der Verordnung (EU) 2016/679, solange und soweit der Verantwortliche Grund zu der Annahme hat, dass durch eine Löschung schutzwürdige Interessen der betroffenen Person beeinträchtigt würden. Der Verantwortliche unterrichtet die betroffene Person über die Einschränkung der Verarbeitung, sofern sich die Unterrichtung nicht als unmöglich erweist oder einen unverhältnismäßigen Aufwand erfordern würde.

(3) Ergänzend zu Artikel 17 Absatz 3 Buchstabe b der Verordnung (EU) 2016/679 gilt Absatz 1 entsprechend im Fall des Artikels 17 Absatz 1 Buchstabe a der Verordnung (EU) 2016/679, wenn einer Löschung satzungsgemäße oder vertragliche Aufbewahrungsfristen entgegenstehen.

§ 36 Widerspruchsrecht

Das Recht auf Widerspruch gemäß Artikel 21 Absatz 1 der Verordnung (EU) 2016/679 gegenüber einer öffentlichen Stelle besteht nicht, soweit an der Verarbeitung ein zwingendes öffentliches Interesse besteht, das die Interessen der betroffenen Person überwiegt, oder eine Rechtsvorschrift zur Verarbeitung verpflichtet.

§ 37 Automatisierte Entscheidungen im Einzelfall einschließlich Profiling

(1) Das Recht gemäß Artikel 22 Absatz 1 der Verordnung (EU) 2016/679, keiner ausschließlich auf einer automatisierten Verarbeitung beruhenden Entscheidung unterworfen zu werden, besteht über die in Artikel 22 Absatz 2 Buchstabe a und c der Verordnung (EU) 2016/679 genannten Ausnahmen hinaus nicht, wenn die Entscheidung im Rahmen der Leistungserbringung nach einem Versicherungsvertrag ergeht und

1. dem Begehren der betroffenen Person stattgegeben wurde oder
2. die Entscheidung auf der Anwendung verbindlicher Entgeltregelungen für Heilbehandlungen beruht und

   der Verantwortliche für den Fall, dass dem Antrag nicht vollumfänglich stattgegeben wird, angemessene Maßnahmen zur Wahrung der berechtigten Interessen der betroffenen Person trifft, wozu mindestens das Recht auf Erwirkung des Eingreifens einer Person seitens des Verantwortlichen, auf Darlegung des eigenen Standpunktes und auf Anfechtung der Entscheidung zählt; der Verantwortliche informiert die betroffene Person über diese Rechte spätestens zum Zeitpunkt der Mitteilung, aus der sich ergibt, dass dem Antrag der betroffenen Person nicht vollumfänglich stattgegeben wird.

(2) Entscheidungen nach Absatz 1 dürfen auf der Verarbeitung von Gesundheitsdaten im Sinne des Artikels 4 Nummer 15 der Verordnung (EU) 2016/679 beruhen. Der Verantwortliche sieht angemessene und spezifische Maßnahmen zur Wahrung der Interessen der betroffenen Person gemäß § 22 Absatz 2 Satz 2 vor.

§ 38 Datenschutzbeauftragte nichtöffentlicher Stellen

(1) Ergänzend zu Artikel 37 Absatz 1 Buchstabe b und c der Verordnung (EU) 2016/679 benennen der Verantwortliche und der Auftragsverarbeiter eine Datenschutzbeauftragte oder einen Datenschutzbeauftragten, soweit sie in der Regel mindestens zehn Personen ständig mit der automatisierten Verarbeitung personenbezogener Daten beschäftigen. Nehmen der Verantwortliche oder der Auftragsverarbeiter Verarbeitungen vor, die einer Datenschutz-Folgenabschätzung nach Artikel 35 der Verordnung (EU) 2016/679 unterliegen, oder verarbeiten sie personenbezogene Daten geschäftsmäßig zum Zweck der Übermittlung, der anonymisierten Übermittlung oder für Zwecke der Markt- oder Meinungsforschung, haben sie unabhängig von der Anzahl der mit der Verarbeitung beschäftigten Personen eine Datenschutzbeauftragte oder einen Datenschutzbeauftragten zu benennen.

(2) § 6 Absatz 4, 5 Satz 2 und Absatz 6 finden Anwendung, § 6 Absatz 4 jedoch nur, wenn die Benennung einer oder eines Datenschutzbeauftragten verpflichtend ist.

4.2.2.3   Kap. 5 Sanktionen

§ 42 Strafvorschriften

(1) Mit Freiheitsstrafe bis zu drei Jahren oder mit Geldstrafe wird bestraft, wer wissentlich nicht allgemein zugängliche personenbezogene Daten einer großen Zahl von Personen, ohne hierzu berechtigt zu sein,
1. einem Dritten übermittelt oder
2. auf andere Art und Weise zugänglich macht
   und hierbei gewerbsmäßig handelt.

(2) Mit Freiheitsstrafe bis zu zwei Jahren oder mit Geldstrafe wird bestraft, wer personenbezogene Daten, die nicht allgemein zugänglich sind,

1. ohne hierzu berechtigt zu sein, verarbeitet oder
2. durch unrichtige Angaben erschleicht

   und hierbei gegen Entgelt oder in der Absicht handelt, sich oder einen anderen zu bereichern oder einen anderen zu schädigen.

(3) Die Tat wird nur auf Antrag verfolgt. Antragsberechtigt sind die betroffene Person, der Verantwortliche, die oder der Bundesbeauftragte und die Aufsichtsbehörde.

(4) Eine Meldung nach Artikel 33 der Verordnung (EU) 2016/679 oder eine Benachrichtigung nach Artikel 34 Absatz 1 der Versordnung (EU) 2016/679 darf in einem Strafverfahren gegen den Meldepflichtigen oder Benachrichtigenden oder seine in § 52 Absatz 1 der Strafprozessordnung bezeichneten Angehörigen nur mit Zustimmung des Meldepflichtigen oder Benachrichtigenden verwendet werden.

§ 43 Bußgeldvorschriften

(1) Ordnungswidrig handelt, wer vorsätzlich oder fahrlässig

1. entgegen § 30 Absatz 1 ein Auskunftsverlangen nicht richtig behandelt oder
2. entgegen § 30 Absatz 2 Satz 1 einen Verbraucher nicht, nicht richtig, nicht vollständig oder nicht rechtzeitig unterrichtet.

(2) Die Ordnungswidrigkeit kann mit einer Geldbuße bis zu fünfzigtausend Euro geahndet werden.

(3) Gegen Behörden und sonstige öffentliche Stellen im Sinne des § 2 Absatz 1 werden keine Geldbußen verhängt.

(4) Eine Meldung nach Artikel 33 der Verordnung (EU) 2016/679 oder eine Benachrichtigung nach Artikel 34 Absatz 1 der Verordnung (EU) 2016/679 darf in einem Verfahren nach dem Gesetz über Ordnungswidrigkeiten gegen den Meldepflichtigen oder Benachrichtigenden oder seine in § 52 Absatz 1 der Strafprozessordnung bezeichneten Angehörigen nur mit Zustimmung des Meldepflichtigen oder Benachrichtigenden verwendet werden.

Quellenverzeichnis Gesetzessammlung

www.gesetze-im-internet.de
www.vbg.de

Bürgerliches Gesetzbuch (BGB)

5

BGB (Auszug) Ausfertigungsdatum: 18.08.1896

Vollzitat:

„Bürgerliches Gesetzbuch in der Fassung der Bekanntmachung vom 2. Januar 2002 (BGBl. I S. 42, 2909; 2003 I S. 738), das zuletzt durch Artikel 3 des Gesetzes vom 24. Mai 2016 (BGBl. I S. 1190) geändert worden ist"
Stand: Neugefasst durch Bek. v. 02.01.2002 I 42, 2909; 2003, 738; zuletzt geändert durch Art. 3 G v. 24.05.2016 I 1190

5.1 Buch 1 Allgemeiner Teil

5.1.1 Abschnitt 1 Personen

5.1.1.1 Titel 1 Natürliche Personen, Verbraucher, Unternehmer

§ 1 Beginn der Rechtsfähigkeit
Die Rechtsfähigkeit des Menschen beginnt mit der Vollendung der Geburt.

§ 2 Eintritt der Volljährigkeit
Die Volljährigkeit tritt mit der Vollendung des 18. Lebensjahres ein.

© Springer Fachmedien Wiesbaden GmbH, ein Teil von Springer
Nature 2021
R. Schwarz, *Kommentierte Gesetzessammlung Sachkunde nach § 34a und Geprüfte Schutz- und Sicherheitskraft,*
https://doi.org/10.1007/978-3-658-33789-6_5

5.1.2 Abschnitt 2 Sachen und Tiere

§ 90 Begriff der Sache
Sachen im Sinne des Gesetzes sind nur körperliche Gegenstände.

§ 90a Tiere
Tiere sind keine Sachen. Sie werden durch besondere Gesetze geschützt. Auf sie sind die für Sachen geltenden Vorschriften entsprechend anzuwenden, soweit nicht etwas anderes bestimmt ist.

5.1.3 Abschnitt 6 Ausübung der Rechte, Selbstverteidigung, Selbsthilfe

§ 226 Schikaneverbot
Die Ausübung eines Rechts ist unzulässig, wenn sie nur den Zweck haben kann, einem anderen Schaden zuzufügen.

§ 227 Notwehr
(1) Eine durch Notwehr gebotene Handlung ist nicht widerrechtlich.
(2) Notwehr ist diejenige Verteidigung, welche erforderlich ist, um einen gegenwärtigen rechtswidrigen Angriff von sich oder einem anderen abzuwenden.

Zu § 227
Beachte auch den Kommentar zu § 32 StGB weiter unten.
Notwehr ist stets vorrangig vor den §§ 228, 229 und 904 BGB zu prüfen und als Rechtfertigungsgrund heranzuziehen.

§ 228 Notstand
Wer eine fremde Sache beschädigt oder zerstört, um eine durch sie drohende Gefahr von sich oder einem anderen abzuwenden, handelt nicht widerrechtlich, wenn die Beschädigung oder die Zerstörung zur Abwendung der Gefahr erforderlich ist und der Schaden nicht außer Verhältnis zu der Gefahr steht. Hat der Handelnde die Gefahr verschuldet, so ist er zum Schadensersatz verpflichtet.

Zu § 228

Die im Rahmen der Notstandshandlung zerstörte oder beschädigte Sache und die Sache von der die Gefahr ausgeht müssen identisch sein. Sonst ggf. § 904 BGB prüfen.

Prüfschema § 228 Defensiver Notstand:

- Notstandslage (Durch eine Sache droht eine Gefahr für mich oder einen anderen.)
- Motiv (Die Zerstörung oder Beschädigung erfolgt um die Gefahr zu beseitigen.)
- Interessenabwägung (Die Zerstörung oder Beschädigung steht in einem angemessenen Verhältnis zum drohenden Schaden.)
- Erforderlichkeit (Die Zerstörung oder Beschädigung ist erforderlich, d. h. sie ist auch tatsächlich geeignet, um die Gefahr zu beseitigen und es gibt keine Mittel, die milder sind.)

§ 229 Selbsthilfe

Wer zum Zwecke der Selbsthilfe eine Sache wegnimmt, zerstört oder beschädigt oder wer zum Zwecke der Selbsthilfe einen Verpflichteten, welcher der Flucht verdächtig ist, festnimmt oder den Widerstand des Verpflichteten gegen eine Handlung, die dieser zu dulden verpflichtet ist, beseitigt, handelt nicht widerrechtlich, wenn obrigkeitliche Hilfe nicht rechtzeitig zu erlangen ist und ohne sofortiges Eingreifen die Gefahr besteht, dass die Verwirklichung des Anspruchs vereitelt oder wesentlich erschwert werde.

Zu § 229

Prüfschema § 229 BGB Allgemeine Selbsthilfe:
Voraussetzungen:

- Es besteht ein privatrechtlicher Anspruch (geschütztes Rechtsgut), der gerichtlich durchsetzbar ist
- Hilfe der Obrigkeit (z. B. Polizei) ist nicht rechtzeitig zu erlangen
- Sofortiges Eingreifen ist notwendig, um den Anspruch zu sichern (ein späteres Eingreifen verhindert oder erschwert die Verwirklichung des Anspruchs erheblich)

Erlaubt sind dabei folgende Maßnahmen:

- Wegnahme, Beschädigung oder Zerstörung einer Sache
- Beseitigung von Widerstand; auch mit körperlicher Gewalt
- Festnahme des Verdächtigen bei Fluchtgefahr

§ 230 Grenzen der Selbsthilfe

(1) Die Selbsthilfe darf nicht weiter gehen, als zur Abwendung der Gefahr erforderlich ist.

(2) Im Falle der Wegnahme von Sachen ist, sofern nicht Zwangsvollstreckung erwirkt wird, der dingliche Arrest zu beantragen.

(3) Im Falle der Festnahme des Verpflichteten ist, sofern er nicht wieder in Freiheit gesetzt wird, der persönliche Sicherheitsarrest bei dem Amtsgericht zu beantragen, in dessen Bezirk die Festnahme erfolgt ist; der Verpflichtete ist unverzüglich dem Gericht vorzuführen.

(4) Wird der Arrestantrag verzögert oder abgelehnt, so hat die Rückgabe der weggenommenen Sachen und die Freilassung des Festgenommenen unverzüglich zu erfolgen.

§ 231 Irrtümliche Selbsthilfe

Wer eine der im § 229 bezeichneten Handlungen in der irrigen Annahme vornimmt, dass die für den Ausschluss der Widerrechtlichkeit erforderlichen Voraussetzungen vorhanden seien, ist dem anderen Teil zum Schadensersatz verpflichtet, auch wenn der Irrtum nicht auf Fahrlässigkeit beruht.

5.2   Buch 2 Recht der Schuldverhältnisse

5.2.1   Abschnitt 8 Einzelne Schuldverhältnisse

5.2.1.1   Titel 8 Dienstvertrag und ähnliche Verträge

Untertitel 1 Dienstvertrag

§ 611 Vertragstypische Pflichten beim Dienstvertrag

(1) Durch den Dienstvertrag wird derjenige, welcher Dienste zusagt, zur Leistung der versprochenen Dienste, der andere Teil zur Gewährung der vereinbarten Vergütung verpflichtet.

(2) Gegenstand des Dienstvertrags können Dienste jeder Art sein.

§ 618 Pflicht zu Schutzmaßnahmen

(1) Der Dienstberechtigte hat Räume, Vorrichtungen oder Gerätschaften, die er zur Verrichtung der Dienste zu beschaffen hat, so einzurichten und zu unterhalten und Dienstleistungen, die unter seiner Anordnung oder seiner Leitung vorzunehmen sind, so zu regeln, dass der Verpflichtete gegen Gefahr für Leben und Gesundheit soweit geschützt ist, als die Natur der Dienstleistung es gestattet.

(2) Ist der Verpflichtete in die häusliche Gemeinschaft aufgenommen, so hat der Dienstberechtigte in Ansehung des Wohn- und Schlafraums, der Verpflegung sowie der Arbeits- und Erholungszeit diejenigen Einrichtungen und Anordnungen zu treffen, welche mit Rücksicht auf die Gesundheit, die Sittlichkeit und die Religion des Verpflichteten erforderlich sind.

(3) Erfüllt der Dienstberechtigte die ihm in Ansehung des Lebens und der Gesundheit des Verpflichteten obliegenden Verpflichtungen nicht, so finden auf seine Verpflichtung zum Schadensersatz die für unerlaubte Handlungen geltenden Vorschriften der §§ 842 bis 846 entsprechende Anwendung.

5.2.1.2   Titel 27 Unerlaubte Handlungen

§ 823 Schadensersatzpflicht

(1) Wer vorsätzlich oder fahrlässig das Leben, den Körper, die Gesundheit, die Freiheit, das Eigentum oder ein sonstiges Recht eines anderen widerrechtlich verletzt, ist dem anderen zum Ersatz des daraus entstehenden Schadens verpflichtet.

(2) Die gleiche Verpflichtung trifft denjenigen, welcher gegen ein den Schutz eines anderen bezweckendes Gesetz verstößt. Ist nach dem Inhalt des Gesetzes ein Verstoß gegen dieses auch ohne Verschulden möglich, so tritt die Ersatzpflicht nur im Falle des Verschuldens ein.

Zu § 823

Prüfschema zu § 823 BGB:

A ist dem B zum Schadenersatz verpflichtet, wenn:

1. A den B geschädigt hat.
   (objektiv ein Schaden Entstanden ist)
2. Die Schädigung durch die Verletzung eines Rechtsgutes erfolgte.
   (der Schaden als Folge der Rechtsverletzung entstanden ist)

3. Die Verletzung widerrechtlich war.
   (A gegen geltendes Recht verstoßen hat)
4. Und A vorsätzlich oder fahrlässig handelte.
   (schuldhaft)

Im Punkt 3. sind mögliche Rechtfertigungsgründe zu prüfen, soweit vorhanden, die Widerrechtlichkeit und damit die unerlaubte Handlung zu verneinen. Entsprechend ist dann auch der Schadenersatzanspruch zu verneinen.

§ 828 Minderjährige

(1) Wer nicht das siebente Lebensjahr vollendet hat, ist für einen Schaden, den er einem anderen zufügt, nicht verantwortlich.

(2) Wer das siebente, aber nicht das zehnte Lebensjahr vollendet hat, ist für den Schaden, den er bei einem Unfall mit einem Kraftfahrzeug, einer Schienenbahn oder einer Schwebebahn einem anderen zufügt, nicht verantwortlich. Dies gilt nicht, wenn er die Verletzung vorsätzlich herbeigeführt hat.

(3) Wer das 18. Lebensjahr noch nicht vollendet hat, ist, sofern seine Verantwortlichkeit nicht nach Absatz 1 oder 2 ausgeschlossen ist, für den Schaden, den er einem anderen zufügt, nicht verantwortlich, wenn er bei der Begehung der schädigenden Handlung nicht die zur Erkenntnis der Verantwortlichkeit erforderliche Einsicht hat.

§ 833 Haftung des Tierhalters

Wird durch ein Tier ein Mensch getötet oder der Körper oder die Gesundheit eines Menschen verletzt oder eine Sache beschädigt, so ist derjenige, welcher das Tier hält, verpflichtet, dem Verletzten den daraus entstehenden Schaden zu ersetzen. Die Ersatzpflicht tritt nicht ein, wenn der Schaden durch ein Haustier verursacht wird, das dem Beruf, der Erwerbstätigkeit oder dem Unterhalt des Tierhalters zu dienen bestimmt ist, und entweder der Tierhalter bei der Beaufsichtigung des Tieres die im Verkehr erforderliche Sorgfalt beobachtet oder der Schaden auch bei Anwendung dieser Sorgfalt entstanden sein würde.

Zu § 833
Hier handelt es sich um eine so genannte Gefährdungshaftung, das vorliegen einer schuldhaften Handlung analog zu § 823 BGB ist nicht notwendig, soweit die Tiere zu privaten Zwecken gehalten werden.

§ 834 Haftung des Tieraufsehers
Wer für denjenigen, welcher ein Tier hält, die Führung der Aufsicht über das Tier
durch Vertrag übernimmt, ist für den Schaden verantwortlich, den das Tier einem
Dritten in der im § 833 bezeichneten Weise zufügt. Die Verantwortlichkeit tritt
nicht ein, wenn er bei der Führung der Aufsicht die im Verkehr erforderliche
Sorgfalt beobachtet oder wenn der Schaden auch bei Anwendung dieser Sorgfalt
entstanden sein würde.

5.3   Buch 3 Sachenrecht

5.3.1   Abschnitt 1 Besitz

§ 854 Erwerb des Besitzes
(1) Der Besitz einer Sache wird durch die Erlangung der tatsächlichen Gewalt
    über die Sache erworben.
(2) Die Einigung des bisherigen Besitzers und des Erwerbers genügt zum Erwerb,
    wenn der Erwerber in der Lage ist, die Gewalt über die Sache auszuüben.

§ 855 Besitzdiener
Übt jemand die tatsächliche Gewalt über eine Sache für einen anderen in dessen
Haushalt oder Erwerbsgeschäft oder in einem ähnlichen Verhältnis aus, vermöge
dessen er den sich auf die Sache beziehenden Weisungen des anderen Folge zu
leisten hat, so ist nur der andere Besitzer.

§ 856 Beendigung des Besitzes
(1) Der Besitz wird dadurch beendigt, dass der Besitzer die tatsächliche Gewalt
    über die Sache aufgibt oder in anderer Weise verliert.
(2) Durch eine ihrer Natur nach vorübergehende Verhinderung in der Ausübung
    der Gewalt wird der Besitz nicht beendigt.

§ 858 Verbotene Eigenmacht
(1) Wer dem Besitzer ohne dessen Willen den Besitz entzieht oder ihn im Besitz
    stört, handelt, sofern nicht das Gesetz die Entziehung oder die Störung gestat-
    tet, widerrechtlich (verbotene Eigenmacht).

(2) Der durch verbotene Eigenmacht erlangte Besitz ist fehlerhaft. Die Fehlerhaftigkeit muss der Nachfolger im Besitz gegen sich gelten lassen, wenn er Erbe des Besitzers ist oder die Fehlerhaftigkeit des Besitzes seines Vorgängers bei dem Erwerb kennt.

Zu § 858
Störung des Besitzes bedeutet der Besitzer kann seinen Besitz nicht mehr in der Art und Weise oder in vollem Umfang nutzen, wie er dies möchte.
Entziehung des Besitzes bedeutet der Besitzer kann seinen Besitz überhaupt nicht mehr nutzen.

§ 859 Selbsthilfe des Besitzers
(1) Der Besitzer darf sich verbotener Eigenmacht mit Gewalt erwehren.
(2) Wird eine bewegliche Sache dem Besitzer mittels verbotener Eigenmacht weggenommen, so darf er sie dem auf frischer Tat betroffenen oder verfolgten Täter mit Gewalt wieder abnehmen.
(3) Wird dem Besitzer eines Grundstücks der Besitz durch verbotene Eigenmacht entzogen, so darf er sofort nach der Entziehung sich des Besitzes durch Entsetzung des Täters wieder bemächtigen.
(4) Die gleichen Rechte stehen dem Besitzer gegen denjenigen zu, welcher nach § 858 Abs. 2 die Fehlerhaftigkeit des Besitzes gegen sich gelten lassen muss.

§ 860 Selbsthilfe des Besitzdieners
Zur Ausübung der dem Besitzer nach § 859 zustehenden Rechte ist auch derjenige befugt, welcher die tatsächliche Gewalt nach § 855 für den Besitzer ausübt.

5.3.2   Abschnitt 3 Eigentum

5.3.2.1   Titel 1 Inhalt des Eigentums

§ 903 Befugnisse des Eigentümers
Der Eigentümer einer Sache kann, soweit nicht das Gesetz oder Rechte Dritter entgegenstehen, mit der Sache nach Belieben verfahren und andere von jeder Einwirkung ausschließen. Der Eigentümer eines Tieres hat bei der Ausübung seiner Befugnisse die besonderen Vorschriften zum Schutz der Tiere zu beachten.

§ 904 Notstand
Der Eigentümer einer Sache ist nicht berechtigt, die Einwirkung eines anderen auf die Sache zu verbieten, wenn die Einwirkung zur Abwendung einer gegenwärtigen Gefahr notwendig und der drohende Schaden gegenüber dem aus der Einwirkung dem Eigentümer entstehenden Schaden unverhältnismäßig groß ist. Der Eigentümer kann Ersatz des ihm entstehenden Schadens verlangen.

Zu § 904
Hier sind im Gegensatz zu § 228 BGB die Sache(n) auf die eingewirkt wird und die Sache(n) von der die Gefahr ausgeht nicht identisch. Andernfalls ist § 228 BGB prüfen.
Prüfschema § 904 BGB:

- Notstandslage (Gefahr für ein Rechtsgut.)
- Motiv (Die Einwirkung erfolgt, um die Gefahr zu beseitigen.)
- Interessenabwägung (angerichteter Schaden < drohender Schaden)
- Erforderlichkeit (Die Einwirkung ist erforderlich und das mildeste Mittel.) …

5.3.2.2 Titel 3 Erwerb und Verlust des Eigentums an beweglichen Sachen

Untertitel 6 Fund

§ 965 Anzeigepflicht des Finders
(1) Wer eine verlorene Sache findet und an sich nimmt, hat dem Verlierer oder dem Eigentümer oder einem sonstigen Empfangsberechtigten unverzüglich Anzeige zu machen.
(2) Kennt der Finder die Empfangsberechtigten nicht oder ist ihm ihr Aufenthalt unbekannt, so hat er den Fund und die Umstände, welche für die Ermittelung der Empfangsberechtigten erheblich sein können, unverzüglich der zuständigen Behörde anzuzeigen. Ist die Sache nicht mehr als zehn Euro wert, so bedarf es der Anzeige nicht.

§ 966 Verwahrungspflicht
(1) Der Finder ist zur Verwahrung der Sache verpflichtet.
(2) Ist der Verderb der Sache zu besorgen oder ist die Aufbewahrung mit unverhältnismäßigen Kosten verbunden, so hat der Finder die Sache öffentlich ver-

steigern zu lassen. Vor der Versteigerung ist der zuständigen Behörde Anzeige zu machen. Der Erlös tritt an die Stelle der Sache.

§ 967 Ablieferungspflicht
Der Finder ist berechtigt und auf Anordnung der zuständigen Behörde verpflichtet, die Sache oder den Versteigerungserlös an die zuständige Behörde abzuliefern.

§ 970 Ersatz von Aufwendungen
Macht der Finder zum Zwecke der Verwahrung oder Erhaltung der Sache oder zum Zwecke der Ermittlung eines Empfangsberechtigten Aufwendungen, die er den Umständen nach für erforderlich halten darf, so kann er von dem Empfangsberechtigten Ersatz verlangen.

§ 971 Finderlohn
(1) Der Finder kann von dem Empfangsberechtigten einen Finderlohn verlangen. Der Finderlohn beträgt von dem Werte der Sache bis zu 500 Euro fünf vom Hundert, von dem Mehrwert drei vom Hundert, bei Tieren drei vom Hundert. Hat die Sache nur für den Empfangsberechtigten einen Wert, so ist der Finderlohn nach billigem Ermessen zu bestimmen.
(2) Der Anspruch ist ausgeschlossen, wenn der Finder die Anzeigepflicht verletzt oder den Fund auf Nachfrage verheimlicht.

§ 973 Eigentumserwerb des Finders
(1) Mit dem Ablauf von sechs Monaten nach der Anzeige des Fundes bei der zuständigen Behörde erwirbt der Finder das Eigentum an der Sache, es sei denn, dass vorher ein Empfangsberechtigter dem Finder bekannt geworden ist oder sein Recht bei der zuständigen Behörde angemeldet hat. Mit dem Erwerb des Eigentums erlöschen die sonstigen Rechte an der Sache.
(2) Ist die Sache nicht mehr als zehn Euro wert, so beginnt die sechsmonatige Frist mit dem Fund. Der Finder erwirbt das Eigentum nicht, wenn er den Fund auf Nachfrage verheimlicht. Die Anmeldung eines Rechts bei der zuständigen Behörde steht dem Erwerb des Eigentums nicht entgegen.

§ 978 Fund in öffentlicher Behörde oder Verkehrsanstalt
(1) Wer eine Sache in den Geschäftsräumen oder den Beförderungsmitteln einer öffentlichen Behörde oder einer dem öffentlichen Verkehr dienenden Verkehrsanstalt findet und an sich nimmt, hat die Sache unverzüglich an die Behörde

oder die Verkehrsanstalt oder an einen ihrer Angestellten abzuliefern. Die Vorschriften der §§ 965 bis 967 und 969 bis 977 finden keine Anwendung.

(2) Ist die Sache nicht weniger als 50 Euro wert, so kann der Finder von dem Empfangsberechtigten einen Finderlohn verlangen. Der Finderlohn besteht in der Hälfte des Betrags, der sich bei Anwendung des § 971 Abs. 1 Satz 2, 3 ergeben würde. Der Anspruch ist ausgeschlossen, wenn der Finder Bediensteter der Behörde oder der Verkehrsanstalt ist oder der Finder die Ablieferungspflicht verletzt. Die für die Ansprüche des Besitzers gegen den Eigentümer wegen Verwendungen geltende Vorschrift des § 1001 findet auf den Finderlohnanspruch entsprechende Anwendung. Besteht ein Anspruch auf Finderlohn, so hat die Behörde oder die Verkehrsanstalt dem Finder die Herausgabe der Sache an einen Empfangsberechtigten anzuzeigen.

(3) Fällt der Versteigerungserlös oder gefundenes Geld an den nach § 981 Abs. 1 Berechtigten, so besteht ein Anspruch auf Finderlohn nach Absatz 2 Satz 1 bis 3 gegen diesen. Der Anspruch erlischt mit dem Ablauf von drei Jahren nach seiner Entstehung gegen den in Satz 1 bezeichneten Berechtigten.

Quellenverzeichnis Gesetzessammlung

www.gesetze-im-internet.de
www.vbg.de

Strafgesetzbuch (StGB)

6

StGB (Auszug) Ausfertigungsdatum: 15.05.1871

Vollzitat:
    „Strafgesetzbuch in der Fassung der Bekanntmachung vom 13. November 1998
(BGBl. I S. 3322), das durch Artikel 2 Absatz 4 des Gesetzes vom 22. Dezember 2016
(BGBl. I S. 3150) geändert worden ist"
    Stand: Neugefasst durch Bek. v. 13.11.1998 I 3322; zuletzt geändert durch Art. 1
G v. 04.11.2016 I 2460
    Hinweis: Änderung durch Art. 2 Abs. 4 G v. 22.12.2016 I 3150 (Nr. 65) textlich
nachgewiesen, dokumentarisch noch nicht abschließend bearbeitet[1]

---

[1](+++ Textnachweis Geltung ab: 01.01.1982 +++)
    (+++ Zur Anwendung d. §§ 73d u. 74a vgl. § 184b F ab 27.12.2003 u. § 201a +++)
    (+++ Amtlicher Hinweis des Normgebers auf EG-Recht: Umsetzung der EWGRL
439/91 (CELEX Nr: 31991L0439) vgl. G v. 24.04.1998 I 747 EURaBes 913/2008 (CELEX
Nr: 32008F0913) vgl. G v. 16.03.2011 I 418 +++)
    (+++ Maßgaben aufgrund EinigVtr vgl. StGB Anhang EV; nicht mehr anzuwenden +++).

© Springer Fachmedien Wiesbaden GmbH, ein Teil von Springer
Nature 2021
R. Schwarz, *Kommentierte Gesetzessammlung Sachkunde nach § 34a und
Geprüfte Schutz- und Sicherheitskraft*,
https://doi.org/10.1007/978-3-658-33789-6_6

6.1   Allgemeiner Teil

6.1.1   Erster Abschnitt Das Strafgesetz

6.1.1.1   Erster Titel Geltungsbereich

§ 1 Keine Strafe ohne Gesetz
Eine Tat kann nur bestraft werden, wenn die Strafbarkeit gesetzlich bestimmt war, bevor die Tat begangen wurde.

§ 8 Zeit der Tat
Eine Tat ist zu der Zeit begangen, zu welcher der Täter oder der Teilnehmer gehandelt hat oder im Falle des Unterlassens hätte handeln müssen. Wann der Erfolg eintritt, ist nicht maßgebend.

§ 9 Ort der Tat
(1) Eine Tat ist an jedem Ort begangen, an dem der Täter gehandelt hat oder im Falle des Unterlassens hätte handeln müssen oder an dem der zum Tatbestand gehörende Erfolg eingetreten ist oder nach der Vorstellung des Täters eintreten sollte.
(2) Die Teilnahme ist sowohl an dem Ort begangen, an dem die Tat begangen ist, als auch an jedem Ort, an dem der Teilnehmer gehandelt hat oder im Falle des Unterlassens hätte handeln müssen oder an dem nach seiner Vorstellung die Tat begangen werden sollte. Hat der Teilnehmer an einer Auslandstat im Inland gehandelt, so gilt für die Teilnahme das deutsche Strafrecht, auch wenn die Tat nach dem Recht des Tatorts nicht mit Strafe bedroht ist.

6.1.1.2   Zweiter Titel Sprachgebrauch

§ 11 Personen- und Sachbegriffe
(1) Im Sinne dieses Gesetzes ist
    1. Angehöriger:
        wer zu den folgenden Personen gehört:

a) Verwandte und Verschwägerte gerader Linie, der Ehegatte, der Lebenspartner, der Verlobte, auch im Sinne des Lebenspartnerschaftsgesetzes, Geschwister, Ehegatten oder Lebenspartner der Geschwister, Geschwister der Ehegatten oder Lebenspartner, und zwar auch dann, wenn die Ehe oder die Lebenspartnerschaft, welche die Beziehung begründet hat, nicht mehr besteht oder wenn die Verwandtschaft oder Schwägerschaft erloschen ist,

b) Pflegeeltern und Pflegekinder;

2. Amtsträger: wer nach deutschem Recht

  a) Beamter oder Richter ist,

  b) in einem sonstigen öffentlich-rechtlichen Amtsverhältnis steht oder c) sonst dazu bestellt ist, bei einer Behörde oder bei einer sonstigen Stelle oder in deren Auftrag Aufgaben der öffentlichen Verwaltung unbeschadet der zur Aufgabenerfüllung gewählten Organisationsform wahrzunehmen;

2a. Europäischer Amtsträger:

  wer

  a) Mitglied der Europäischen Kommission, der Europäischen Zentralbank, des Rechnungshofs oder eines Gerichts der Europäischen Union ist,

  b) Beamter oder sonstiger Bediensteter der Europäischen Union oder einer auf der Grundlage des Rechts der Europäischen Union geschaffenen Einrichtung ist oder

  c) mit der Wahrnehmung von Aufgaben der Europäischen Union oder von Aufgaben einer auf der Grundlage des Rechts der Europäischen Union geschaffenen Einrichtung beauftragt ist;

3. Richter:

  wer nach deutschem Recht Berufsrichter oder ehrenamtlicher Richter ist;

4. für den öffentlichen Dienst besonders Verpflichteter: wer, ohne Amtsträger zu sein,

  a) bei einer Behörde oder bei einer sonstigen Stelle, die Aufgaben der öffentlichen Verwaltung wahrnimmt, oder

  b) bei einem Verband oder sonstigen Zusammenschluß, Betrieb oder Unternehmen, die für eine Behörde oder für eine sonstige Stelle Aufgaben der öffentlichen Verwaltung ausführen, beschäftigt oder für sie tätig und auf die gewissenhafte Erfüllung seiner Obliegenheiten aufgrund eines Gesetzes förmlich verpflichtet ist;

5. rechtswidrige Tat: nur eine solche, die den Tatbestand eines Strafgesetzes verwirklicht;
6. Unternehmen einer Tat: deren Versuch und deren Vollendung;
7. Behörde: auch ein Gericht;
8. Maßnahme: jede Maßregel der Besserung und Sicherung, der Verfall, die Einziehung und die Unbrauchbarmachung;
9. Entgelt: jede in einem Vermögensvorteil bestehende Gegenleistung.

(2) Vorsätzlich im Sinne dieses Gesetzes ist eine Tat auch dann, wenn sie einen gesetzlichen Tatbestand verwirklicht, der hinsichtlich der Handlung Vorsatz voraussetzt, hinsichtlich einer dadurch verursachten besonderen Folge jedoch Fahrlässigkeit ausreichen läßt.

(3) Den Schriften stehen Ton- und Bildträger, Datenspeicher, Abbildungen und andere Darstellungen in denjenigen Vorschriften gleich, die auf diesen Absatz verweisen.

§ 12 Verbrechen und Vergehen

(1) Verbrechen sind rechtswidrige Taten, die im Mindestmaß mit Freiheitsstrafe von einem Jahr oder darüber bedroht sind.

(2) Vergehen sind rechtswidrige Taten, die im Mindestmaß mit einer geringeren Freiheitsstrafe oder die mit Geldstrafe bedroht sind.

(3) Schärfungen oder Milderungen, die nach den Vorschriften des Allgemeinen Teils oder für besonders schwere oder minder schwere Fälle vorgesehen sind, bleiben für die Einteilung außer Betracht.

6.1.2 Zweiter Abschnitt Die Tat

6.1.2.1 Erster Titel Grundlagen der Strafbarkeit

§ 13 Begehen durch Unterlassen
(1) Wer es unterläßt, einen Erfolg abzuwenden, der zum Tatbestand eines Strafgesetzes gehört, ist nach diesem Gesetz nur dann strafbar, wenn er rechtlich dafür einzustehen hat, daß der Erfolg nicht eintritt, und wenn das Unterlassen der Verwirklichung des gesetzlichen Tatbestandes durch ein Tun entspricht.
(2) Die Strafe kann nach § 49 Abs. 1 gemildert werden.

Zu § 13
Hier ist also zunächst die Verwirklichung eines entsprechenden Straftatbestandes zu prüfen und im nächsten Schritt dann, ob der Garant die Verwirklichung hätte verhindern müssen (Aufgrund seiner Rechtsstellung) und können (Objektive und subjektive Möglichkeit des Eingreifens).

§ 15 Vorsätzliches und fahrlässiges Handeln
Strafbar ist nur vorsätzliches Handeln, wenn nicht das Gesetz fahrlässiges Handeln ausdrücklich mit Strafe bedroht.

§ 16 Irrtum über Tatumstände
(1) Wer bei Begehung der Tat einen Umstand nicht kennt, der zum gesetzlichen Tatbestand gehört, handelt nicht vorsätzlich. Die Strafbarkeit wegen fahrlässiger Begehung bleibt unberührt.
(2) Wer bei Begehung der Tat irrig Umstände annimmt, welche den Tatbestand eines milderen Gesetzes verwirklichen würden, kann wegen vorsätzlicher Begehung nur nach dem milderen Gesetz bestraft werden.

Zu § 16
Hierunter fällt auch die so genannte Putativnotwehr.

§ 19 Schuldunfähigkeit des Kindes
Schuldunfähig ist, wer bei Begehung der Tat noch nicht vierzehn Jahre alt ist.

§ 20 Schuldunfähigkeit wegen seelischer Störungen
Ohne Schuld handelt, wer bei Begehung der Tat wegen einer krankhaften seelischen Störung, wegen einer tiefgreifenden Bewußtseinsstörung oder wegen Schwach-
sinns oder einer schweren anderen seelischen Abartigkeit unfähig ist, das Unrecht
der Tat einzusehen oder nach dieser Einsicht zu handeln.

Zu § 20
Bei Bewusstseinsstörung durch Trunkenheit (ab 3,0 Promille) kommt aber
die Möglichkeit der Bestrafung wegen Herbeiführens dieses Zustandes in
Betracht (§ 323a StGB).

§ 21 Verminderte Schuldfähigkeit
Ist die Fähigkeit des Täters, das Unrecht der Tat einzusehen oder nach dieser Einsicht zu handeln, aus einem der in § 20 bezeichneten Gründe bei Begehung der Tat
erheblich vermindert, so kann die Strafe nach § 49 Abs. 1 gemildert werden.

6.1.2.2 Zweiter Titel Versuch

§ 22 Begriffsbestimmung
Eine Straftat versucht, wer nach seiner Vorstellung von der Tat zur Verwirklichung
des Tatbestandes unmittelbar ansetzt.

§ 23 Strafbarkeit des Versuchs
(1) Der Versuch eines Verbrechens ist stets strafbar, der Versuch eines Vergehens
    nur dann, wenn das Gesetz es ausdrücklich bestimmt.
(2) Der Versuch kann milder bestraft werden als die vollendete Tat (§ 49 Abs. 1).
(3) Hat der Täter aus grobem Unverstand verkannt, daß der Versuch nach der Art
    des Gegenstandes, an dem, oder des Mittels, mit dem die Tat begangen werden
    sollte, überhaupt nicht zur Vollendung führen konnte, so kann das Gericht von
    Strafe absehen oder die Strafe nach seinem Ermessen mildern (§ 49 Abs. 2).

Zu § 23
Der Versuch einer Straftat liegt vor, wenn der Täter nach seiner Vorstellung von der Tat zur Tatausführung ansetzt – die Begehung der Tat beginnt. Aus Gründen die nicht in der Macht des Täters liegen, kommt es jedoch nicht zur Vollendung der Tat.

6.1.2.3 Dritter Titel Täterschaft und Teilnahme

§ 25 Täterschaft
(1) Als Täter wird bestraft, wer die Straftat selbst oder durch einen anderen begeht.
(2) Begehen mehrere die Straftat gemeinschaftlich, so wird jeder als Täter bestraft (Mittäter).

§ 26 Anstiftung
Als Anstifter wird gleich einem Täter bestraft, wer vorsätzlich einen anderen zu dessen vorsätzlich begangener rechtswidriger Tat bestimmt hat.

§ 27 Beihilfe
(1) Als Gehilfe wird bestraft, wer vorsätzlich einem anderen zu dessen vorsätzlich begangener rechtswidriger Tat Hilfe geleistet hat.
(2) Die Strafe für den Gehilfen richtet sich nach der Strafdrohung für den Täter. Sie ist nach § 49 Abs. 1 zu mildern.

6.1.2.4 Vierter Titel Notwehr und Notstand

§ 32 Notwehr
(1) Wer eine Tat begeht, die durch Notwehr geboten ist, handelt nicht rechtswidrig.
(2) Notwehr ist die Verteidigung, die erforderlich ist, um einen gegenwärtigen rechtswidrigen Angriff von sich oder einem anderen abzuwenden.

Zu § 32

Ein Angriff der Notwehrlage geht im Gegensatz zur Gefahr der Notstandslage immer von menschlichem Verhalten aus, auch wenn dies nur im Hintergrund, wie z. B. beim Hetzen eines Hundes der Fall ist.

Gegenwärtig ist der Angriff, wenn er unmittelbar bevorsteht, gerade stattfindet oder noch fortdauert. Notwehr ist also bereits mit dem Versuch eines Angriffs (dem unmittelbaren Ansetzen zur Tat) zulässig.

Im Rahmen der Erforderlichkeitsprüfung ist zu prüfen, ob die gewählte Notwehrhandlung das mildeste Mittel darstellt. Hierbei gilt aber der Grundsatz das Recht niemals Unrecht weichen muss. Eine bestehende Fluchtmöglichkeit steht dem mildesten Mittel somit nicht zwangsläufig entgegen.

§ 32 StGB ist vorrangig vor den §§ 34 und 35 StGB zu prüfen und soweit zutreffend als Rechtfertigung zu nutzen.

Prüfschema § 32 StGB:

• Gegenwärtiger, rechtswidriger Angriff
• Handeln in Verteidigungsabsicht (Motiv)
• Erforderlichkeit der Abwehr (objektiv geeignet zur Abwehr und mildestes Mittel)

§ 33 Überschreitung der Notwehr
Überschreitet der Täter die Grenzen der Notwehr aus Verwirrung, Furcht oder Schrecken, so wird er nicht bestraft.

§ 34 Rechtfertigender Notstand
Wer in einer gegenwärtigen, nicht anders abwendbaren Gefahr für Leben, Leib, Freiheit, Ehre, Eigentum oder ein anderes Rechtsgut eine Tat begeht, um die Gefahr von sich oder einem anderen abzuwenden, handelt nicht rechtswidrig, wenn bei Abwägung der widerstreitenden Interessen, namentlich der betroffenen Rechtsgüter und des Grades der ihnen drohenden Gefahren, das geschützte Interesse das beeinträchtigte wesentlich überwiegt. Dies gilt jedoch nur, soweit die Tat ein angemessenes Mittel ist, die Gefahr abzuwenden.

Zu § 34
Die Gefahr der Notstandslage kann, muss jedoch nicht von einem Menschen ausgehen.
Prüfschema § 34 StGB:

- Notstandslage (Gefahr für ein Rechtsgut.)
- Motiv (Die Tat erfolgt, um die Gefahr zu beseitigen.)
- Interessenabwägung (angerichteter Schaden < drohender Schaden)
- Erforderlichkeit (Die Einwirkung ist erforderlich und das mildeste Mittel.)

§ 35 Entschuldigender Notstand
(1) Wer in einer gegenwärtigen, nicht anders abwendbaren Gefahr für Leben, Leib oder Freiheit eine rechtswidrige Tat begeht, um die Gefahr von sich, einem Angehörigen oder einer anderen ihm nahestehenden Person abzuwenden, handelt ohne Schuld. Dies gilt nicht, soweit dem Täter nach den Umständen, namentlich weil er die Gefahr selbst verursacht hat oder weil er in einem besonderen Rechtsverhältnis stand, zugemutet werden konnte, die Gefahr hinzunehmen; jedoch kann die Strafe nach § 49 Abs. 1 gemildert werden, wenn der Täter nicht mit Rücksicht auf ein besonderes Rechtsverhältnis die Gefahr hinzunehmen hatte.
(2) Nimmt der Täter bei Begehung der Tat irrig Umstände an, welche ihn nach Absatz 1 entschuldigen würden, so wird er nur dann bestraft, wenn er den Irrtum vermeiden konnte. Die Strafe ist nach § 49 Abs. 1 zu mildern.

Zu § 35
Soweit zutreffend ist vorrangig § 34 StGB zu prüfen.
Prüfschema § 35 StGB:

- Notstandslage (Gefahr für Leben, Körper oder Freiheit für einen selbst, einen Angehörigen oder eine nahe stehende Person.)
- Motiv (Die Tat erfolgt, um die Gefahr zu beseitigen.)
- Keine Interessenabwägung
- Erforderlichkeit (Die Gefahr ist nicht anders abwendbar.)
- Täterstellung (Täter hat die Notstandslage nicht selbst herbeigeführt und steht in keinem besonderen Rechtsverhältnis.)

6.1.3 Vierter Abschnitt Strafantrag, Ermächtigung, Strafverlangen

§ 77 Antragsberechtigte

(1) Ist die Tat nur auf Antrag verfolgbar, so kann, soweit das Gesetz nichts anderes bestimmt, der Verletzte den Antrag stellen.

(2) Stirbt der Verletzte, so geht sein Antragsrecht in den Fällen, die das Gesetz bestimmt, auf den Ehegatten, den Lebenspartner und die Kinder über. Hat der Verletzte weder einen Ehegatten, oder einen Lebenspartner noch Kinder hinterlassen oder sind sie vor Ablauf der Antragsfrist gestorben, so geht das Antragsrecht auf die Eltern und, wenn auch sie vor Ablauf der Antragsfrist gestorben sind, auf die Geschwister und die Enkel über. Ist ein Angehöriger an der Tat beteiligt oder ist seine Verwandtschaft erloschen, so scheidet er bei dem Übergang des Antragsrechts aus. Das Antragsrecht geht nicht über, wenn die Verfolgung dem erklärten Willen des Verletzten widerspricht.

(3) Ist der Antragsberechtigte geschäftsunfähig oder beschränkt geschäftsfähig, so können der gesetzliche Vertreter in den persönlichen Angelegenheiten und derjenige, dem die Sorge für die Person des Antragsberechtigten zusteht, den Antrag stellen.

(4) Sind mehrere antragsberechtigt, so kann jeder den Antrag selbstständig stellen.

§ 77b Antragsfrist

(1) Eine Tat, die nur auf Antrag verfolgbar ist, wird nicht verfolgt, wenn der Antragsberechtigte es unterläßt, den Antrag bis zum Ablauf einer Frist von drei Monaten zu stellen. Fällt das Ende der Frist auf einen Sonntag, einen allgemeinen Feiertag oder einen Sonnabend, so endet die Frist mit Ablauf des nächsten Werktags.

(2) Die Frist beginnt mit Ablauf des Tages, an dem der Berechtigte von der Tat und der Person des Täters Kenntnis erlangt. Für den Antrag des gesetzlichen Vertreters und des Sorgeberechtigten kommt es auf dessen Kenntnis an.

(3) Sind mehrere antragsberechtigt oder mehrere an der Tat beteiligt, so läuft die Frist für und gegen jeden gesondert.

(4) Ist durch Tod des Verletzten das Antragsrecht auf Angehörige übergegangen, so endet die Frist frühestens drei Monate und spätestens sechs Monate nach dem Tod des Verletzten.

(5) Der Lauf der Frist ruht, wenn ein Antrag auf Durchführung eines Sühneversuchs gemäß § 380 der Strafprozeßordnung bei der Vergleichsbehörde eingeht, bis zur Ausstellung der Bescheinigung nach § 380 Abs. 1 Satz 3 der Strafprozeßordnung.

§ 77d Zurücknahme des Antrags

(1) Der Antrag kann zurückgenommen werden. Die Zurücknahme kann bis zum rechtskräftigen Abschluß des Strafverfahrens erklärt werden. Ein zurückgenommener Antrag kann nicht nochmals gestellt werden.

(2) Stirbt der Verletzte oder der im Falle seines Todes Berechtigte, nachdem er den Antrag gestellt hat, so können der Ehegatte, der Lebenspartner, die Kinder, die Eltern, die Geschwister und die Enkel des Verletzten in der Rangfolge des § 77 Abs. 2 den Antrag zurücknehmen. Mehrere Angehörige des gleichen Ranges können das Recht nur gemeinsam ausüben. Wer an der Tat beteiligt ist, kann den Antrag nicht zurücknehmen.

6.2 Besonderer Teil

6.2.1 Siebenter Abschnitt Straftaten gegen die öffentliche Ordnung

§ 123 Hausfriedensbruch

(1) Wer in die Wohnung, in die Geschäftsräume oder in das befriedete Besitztum eines anderen oder in abgeschlossene Räume, welche zum öffentlichen Dienst oder Verkehr bestimmt sind, widerrechtlich eindringt, oder wer, wenn er ohne Befugnis darin verweilt, auf die Aufforderung des Berechtigten sich nicht entfernt, wird mit Freiheitsstrafe bis zu einem Jahr oder mit Geldstrafe bestraft.

(2) Die Tat wird nur auf Antrag verfolgt.

§ 126 Störung des öffentlichen Friedens durch Androhung von Straftaten
(1) Wer in einer Weise, die geeignet ist, den öffentlichen Frieden zu stören,
  1. einen der in § 125a Satz 2 Nr. 1 bis 4 bezeichneten Fälle des Landfriedensbruchs,
  2. einen Mord (§ 211), Totschlag (§ 212) oder Völkermord (§ 6 des Völkerstrafgesetzbuches) oder ein Verbrechen gegen die Menschlichkeit (§ 7 des Völkerstrafgesetzbuches) oder ein Kriegsverbrechen (§§ 8, 9, 10, 11 oder 12 des Völkerstrafgesetzbuches),
  3. eine schwere Körperverletzung (§ 226),
  4. eine Straftat gegen die persönliche Freiheit in den Fällen des § 232 Absatz 3 Satz 2, des § 232a Absatz 3, 4 oder 5, des § 232b Absatz 3 oder 4, des § 233a Absatz 3 oder 4, jeweils soweit es sich um Verbrechen handelt, der §§ 234, 234a, 239a oder 239b,
  5. einen Raub oder eine räuberische Erpressung (§§ 249 bis 251 oder 255),
  6. ein gemeingefährliches Verbrechen in den Fällen der §§ 306 bis 306c oder 307 Abs. 1 bis 3, des § 308 Abs. 1 bis 3, des § 309 Abs. 1 bis 4, der §§ 313, 314 oder 315 Abs. 3, des § 315b Abs. 3, des § 316a Abs. 1 oder 3, des § 316c Abs. 1 oder 3 oder des § 318 Abs. 3 oder 4 oder
  7. ein gemeingefährliches Vergehen in den Fällen des § 309 Abs. 6, des § 311 Abs. 1, des § 316b Abs. 1, des § 317 Abs. 1 oder des § 318 Abs. 1
  androht, wird mit Freiheitsstrafe bis zu drei Jahren oder mit Geldstrafe bestraft.
(2) Ebenso wird bestraft, wer in einer Weise, die geeignet ist, den öffentlichen Frieden zu stören, wider besseres Wissen vortäuscht, die Verwirklichung einer der in Absatz 1 genannten rechtswidrigen Taten stehe bevor.

§ 132 Amtsanmaßung
Wer unbefugt sich mit der Ausübung eines öffentlichen Amtes befasst oder eine Handlung vornimmt, welche nur kraft eines öffentlichen Amtes vorgenommen werden darf, wird mit Freiheitsstrafe bis zu zwei Jahren oder mit Geldstrafe bestraft.

Zu § 132
Notwendig für die Strafbarkeit ist hier eine der beschriebenen Handlungen.
Soweit keine entsprechende Handlung durch den Täter vorgenommen wurde
ist § 132a StGB prüfen.

§ 132a Missbrauch von Titeln, Berufsbezeichnungen und Abzeichen
(1) Wer unbefugt
1. inländische oder ausländische Amts- oder Dienstbezeichnungen, akademische Grade, Titel oder öffentliche Würden führt,
2. die Berufsbezeichnung Arzt, Zahnarzt, Psychologischer Psychotherapeut, Kinder- und Jugendlichenpsychotherapeut, Psychotherapeut, Tierarzt, Apotheker, Rechtsanwalt, Patentanwalt, Wirtschaftsprüfer, vereidigter Buchprüfer, Steuerberater oder Steuerbevollmächtigter führt,
3. die Bezeichnung öffentlich bestellter Sachverständiger führt oder
4. inländische oder ausländische Uniformen, Amtskleidungen oder Amtsabzeichen trägt, wird mit Freiheitsstrafe bis zu einem Jahr oder mit Geldstrafe bestraft.
(2) Den in Absatz 1 genannten Bezeichnungen, akademischen Graden, Titeln, Würden, Uniformen, Amtskleidungen oder Amtsabzeichen stehen solche gleich, die ihnen zum Verwechseln ähnlich sind.
(3) Die Absätze 1 und 2 gelten auch für Amtsbezeichnungen, Titel, Würden, Amtskleidungen und Amtsabzeichen der Kirchen und anderen Religionsgesellschaften des öffentlichen Rechts.
(4) Gegenstände, auf die sich eine Straftat nach Absatz 1 Nr. 4, allein oder in Verbindung mit Absatz 2 oder 3, bezieht, können eingezogen werden.

§ 138 Nichtanzeige geplanter Straftaten
(1) Wer von dem Vorhaben oder der Ausführung
1. (weggefallen)
2. eines Hochverrats in den Fällen der §§ 81 bis 83 Abs. 1,
3. eines Landesverrats oder einer Gefährdung der äußeren Sicherheit in den Fällen der §§ 94 bis 96, 97a oder 100,
4. einer Geld- oder Wertpapierfälschung in den Fällen der §§ 146, 151, 152 oder einer Fälschung von Zahlungskarten mit Garantiefunktion und Vordrucken für Euroschecks in den Fällen des § 152b Abs. 1 bis 3,

5. eines Mordes (§ 211) oder Totschlags (§ 212) oder eines Völkermordes (§ 6 des Völkerstrafgesetzbuches) oder eines Verbrechens gegen die Menschlichkeit (§ 7 des Völkerstrafgesetzbuches) oder eines Kriegsverbrechens (§§ 8, 9, 10, 11 oder 12 des Völkerstrafgesetzbuches) oder eines Verbrechens der Aggression (§ 13 des Völkerstrafgesetzbuches),

6. einer Straftat gegen die persönliche Freiheit in den Fällen des § 232 Absatz 3 Satz 2, des § 232a Absatz 3, 4 oder 5, des § 232b Absatz 3 oder 4, des § 233a Absatz 3 oder 4, jeweils soweit es sich um Verbrechen handelt, der §§ 234, 234a, 239a oder 239b,

7. eines Raubes oder einer räuberischen Erpressung (§§ 249 bis 251 oder 255) oder

8. einer gemeingefährlichen Straftat in den Fällen der §§ 306 bis 306c oder 307 Abs. 1 bis 3, des § 308 Abs. 1 bis 4, des § 309 Abs. 1 bis 5, der §§ 310, 313, 314 oder 315 Abs. 3, des § 315b Abs. 3 oder der §§ 316a oder 316c zu einer Zeit, zu der die Ausführung oder der Erfolg noch abgewendet werden kann, glaubhaft erfährt und es unterläßt, der Behörde oder dem Bedrohten rechtzeitig Anzeige zu machen, wird mit Freiheitsstrafe bis zu fünf Jahren oder mit Geldstrafe bestraft.

(2) Ebenso wird bestraft, wer

1. von der Ausführung einer Straftat nach § 89a oder

2. von dem Vorhaben oder der Ausführung einer Straftat nach § 129a, auch in Verbindung mit § 129b Abs. 1 Satz 1 und 2, zu einer Zeit, zu der die Ausführung noch abgewendet werden kann, glaubhaft erfährt und es unterlässt, der Behörde unverzüglich Anzeige zu erstatten. § 129b Abs. 1 Satz 3 bis 5 gilt im Fall der Nummer 2 entsprechend.

(3) Wer die Anzeige leichtfertig unterläßt, obwohl er von dem Vorhaben oder der Ausführung der rechtswidrigen Tat glaubhaft erfahren hat, wird mit Freiheitsstrafe bis zu einem Jahr oder mit Geldstrafe bestraft.

§ 145 Missbrauch von Notrufen und Beeinträchtigung von Unfallverhütungs- und Nothilfemitteln

(1) Wer absichtlich oder wissentlich

1. Notrufe oder Notzeichen missbraucht oder

2. vortäuscht, dass wegen eines Unglücksfalles oder wegen gemeiner Gefahr oder Not die Hilfe anderer erforderlich sei, wird mit Freiheitsstrafe bis zu einem Jahr oder mit Geldstrafe bestraft.

(2) Wer absichtlich oder wissentlich

1. die zur Verhütung von Unglücksfällen oder gemeiner Gefahr dienenden Warn- oder Verbotszeichen beseitigt, unkenntlich macht oder in ihrem Sinn entstellt oder

2. die zur Verhütung von Unglücksfällen oder gemeiner Gefahr dienenden Schutzvorrichtungen oder die zur Hilfeleistung bei Unglücksfällen oder gemeiner Gefahr bestimmten Rettungsgeräte oder anderen Sachen beseitigt, verändert oder unbrauchbar macht, wird mit Freiheitsstrafe bis zu zwei Jahren oder mit Geldstrafe bestraft, wenn die Tat nicht in § 303 oder § 304 mit Strafe bedroht ist.

6.2.2 Neunter Abschnitt Falsche uneidliche Aussage und Meineid

§ 153 Falsche uneidliche Aussage

Wer vor Gericht oder vor einer anderen zur eidlichen Vernehmung von Zeugen oder Sachverständigen zuständigen Stelle als Zeuge oder Sachverständiger uneidlich falsch aussagt, wird mit Freiheitsstrafe von drei Monaten bis zu fünf Jahren bestraft.

§ 154 Meineid

(1) Wer vor Gericht oder vor einer anderen zur Abnahme von Eiden zuständigen Stelle falsch schwört, wird mit Freiheitsstrafe nicht unter einem Jahr bestraft.

(2) In minder schweren Fällen ist die Strafe Freiheitsstrafe von sechs Monaten bis zu fünf Jahren.

6.2.3   Zehnter Abschnitt Falsche Verdächtigung

§ 164 Falsche Verdächtigung
(1) Wer einen anderen bei einer Behörde oder einem zur Entgegennahme von An-
    zeigen zuständigen Amtsträger oder militärischen Vorgesetzten oder öffentlich
    wider besseres Wissen einer rechtswidrigen Tat oder der Verletzung einer
    Dienstpflicht in der Absicht verdächtigt, ein behördliches Verfahren oder an-
    dere behördliche Maßnahmen gegen ihn herbeizuführen oder fortdauern zu
    lassen, wird mit Freiheitsstrafe bis zu fünf Jahren oder mit Geldstrafe bestraft.
(2) Ebenso wird bestraft, wer in gleicher Absicht bei einer der in Absatz 1 bezeich-
    neten Stellen oder öffentlich über einen anderen wider besseres Wissen eine
    sonstige Behauptung tatsächlicher Art aufstellt, die geeignet ist, ein behördli-
    ches Verfahren oder andere behördliche Maßnahmen gegen ihn herbeizufüh-
    ren oder fortdauern zu lassen.
(3) Mit Freiheitsstrafe von sechs Monaten bis zu zehn Jahren wird bestraft, wer
    die falsche Verdächtigung begeht, um eine Strafmilderung oder ein Absehen
    von Strafe nach § 46b dieses Gesetzes oder § 31 des Betäubungsmittelgesetzes
    zu erlangen. In minder schweren Fällen ist die Strafe Freiheitsstrafe von drei
    Monaten bis zu fünf Jahren.

6.2.4   Vierzehnter Abschnitt Beleidigung

§ 185 Beleidigung
Die Beleidigung wird mit Freiheitsstrafe bis zu einem Jahr oder mit Geldstrafe
und, wenn die Beleidigung mittels einer Tätlichkeit begangen wird, mit Freiheitsstrafe bis zu zwei Jahren oder mit Geldstrafe bestraft.

Zu § 185
Beleidigung ist die ehrverletzende Kundgabe der Missachtung oder der
Nichtachtung gegenüber einer Person oder gegenüber einem Dritten. Diese
kann mündlich, schriftlich, bildlich oder durch schlüssiges Verhalten (Ges-
tik, Mimik) kundgegeben werden. Strafbar sind folglich nicht nur verbale
Äußerungen (z. B. der Mittelfinger usw.), sondern auch Tätlichkeiten.

§ 186 Üble Nachrede
Wer in Beziehung auf einen anderen eine Tatsache behauptet oder verbreitet, welche denselben verächtlich zu machen oder in der öffentlichen Meinung herabzuwürdigen geeignet ist, wird, wenn nicht diese Tatsache erweislich wahr ist, mit Freiheitsstrafe bis zu einem Jahr oder mit Geldstrafe und, wenn die Tat öffentlich oder durch Verbreiten von Schriften (§ 11 Abs. 3) begangen ist, mit Freiheitsstrafe bis zu zwei Jahren oder mit Geldstrafe bestraft.

§ 187 Verleumdung
Wer wider besseres Wissen in Beziehung auf einen anderen eine unwahre Tatsache behauptet oder verbreitet, welche denselben verächtlich zu machen oder in der öffentlichen Meinung herabzuwürdigen oder dessen Kredit zu gefährden geeignet ist, wird mit Freiheitsstrafe bis zu zwei Jahren oder mit Geldstrafe und, wenn die Tat öffentlich, in einer Versammlung oder durch Verbreiten von Schriften (§ 11 Abs. 3) begangen ist, mit Freiheitsstrafe bis zu fünf Jahren oder mit Geldstrafe bestraft.

6.2.5 Fünfzehnter Abschnitt Verletzung des persönlichen Lebens- und Geheimbereichs

§ 201 Verletzung der Vertraulichkeit des Wortes
(1) Mit Freiheitsstrafe bis zu drei Jahren oder mit Geldstrafe wird bestraft, wer unbefugt
1. das nichtöffentlich gesprochene Wort eines anderen auf einen Tonträger aufnimmt oder
2. eine so hergestellte Aufnahme gebraucht oder einem Dritten zugänglich macht.

(2) Ebenso wird bestraft, wer unbefugt
1. das nicht zu seiner Kenntnis bestimmte nichtöffentlich gesprochene Wort eines anderen mit einem Abhörgerät abhört oder
2. das nach Absatz 1 Nr. 1 aufgenommene oder nach Absatz 2 Nr. 1 abgehörte nichtöffentlich gesprochene Wort eines anderen im Wortlaut oder seinem wesentlichen Inhalt nach öffentlich mitteilt.

Die Tat nach Satz 1 Nr. 2 ist nur strafbar, wenn die öffentliche Mitteilung geeignet ist, berechtigte Interessen eines anderen zu beeinträchtigen. Sie ist nicht rechtswidrig, wenn die öffentliche Mitteilung zur Wahrnehmung überragender öffentlicher Interessen gemacht wird.

(3) Mit Freiheitsstrafe bis zu fünf Jahren oder mit Geldstrafe wird bestraft, wer als Amtsträger oder als für den öffentlichen Dienst besonders Verpflichteter die Vertraulichkeit des Wortes verletzt (Absätze 1 und 2).

(4) Der Versuch ist strafbar.

(5) Die Tonträger und Abhörgeräte, die der Täter oder Teilnehmer verwendet hat, können eingezogen werden. § 74a ist anzuwenden.

§ 201a Verletzung des höchstpersönlichen Lebensbereichs durch Bildaufnahmen

(1) Mit Freiheitsstrafe bis zu zwei Jahren oder mit Geldstrafe wird bestraft, wer

1. von einer anderen Person, die sich in einer Wohnung oder einem gegen Einblick besonders geschützten Raum befindet, unbefugt eine Bildaufnahme herstellt oder überträgt und dadurch den höchstpersönlichen Lebensbereich der abgebildeten Person verletzt,

2. eine Bildaufnahme, die die Hilflosigkeit einer anderen Person zur Schau stellt, unbefugt herstellt oder überträgt und dadurch den höchstpersönlichen Lebensbereich der abgebildeten Person verletzt,

3. eine durch eine Tat nach den Nummern 1 oder 2 hergestellte Bildaufnahme gebraucht oder einer dritten Person zugänglich macht oder

4. eine befugt hergestellte Bildaufnahme der in den Nummern 1 oder 2 bezeichneten Art wissentlich unbefugt einer dritten Person zugänglich macht und dadurch den höchstpersönlichen Lebensbereich der abgebildeten Person verletzt.

(2) Ebenso wird bestraft, wer unbefugt von einer anderen Person eine Bildaufnahme, die geeignet ist, dem Ansehen der abgebildeten Person erheblich zu schaden, einer dritten Person zugänglich macht.

(3) Mit Freiheitsstrafe bis zu zwei Jahren oder mit Geldstrafe wird bestraft, wer eine Bildaufnahme, die die Nacktheit einer anderen Person unter achtzehn Jahren zum Gegenstand hat,

1. herstellt oder anbietet, um sie einer dritten Person gegen Entgelt zu verschaffen, oder

2. sich oder einer dritten Person gegen Entgelt verschafft.

(4) Absatz 1 Nummer 2, auch in Verbindung mit Absatz 1 Nummer 3 oder Nummer 4, Absatz 2 und 3 gelten nicht für Handlungen, die in Wahrnehmung überwiegender berechtigter Interessen erfolgen, namentlich der Kunst oder der Wissenschaft, der Forschung oder der Lehre, der Berichterstattung über Vorgänge des Zeitgeschehens oder der Geschichte oder ähnlichen Zwecken dienen.

(5) Die Bildträger sowie Bildaufnahmegeräte oder andere technische Mittel, die der Täter oder Teilnehmer verwendet hat, können eingezogen werden. § 74a ist anzuwenden.

§ 202 Verletzung des Briefgeheimnisses

(1) Wer unbefugt
1. einen verschlossenen Brief oder ein anderes verschlossenes Schriftstück, die nicht zu seiner Kenntnis bestimmt sind, öffnet oder
2. sich vom Inhalt eines solchen Schriftstücks ohne Öffnung des Verschlusses unter Anwendung technischer Mittel Kenntnis verschafft, wird mit Freiheitsstrafe bis zu einem Jahr oder mit Geldstrafe bestraft, wenn die Tat nicht in § 206 mit Strafe bedroht ist.

(2) Ebenso wird bestraft, wer sich unbefugt vom Inhalt eines Schriftstücks, das nicht zu seiner Kenntnis bestimmt und durch ein verschlossenes Behältnis gegen Kenntnisnahme besonders gesichert ist, Kenntnis verschafft, nachdem er dazu das Behältnis geöffnet hat.

(3) Einem Schriftstück im Sinne der Absätze 1 und 2 steht eine Abbildung gleich.

§ 202a Ausspähen von Daten

(1) Wer unbefugt sich oder einem anderen Zugang zu Daten, die nicht für ihn bestimmt und die gegen unberechtigten Zugang besonders gesichert sind, unter Überwindung der Zugangssicherung verschafft, wird mit Freiheitsstrafe bis zu drei Jahren oder mit Geldstrafe bestraft.

(2) Daten im Sinne des Absatzes 1 sind nur solche, die elektronisch, magnetisch oder sonst nicht unmittelbar wahrnehmbar gespeichert sind oder übermittelt werden.

§ 202b Abfangen von Daten

Wer unbefugt sich oder einem anderen unter Anwendung von technischen Mitteln nicht für ihn bestimmte Daten (§ 202a Abs. 2) aus einer nichtöffentlichen Datenübermittlung oder aus der elektromagnetischen Abstrahlung einer Datenverarbeitungsanlage verschafft, wird mit Freiheitsstrafe bis zu zwei Jahren oder mit Geldstrafe bestraft, wenn die Tat nicht in anderen Vorschriften mit schwererer Strafe bedroht ist.

§ 203 Verletzung von Privatgeheimnissen

(1) Wer unbefugt ein fremdes Geheimnis, namentlich ein zum persönlichen Lebensbereich gehörendes Geheimnis oder ein Betriebs- oder Geschäftsgeheimnis, offenbart, das ihm als

1. Arzt, Zahnarzt, Tierarzt, Apotheker oder Angehörigen eines anderen Heilberufs, der für die Berufsausübung oder die Führung der Berufsbezeichnung eine staatlich geregelte Ausbildung erfordert,

2. Berufspsychologen mit staatlich anerkannter wissenschaftlicher Abschlußprüfung,

3. Rechtsanwalt, Patentanwalt, Notar, Verteidiger in einem gesetzlich geordneten Verfahren, Wirtschaftsprüfer, vereidigtem Buchprüfer, Steuerberater, Steuerbevollmächtigten oder Organ oder Mitglied eines Organs einer Rechtsanwalts-, Patentanwalts-, Wirtschaftsprüfungs-, Buchprüfungs- oder Steuerberatungsgesellschaft,

4. Ehe-, Familien-, Erziehungs- oder Jugendberater sowie Berater für Suchtfragen in einer Beratungsstelle, die von einer Behörde oder Körperschaft, Anstalt oder Stiftung des öffentlichen Rechts anerkannt ist,

4a. Mitglied oder Beauftragten einer anerkannten Beratungsstelle nach den §§ 3 und 8 des Schwangerschaftskonfliktgesetzes,

5. staatlich anerkanntem Sozialarbeiter oder staatlich anerkanntem Sozialpädagogen oder

6. Angehörigen eines Unternehmens der privaten Kranken-, Unfall- oder Lebensversicherung oder einer privatärztlichen, steuerberaterlichen oder anwaltlichen Verrechnungsstelle anvertraut worden oder sonst bekanntgeworden ist, wird mit Freiheitsstrafe bis zu einem Jahr oder mit Geldstrafe bestraft.

(2) Ebenso wird bestraft, wer unbefugt ein fremdes Geheimnis, namentlich ein zum persönlichen Lebensbereich gehörendes Geheimnis oder ein Betriebs- oder Geschäftsgeheimnis, offenbart, das ihm als
1. Amtsträger,
2. für den öffentlichen Dienst besonders Verpflichteten,
3. Person, die Aufgaben oder Befugnisse nach dem Personalvertretungsrecht wahrnimmt,
4. Mitglied eines für ein Gesetzgebungsorgan des Bundes oder eines Landes tätigen Untersuchungsausschusses, sonstigen Ausschusses oder Rates, das nicht selbst Mitglied des Gesetzgebungsorgans ist, oder als Hilfskraft eines solchen Ausschusses oder Rates,
5. öffentlich bestelltem Sachverständigen, der auf die gewissenhafte Erfüllung seiner Obliegenheiten aufgrund eines Gesetzes förmlich verpflichtet worden ist, oder
6. Person, die auf die gewissenhafte Erfüllung ihrer Geheimhaltungspflicht bei der Durchführung wissenschaftlicher Forschungsvorhaben aufgrund eines Gesetzes förmlich verpflichtet worden ist, anvertraut worden oder sonst bekanntgeworden ist. Einem Geheimnis im Sinne des Satzes 1 stehen Einzelangaben über persönliche oder sachliche Verhältnisse eines anderen gleich, die für Aufgaben der öffentlichen Verwaltung erfaßt worden sind; Satz 1 ist jedoch nicht anzuwenden, soweit solche Einzelangaben anderen Behörden oder sonstigen Stellen für Aufgaben der öffentlichen Verwaltung bekanntgegeben werden und das Gesetz dies nicht untersagt.

(2a) Die Absätze 1 und 2 gelten entsprechend, wenn ein Beauftragter für den Datenschutz unbefugt ein fremdes Geheimnis im Sinne dieser Vorschriften offenbart, das einem in den Absätzen 1 und 2 Genannten in dessen beruflicher Eigenschaft anvertraut worden oder sonst bekannt geworden ist und von dem er bei der Erfüllung seiner Aufgaben als Beauftragter für den Datenschutz Kenntnis erlangt hat.

(3) Einem in Absatz 1 Nr. 3 genannten Rechtsanwalt stehen andere Mitglieder einer Rechtsanwaltskammer gleich. Den in Absatz 1 und Satz 1 Genannten stehen ihre berufsmäßig tätigen Gehilfen und die Personen gleich, die bei ihnen zur Vorbereitung auf den Beruf tätig sind. Den in Absatz 1 und den in Satz 1 und 2 Genannten steht nach dem Tod des zur Wahrung des Geheimnis-

ses Verpflichteten ferner gleich, wer das Geheimnis von dem Verstorbenen
oder aus dessen Nachlaß erlangt hat.

(4) Die Absätze 1 bis 3 sind auch anzuwenden, wenn der Täter das fremde Geheimnis nach dem Tod des Betroffenen unbefugt offenbart.

(5) Handelt der Täter gegen Entgelt oder in der Absicht, sich oder einen anderen
zu bereichern oder einen anderen zu schädigen, so ist die Strafe Freiheitsstrafe bis zu zwei Jahren oder Geldstrafe.

§ 206 Verletzung des Post- oder Fernmeldegeheimnisses

(1) Wer unbefugt einer anderen Person eine Mitteilung über Tatsachen macht, die
dem Post- oder Fernmeldegeheimnis unterliegen und die ihm als Inhaber oder
Beschäftigtem eines Unternehmens bekanntgeworden sind, das geschäftsmäßig Post- oder Telekommunikationsdienste erbringt, wird mit Freiheitsstrafe
bis zu fünf Jahren oder mit Geldstrafe bestraft.

(2) Ebenso wird bestraft, wer als Inhaber oder Beschäftigter eines in Absatz 1 bezeichneten Unternehmens unbefugt

1. eine Sendung, die einem solchen Unternehmen zur Übermittlung anvertraut
worden und verschlossen ist, öffnet oder sich von ihrem Inhalt ohne Öffnung
des Verschlusses unter Anwendung technischer Mittel Kenntnis verschafft,

2. eine einem solchen Unternehmen zur Übermittlung anvertraute Sendung
unterdrückt oder

3. eine der in Absatz 1 oder in Nummer 1 oder 2 bezeichneten Handlungen
gestattet oder fördert.

(3) Die Absätze 1 und 2 gelten auch für Personen, die

1. Aufgaben der Aufsicht über ein in Absatz 1 bezeichnetes Unternehmen
wahrnehmen,

2. von einem solchen Unternehmen oder mit dessen Ermächtigung mit dem
Erbringen von Post- oder Telekommunikationsdiensten betraut sind oder

3. mit der Herstellung einer dem Betrieb eines solchen Unternehmens dienenden Anlage oder mit Arbeiten daran betraut sind.

(4) Wer unbefugt einer anderen Person eine Mitteilung über Tatsachen macht, die
ihm als außerhalb des Post oder Telekommunikationsbereichs tätigem Amtsträger aufgrund eines befugten oder unbefugten Eingriffs in das Post- oder Fernmeldegeheimnis bekanntgeworden sind, wird mit Freiheitsstrafe bis zu zwei
Jahren oder mit Geldstrafe bestraft.

(5) Dem Postgeheimnis unterliegen die näheren Umstände des Postverkehrs bestimmter Personen sowie der Inhalt von Postsendungen. Dem Fernmeldegeheimnis unterliegen der Inhalt der Telekommunikation und ihre näheren Umstände,
insbesondere die Tatsache, ob jemand an einem Telekommunikationsvorgang
beteiligt ist oder war. Das Fernmeldegeheimnis erstreckt sich auch auf die näheren Umstände erfolgloser Verbindungsversuche.

6.2.6 Sechzehnter Abschnitt Straftaten gegen das Leben

§ 211 Mord
(1) Der Mörder wird mit lebenslanger Freiheitsstrafe bestraft.
(2) Mörder ist, wer aus Mordlust, zur Befriedigung des Geschlechtstriebs, aus
Habgier oder sonst aus niedrigen Beweggründen, heimtückisch oder grausam
oder mit gemeingefährlichen Mitteln oder um eine andere Straftat zu ermöglichen oder zu verdecken, einen Menschen tötet.[2]

§ 21 Totschlag
(1) Wer einen Menschen tötet, ohne Mörder zu sein, wird als Totschläger mit Freiheitsstrafe nicht unter fünf Jahren bestraft.
(2) In besonders schweren Fällen ist auf lebenslange Freiheitsstrafe zu erkennen.

6.2.7 Siebzehnter Abschnitt Straftaten gegen die körperliche Unversehrtheit

§ 223 Körperverletzung
(1) Wer eine andere Person körperlich mißhandelt oder an der Gesundheit schädigt, wird mit Freiheitsstrafe bis zu fünf Jahren oder mit Geldstrafe bestraft.
(2) Der Versuch ist strafbar.

---

[2] § 211: Nach Maßgabe der Entscheidungsgründe mit dem GG vereinbar, BVerfGE v.
21.06.1977 I 1236 – 1 BvL 14/76.

Zu § 223

Die einfache Körperverletzung des § 223 StGB ist der Grundtatbestand zu den §§ 224, 226 und 229 StGB und stets vorab zu prüfen.

Eine körperliche Misshandlung ist jede für das Opfer unangenehme Behandlung, die mit Schmerzen, Übelkeit oder anderen unangenehmen Erscheinungen verbunden ist. Gesundheitsschädigung ist jeder pathologische Zustand, der beim Opfer hervorgerufen oder verschlimmert wird.

§ 224 Gefährliche Körperverletzung
(1) Wer die Körperverletzung
   1. durch Beibringung von Gift oder anderen gesundheitsschädlichen Stoffen,
   2. mittels einer Waffe oder eines anderen gefährlichen Werkzeugs,
   3. mittels eines hinterlistigen Überfalls,
   4. mit einem anderen Beteiligten gemeinschaftlich oder
   5. mittels einer das Leben gefährdenden Behandlung

begeht, wird mit Freiheitsstrafe von sechs Monaten bis zu zehn Jahren, in minder schweren Fällen mit Freiheitsstrafe von drei Monaten bis zu fünf Jahren bestraft.

(2) Der Versuch ist strafbar.

Zu § 224

Zunächst ist immer der Grundtatbestand des § 223 StGB zu prüfen. Strafverschärfend wirkt sich dann die Art und Weise der Tatausführung in einer der im § 224 StGB beschriebenen Weisen aus.

§ 226 Schwere Körperverletzung
(1) Hat die Körperverletzung zur Folge, daß die verletzte Person
   1. das Sehvermögen auf einem Auge oder beiden Augen, das Gehör, das Sprechvermögen oder die Fortpflanzungsfähigkeit verliert,
   2. ein wichtiges Glied des Körpers verliert oder dauernd nicht mehr gebrauchen kann oder
   3. in erheblicher Weise dauernd entstellt wird oder in Siechtum, Lähmung oder geistige Krankheit oder Behinderung verfällt, so ist die Strafe Freiheitsstrafe von einem Jahr bis zu zehn Jahren.

(2) Verursacht der Täter eine der in Absatz 1 bezeichneten Folgen absichtlich oder wissentlich, so ist die Strafe Freiheitsstrafe nicht unter drei Jahren.

(3) In minder schweren Fällen des Absatzes 1 ist auf Freiheitsstrafe von sechs Monaten bis zu fünf Jahren, in minder schweren Fällen des Absatzes 2 auf Freiheitsstrafe von einem Jahr bis zu zehn Jahren zu erkennen.

Zu § 226
Zunächst ist immer der Grundtatbestand des § 223 StGB zu prüfen. Strafverschärfend wirkt sich dann die Folge der Tat in einer der im § 226 StGB beschriebenen Weisen aus.

§ 229 Fahrlässige Körperverletzung
Wer durch Fahrlässigkeit die Körperverletzung einer anderen Person verursacht, wird mit Freiheitsstrafe bis zu drei Jahren oder mit Geldstrafe bestraft.

Zu § 229
Zunächst ist immer der Grundtatbestand des § 223 StGB zu prüfen.

6.2.8 Achtzehnter Abschnitt Straftaten gegen die persönliche Freiheit

§ 238 Nachstellung
(1) Wer einem Menschen unbefugt nachstellt, indem er beharrlich
1. seine räumliche Nähe aufsucht,
2. unter Verwendung von Telekommunikationsmitteln oder sonstigen Mitteln der Kommunikation oder über Dritte Kontakt zu ihm herzustellen versucht,
3. unter missbräuchlicher Verwendung von dessen personenbezogenen Daten Bestellungen von Waren oder Dienstleistungen für ihn aufgibt oder Dritte veranlasst, mit diesem Kontakt aufzunehmen,
4. ihn mit der Verletzung von Leben, körperlicher Unversehrtheit, Gesundheit oder Freiheit seiner selbst oder einer ihm nahe stehenden Person bedroht oder
5. eine andere vergleichbare Handlung vornimmt

und dadurch seine Lebensgestaltung schwerwiegend beeinträchtigt, wird mit Freiheitsstrafe bis zu drei Jahren oder mit Geldstrafe bestraft.

(2) Auf Freiheitsstrafe von drei Monaten bis zu fünf Jahren ist zu erkennen, wenn der Täter das Opfer, einen Angehörigen des Opfers oder eine andere dem Opfer nahe stehende Person durch die Tat in die Gefahr des Todes oder einer schweren Gesundheitsschädigung bringt.

(3) Verursacht der Täter durch die Tat den Tod des Opfers, eines Angehörigen des Opfers oder einer anderen dem Opfer nahe stehenden Person, so ist die Strafe Freiheitsstrafe von einem Jahr bis zu zehn Jahren.

(4) In den Fällen des Absatzes 1 wird die Tat nur auf Antrag verfolgt, es sei denn, dass die Strafverfolgungsbehörde wegen des besonderen öffentlichen Interesses an der Strafverfolgung ein Einschreiten von Amts wegen für geboten hält.

§ 239 Freiheitsberaubung

(1) Wer einen Menschen einsperrt oder auf andere Weise der Freiheit beraubt, wird mit Freiheitsstrafe bis zu fünf Jahren oder mit Geldstrafe bestraft.

(2) Der Versuch ist strafbar.

(3) Auf Freiheitsstrafe von einem Jahr bis zu zehn Jahren ist zu erkennen, wenn der Täter

1. das Opfer länger als eine Woche der Freiheit beraubt oder

2. durch die Tat oder eine während der Tat begangene Handlung eine schwere Gesundheitsschädigung des Opfers verursacht.

(4) Verursacht der Täter durch die Tat oder eine während der Tat begangene Handlung den Tod des Opfers, so ist die Strafe Freiheitsstrafe nicht unter drei Jahren.

(5) In minder schweren Fällen des Absatzes 3 ist auf Freiheitsstrafe von sechs Monaten bis zu fünf Jahren, in minder schweren Fällen des Absatzes 4 auf Freiheitsstrafe von einem Jahr bis zu zehn Jahren zu erkennen.

§ 239a Erpresserischer Menschenraub

(1) Wer einen Menschen entführt oder sich eines Menschen bemächtigt, um die Sorge des Opfers um sein Wohl oder die Sorge eines Dritten um das Wohl des Opfers zu einer Erpressung (§ 253) auszunutzen, oder wer die von ihm durch

eine solche Handlung geschaffene Lage eines Menschen zu einer solchen Erpressung ausnutzt, wird mit Freiheitsstrafe nicht unter fünf Jahren bestraft.

(2) In minder schweren Fällen ist die Strafe Freiheitsstrafe nicht unter einem Jahr.

(3) Verursacht der Täter durch die Tat wenigstens leichtfertig den Tod des Opfers,
so ist die Strafe lebenslange Freiheitsstrafe oder Freiheitsstrafe nicht unter
zehn Jahren.

(4) Das Gericht kann die Strafe nach § 49 Abs. 1 mildern, wenn der Täter das
Opfer unter Verzicht auf die erstrebte Leistung in dessen Lebenskreis zurück-
gelangen läßt. Tritt dieser Erfolg ohne Zutun des Täters ein, so genügt sein
ernsthaftes Bemühen, den Erfolg zu erreichen.

§ 240 Nötigung

(1) Wer einen Menschen rechtswidrig mit Gewalt oder durch Drohung mit einem
empfindlichen Übel zu einer Handlung, Duldung oder Unterlassung nötigt,
wird mit Freiheitsstrafe bis zu drei Jahren oder mit Geldstrafe bestraft.

(2) Rechtswidrig ist die Tat, wenn die Anwendung der Gewalt oder die Androhung
des Übels zu dem angestrebten Zweck als verwerflich anzusehen ist.

(3) Der Versuch ist strafbar.

(4) In besonders schweren Fällen ist die Strafe Freiheitsstrafe von sechs Monaten
bis zu fünf Jahren. Ein besonders schwerer Fall liegt in der Regel vor, wenn
der Täter
1. eine Schwangere zum Schwangerschaftsabbruch nötigt oder
2. seine Befugnisse oder seine Stellung als Amtsträger mißbraucht.

§ 241 Bedrohung

(1) Wer einen Menschen mit der Begehung eines gegen ihn oder eine ihm nahestehende Person gerichteten Verbrechens bedroht, wird mit Freiheitsstrafe bis zu
einem Jahr oder mit Geldstrafe bestraft.

(2) Ebenso wird bestraft, wer wider besseres Wissen einem Menschen vortäuscht,
daß die Verwirklichung eines gegen ihn oder eine ihm nahestehende Person
gerichteten Verbrechens bevorstehe.

6.2.9 Neunzehnter Abschnitt Diebstahl und Unterschlagung

§ 242 Diebstahl

(1) Wer eine fremde bewegliche Sache einem anderen in der Absicht wegnimmt, die Sache sich oder einem Dritten rechtswidrig zuzueignen, wird mit Freiheitsstrafe bis zu fünf Jahren oder mit Geldstrafe bestraft.

(2) Der Versuch ist strafbar.

Zu § 242

Der einfache Diebstahl des § 242 StGB ist der Grundtatbestand zu den §§ 243 und 244 StGB und stets vorab zu prüfen.

Wegnahme: Bruch fremden Gewahrsams und die Begründung neuen Gewahrsams.

Fremde Sache: Nicht im Alleineigentum des Täters

Bewegliche Sache: Sie kann tatsächlich, z. B. auch nach Demontage bewegt werden

§ 243 Besonders schwerer Fall des Diebstahls

(1) In besonders schweren Fällen wird der Diebstahl mit Freiheitsstrafe von drei Monaten bis zu zehn Jahren bestraft. Ein besonders schwerer Fall liegt in der Regel vor, wenn der Täter

1. zur Ausführung der Tat in ein Gebäude, einen Dienst- oder Geschäftsraum oder in einen anderen umschlossenen Raum einbricht, einsteigt, mit einem falschen Schlüssel oder einem anderen nicht zur ordnungsmäßigen Öffnung bestimmten Werkzeug eindringt oder sich in dem Raum verborgen hält,

2. eine Sache stiehlt, die durch ein verschlossenes Behältnis oder eine andere Schutzvorrichtung gegen Wegnahme besonders gesichert ist,

3. gewerbsmäßig stiehlt,

4. aus einer Kirche oder einem anderen der Religionsausübung dienenden Gebäude oder Raum eine Sache stiehlt, die dem Gottesdienst gewidmet ist oder der religiösen Verehrung dient,

5. eine Sache von Bedeutung für Wissenschaft, Kunst oder Geschichte oder für die technische Entwicklung stiehlt, die sich in einer allgemein zugänglichen Sammlung befindet oder öffentlich ausgestellt ist,

6. stiehlt, indem er die Hilflosigkeit einer anderen Person, einen Unglücksfall oder eine gemeine Gefahr ausnutzt oder

7. eine Handfeuerwaffe, zu deren Erwerb es nach dem Waffengesetz der Erlaubnis bedarf, ein Maschinengewehr, eine Maschinenpistole, ein voll- oder halb automatisches Gewehr oder eine Sprengstoff enthaltende Kriegswaffe im Sinne des Kriegswaffenkontrollgesetzes oder Sprengstoff stiehlt.

(2) In den Fällen des Absatzes 1 Satz 2 Nr. 1 bis 6 ist ein besonders schwerer Fall ausgeschlossen, wenn sich die Tat auf eine geringwertige Sache bezieht.

§ 244 Diebstahl mit Waffen; Bandendiebstahl; Wohnungseinbruchdiebstahl

(1) Mit Freiheitsstrafe von sechs Monaten bis zu zehn Jahren wird bestraft, wer

1. einen Diebstahl begeht, bei dem er oder ein anderer Beteiligter
   a) eine Waffe oder ein anderes gefährliches Werkzeug bei sich führt,
   b) sonst ein Werkzeug oder Mittel bei sich führt, um den Widerstand einer anderen Person durch Gewalt oder Drohung mit Gewalt zu verhindern oder zu überwinden,

2. als Mitglied einer Bande, die sich zur fortgesetzten Begehung von Raub oder Diebstahl verbunden hat, unter Mitwirkung eines anderen Bandenmitglieds stiehlt oder

3. einen Diebstahl begeht, bei dem er zur Ausführung der Tat in eine Wohnung einbricht, einsteigt, mit einem falschen Schlüssel oder einem anderen nicht zur ordnungsmäßigen Öffnung bestimmten Werkzeug eindringt oder sich in der Wohnung verborgen hält.

(2) Der Versuch ist strafbar.

(3) In minder schweren Fällen ist die Strafe Freiheitsstrafe von drei Monaten bis zu fünf Jahren.

(4) In den Fällen des Absatzes 1 Nummer 2 ist § 73d anzuwenden.

§ 246 Unterschlagung

(1) Wer eine fremde bewegliche Sache sich oder einem Dritten rechtswidrig zu-
eignet, wird mit Freiheitsstrafe bis zu drei Jahren oder mit Geldstrafe bestraft,
wenn die Tat nicht in anderen Vorschriften mit schwererer Strafe bedroht ist.

(2) Ist in den Fällen des Absatzes 1 die Sache dem Täter anvertraut, so ist die
Strafe Freiheitsstrafe bis zu fünf Jahren oder Geldstrafe.

(3) Der Versuch ist strafbar.

Zu § 246

Die fremde bewegliche Sache ist hier im Gegensatz zum Diebstahl bereits
rechtmäßig im Gewahrsam des Täters, eine Wegnahmehandlung ist nicht
notwendig.

§ 248a Diebstahl und Unterschlagung geringwertiger Sachen

Der Diebstahl und die Unterschlagung geringwertiger Sachen werden in den Fällen
der §§ 242 und 246 nur auf Antrag verfolgt, es sei denn, daß die Strafverfolgungsbehörde wegen des besonderen öffentlichen Interesses an der Strafverfolgung ein
Einschreiten von Amts wegen für geboten hält.

§ 248c Entziehung elektrischer Energie

(1) Wer einer elektrischen Anlage oder Einrichtung fremde elektrische Energie
mittels eines Leiters entzieht, der zur ordnungsmäßigen Entnahme von Energie
aus der Anlage oder Einrichtung nicht bestimmt ist, wird, wenn er die Handlung in der Absicht begeht, die elektrische Energie sich oder einem Dritten
rechtswidrig zuzueignen, mit Freiheitsstrafe bis zu fünf Jahren oder mit Geldstrafe bestraft.

(2) Der Versuch ist strafbar.

(3) Die §§ 247 und 248a gelten entsprechend.

(4) Wird die in Absatz 1 bezeichnete Handlung in der Absicht begangen, einem
anderen rechtswidrig Schaden zuzufügen, so ist die Strafe Freiheitsstrafe bis
zu zwei Jahren oder Geldstrafe. Die Tat wird nur auf Antrag verfolgt.

6.2.10 Zwanzigster Abschnitt Raub und Erpressung

§ 249 Raub

(1) Wer mit Gewalt gegen eine Person oder unter Anwendung von Drohungen mit gegenwärtiger Gefahr für Leib oder Leben eine fremde bewegliche Sache einem anderen in der Absicht wegnimmt, die Sache sich oder einem Dritten rechtswidrig zuzueignen, wird mit Freiheitsstrafe nicht unter einem Jahr bestraft.

(2) In minder schweren Fällen ist die Strafe Freiheitsstrafe von sechs Monaten bis zu fünf Jahren.

Zu § 249
Die Gewaltanwendung/Drohung kommt hier unmittelbar zur Tathandlung der Wegnahme hinzu (Diebstahl mit Gewalt).

§ 250 Schwerer Raub

(1) Auf Freiheitsstrafe nicht unter drei Jahren ist zu erkennen, wenn
1. der Täter oder ein anderer Beteiligter am Raub
   a. eine Waffe oder ein anderes gefährliches Werkzeug bei sich führt,
   b. sonst ein Werkzeug oder Mittel bei sich führt, um den Widerstand einer anderen Person durch Gewalt oder Drohung mit Gewalt zu verhindern oder zu überwinden,
   c. eine andere Person durch die Tat in die Gefahr einer schweren Gesundheitsschädigung bringt oder
2. der Täter den Raub als Mitglied einer Bande, die sich zur fortgesetzten Begehung von Raub oder Diebstahl verbunden hat, unter Mitwirkung eines anderen Bandenmitglieds begeht.

(2) Auf Freiheitsstrafe nicht unter fünf Jahren ist zu erkennen, wenn der Täter oder ein anderer Beteiligter am Raub
1. bei der Tat eine Waffe oder ein anderes gefährliches Werkzeug verwendet,
2. in den Fällen des Absatzes 1 Nr. 2 eine Waffe bei sich führt oder
3. eine andere Person

a) bei der Tat körperlich schwer mißhandelt oder

b) durch die Tat in die Gefahr des Todes bringt.

(3) In minder schweren Fällen der Absätze 1 und 2 ist die Strafe Freiheitsstrafe von einem Jahr bis zu zehn Jahren.

§ 252 Räuberischer Diebstahl

Wer, bei einem Diebstahl auf frischer Tat betroffen, gegen eine Person Gewalt verübt oder Drohungen mit gegenwärtiger Gefahr für Leib oder Leben anwendet, um sich im Besitz des gestohlenen Gutes zu erhalten, ist gleich einem Räuber zu bestrafen.

Zu § 252
Die Gewaltanwendung erfolgt hier erst nach der eigentlichen Tat, um den Taterfolg zu sichern (Gewalt nach Diebstahl).

§ 253 Erpressung

(1) Wer einen Menschen rechtswidrig mit Gewalt oder durch Drohung mit einem empfindlichen Übel zu einer Handlung, Duldung oder Unterlassung nötigt und dadurch dem Vermögen des Genötigten oder eines anderen Nachteil zufügt, um sich oder einen Dritten zu Unrecht zu bereichern, wird mit Freiheitsstrafe bis zu fünf Jahren oder mit Geldstrafe bestraft.

(2) Rechtswidrig ist die Tat, wenn die Anwendung der Gewalt oder die Androhung des Übels zu dem angestrebten Zweck als verwerflich anzusehen ist.

(3) Der Versuch ist strafbar.

(4) In besonders schweren Fällen ist die Strafe Freiheitsstrafe nicht unter einem Jahr. Ein besonders schwerer Fall liegt in der Regel vor, wenn der Täter gewerbsmäßig oder als Mitglied einer Bande handelt, die sich zur fortgesetzten Begehung einer Erpressung verbunden hat.

§ 255 Räuberische Erpressung

Wird die Erpressung durch Gewalt gegen eine Person oder unter Anwendung von Drohungen mit gegenwärtiger Gefahr für Leib oder Leben begangen, so ist der Täter gleich einem Räuber zu bestrafen.

6.2.11 Einundzwanzigster Abschnitt Begünstigung und Hehlerei

§ 257 Begünstigung

(1) Wer einem anderen, der eine rechtswidrige Tat begangen hat, in der Absicht Hilfe leistet, ihm die Vorteile der Tat zu sichern, wird mit Freiheitsstrafe bis zu fünf Jahren oder mit Geldstrafe bestraft.

(2) Die Strafe darf nicht schwerer sein als die für die Vortat angedrohte Strafe.

(3) Wegen Begünstigung wird nicht bestraft, wer wegen Beteiligung an der Vortat strafbar ist. Dies gilt nicht für denjenigen, der einen an der Vortat Unbeteiligten zur Begünstigung anstiftet.

(4) Die Begünstigung wird nur auf Antrag, mit Ermächtigung oder auf Strafverlangen verfolgt, wenn der Begünstiger als Täter oder Teilnehmer der Vortat nur auf Antrag, mit Ermächtigung oder auf Strafverlangen verfolgt werden könnte. § 248a gilt sinngemäß.

§ 258 Strafvereitelung

(1) Wer absichtlich oder wissentlich ganz oder zum Teil vereitelt, daß ein anderer dem Strafgesetz gemäß wegen einer rechtswidrigen Tat bestraft oder einer Maßnahme (§ 11 Abs. 1 Nr. 8) unterworfen wird, wird mit Freiheitsstrafe bis zu fünf Jahren oder mit Geldstrafe bestraft.

(2) Ebenso wird bestraft, wer absichtlich oder wissentlich die Vollstreckung einer gegen einen anderen verhängten Strafe oder Maßnahme ganz oder zum Teil vereitelt.

(3) Die Strafe darf nicht schwerer sein als die für die Vortat angedrohte Strafe.

(4) Der Versuch ist strafbar.

(5) Wegen Strafvereitelung wird nicht bestraft, wer durch die Tat zugleich ganz oder zum Teil vereiteln will, daß er selbst bestraft oder einer Maßnahme unterworfen wird oder daß eine gegen ihn verhängte Strafe oder Maßnahme vollstreckt wird.

(6) Wer die Tat zugunsten eines Angehörigen begeht, ist straffrei.

§ 259 Hehlerei

(1) Wer eine Sache, die ein anderer gestohlen oder sonst durch eine gegen fremdes Vermögen gerichtete rechtswidrige Tat erlangt hat, ankauft oder sonst sich oder einem Dritten verschafft, sie absetzt oder absetzen hilft, um sich oder einen Dritten zu bereichern, wird mit Freiheitsstrafe bis zu fünf Jahren oder mit Geldstrafe bestraft.

(2) Die §§ 247 und 248a gelten sinngemäß.

(3) Der Versuch ist strafbar.

Zu § 259
Die Hehlerware muss vorab durch eine rechtswidrige Tat erlangt worden sein.

6.2.12 Zweiundzwanzigster Abschnitt Betrug und Untreue

§ 263 Betrug

(1) Wer in der Absicht, sich oder einem Dritten einen rechtswidrigen Vermögensvorteil zu verschaffen, das Vermögen eines anderen dadurch beschädigt, daß er durch Vorspiegelung falscher oder durch Entstellung oder Unterdrückung wahrer Tatsachen einen Irrtum erregt oder unterhält, wird mit Freiheitsstrafe bis zu fünf Jahren oder mit Geldstrafe bestraft.

(2) Der Versuch ist strafbar.

(3) In besonders schweren Fällen ist die Strafe Freiheitsstrafe von sechs Monaten bis zu zehn Jahren. Ein besonders schwerer Fall liegt in der Regel vor, wenn der Täter

1. gewerbsmäßig oder als Mitglied einer Bande handelt, die sich zur fortgesetzten Begehung von Urkundenfälschung oder Betrug verbunden hat,

2. einen Vermögensverlust großen Ausmaßes herbeiführt oder in der Absicht handelt, durch die fortgesetzte Begehung von Betrug eine große Zahl von Menschen in die Gefahr des Verlustes von Vermögenswerten zu bringen,

3. eine andere Person in wirtschaftliche Not bringt,

4. seine Befugnisse oder seine Stellung als Amtsträger oder Europäischer Amtsträger mißbraucht oder

5. einen Versicherungsfall vortäuscht, nachdem er oder ein anderer zu diesem Zweck eine Sache von bedeutendem Wert in Brand gesetzt oder durch eine Brandlegung ganz oder teilweise zerstört oder ein Schiff zum Sinken oder Stranden gebracht hat.

(4) § 243 Abs. 2 sowie die §§ 247 und 248a gelten entsprechend.

(5) Mit Freiheitsstrafe von einem Jahr bis zu zehn Jahren, in minder schweren Fällen mit Freiheitsstrafe von sechs Monaten bis zu fünf Jahren wird bestraft, wer den Betrug als Mitglied einer Bande, die sich zur fortgesetzten Begehung von Straftaten nach den §§ 263 bis 264 oder 267 bis 269 verbunden hat, gewerbsmäßig begeht.

(6) Das Gericht kann Führungsaufsicht anordnen (§ 68 Abs. 1).

(7) Die §§ 43a und 73d sind anzuwenden, wenn der Täter als Mitglied einer Bande handelt, die sich zur fortgesetzten Begehung von Straftaten nach den §§ 263 bis 264 oder 267 bis 269 verbunden hat. § 73d ist auch dann anzuwenden, wenn der Täter gewerbsmäßig handelt.

§ 263a Computerbetrug

(1) Wer in der Absicht, sich oder einem Dritten einen rechtswidrigen Vermögensvorteil zu verschaffen, das Vermögen eines anderen dadurch beschädigt, daß er das Ergebnis eines Datenverarbeitungsvorgangs durch unrichtige Gestaltung des Programms, durch Verwendung unrichtiger oder unvollständiger Daten, durch unbefugte Verwendung von Daten oder sonst durch unbefugte Einwirkung auf den Ablauf beeinflusst, wird mit Freiheitsstrafe bis zu fünf Jahren oder mit Geldstrafe bestraft.

(2) § 263 Abs. 2 bis 7 gilt entsprechend.

(3) Wer eine Straftat nach Absatz 1 vorbereitet, indem er Computerprogramme, deren Zweck die Begehung einer solchen Tat ist, herstellt, sich oder einem anderen verschafft, feilhält, verwahrt oder einem anderen überlässt, wird mit Freiheitsstrafe bis zu drei Jahren oder mit Geldstrafe bestraft.

(4) In den Fällen des Absatzes 3 gilt § 149 Abs. 2 und 3 entsprechend.

§ 265a Erschleichen von Leistungen

(1) Wer die Leistung eines Automaten oder eines öffentlichen Zwecken dienenden
    Telekommunikationsnetzes, die Beförderung durch ein Verkehrsmittel oder
    den Zutritt zu einer Veranstaltung oder einer Einrichtung in der Absicht er-
    schleicht, das Entgelt nicht zu entrichten, wird mit Freiheitsstrafe bis zu einem
    Jahr oder mit Geldstrafe bestraft, wenn die Tat nicht in anderen Vorschriften
    mit schwererer Strafe bedroht ist.

(2) Der Versuch ist strafbar.

(3) Die §§ 247 und 248a gelten entsprechend.

§ 266 Untreue

(1) Wer die ihm durch Gesetz, behördlichen Auftrag oder Rechtsgeschäft einge-
    räumte Befugnis, über fremdes Vermögen zu verfügen oder einen anderen zu
    verpflichten, mißbraucht oder die ihm kraft Gesetzes, behördlichen Auftrags,
    Rechtsgeschäfts oder eines Treueverhältnisses obliegende Pflicht, fremde Ver-
    mögensinteressen wahrzunehmen, verletzt und dadurch dem, dessen Vermö-
    gensinteressen er zu betreuen hat, Nachteil zufügt, wird mit Freiheitsstrafe bis
    zu fünf Jahren oder mit Geldstrafe bestraft.

(2) § 243 Abs. 2 und die §§ 247, 248a und 263 Abs. 3 gelten entsprechend.

6.2.13 Dreiundzwanzigster Abschnitt Urkundenfälschung

§ 267 Urkundenfälschung

(1) Wer zur Täuschung im Rechtsverkehr eine unechte Urkunde herstellt, eine
    echte Urkunde verfälscht oder eine unechte oder verfälschte Urkunde ge-
    braucht, wird mit Freiheitsstrafe bis zu fünf Jahren oder mit Geldstrafe bestraft.

(2) Der Versuch ist strafbar.

(3) In besonders schweren Fällen ist die Strafe Freiheitsstrafe von sechs Monaten
    bis zu zehn Jahren. Ein besonders schwerer Fall liegt in der Regel vor, wenn
    der Täter

    1. gewerbsmäßig oder als Mitglied einer Bande handelt, die sich zur fortge-
       setzten Begehung von Betrug oder Urkundenfälschung verbunden hat,

    2. einen Vermögensverlust großen Ausmaßes herbeiführt,

3. durch eine große Zahl von unechten oder verfälschten Urkunden die Sicherheit des Rechtsverkehrs erheblich gefährdet oder
4. seine Befugnisse oder seine Stellung als Amtsträger oder Europäischer Amtsträger mißbraucht.

(4) Mit Freiheitsstrafe von einem Jahr bis zu zehn Jahren, in minder schweren Fällen mit Freiheitsstrafe von sechs Monaten bis zu fünf Jahren wird bestraft, wer die Urkundenfälschung als Mitglied einer Bande, die sich zur fortgesetzten Begehung von Straftaten nach den §§ 263 bis 264 oder 267 bis 269 verbunden hat, gewerbsmäßig begeht.

Zu § 267
Urkunde ist jede verkörperte Gedankenerklärung (Schriftstück, Ausweis, Kfz- Kennzeichen, Vertrag, usw.), die im Rechtsverkehr als Beweis bestimmt und geeignet ist und den Aussteller erkennen lässt.

§ 281 Mißbrauch von Ausweispapieren
(1) Wer ein Ausweispapier, das für einen anderen ausgestellt ist, zur Täuschung im Rechtsverkehr gebraucht, oder wer zur Täuschung im Rechtsverkehr einem anderen ein Ausweispapier überläßt, das nicht für diesen ausgestellt ist, wird mit Freiheitsstrafe bis zu einem Jahr oder mit Geldstrafe bestraft. Der Versuch ist strafbar.
(2) Einem Ausweispapier stehen Zeugnisse und andere Urkunden gleich, die im Verkehr als Ausweis verwendet werden.

6.2.14 Siebenundzwanzigster Abschnitt Sachbeschädigung

§ 303 Sachbeschädigung
(1) Wer rechtswidrig eine fremde Sache beschädigt oder zerstört, wird mit Freiheitsstrafe bis zu zwei Jahren oder mit Geldstrafe bestraft.
(2) Ebenso wird bestraft, wer unbefugt das Erscheinungsbild einer fremden Sache nicht nur unerheblich und nicht nur vorübergehend verändert.
(3) Der Versuch ist strafbar.

6.2.15 Achtundzwanzigster Abschnitt
Gemeingefährliche Straftaten

§ 306 Brandstiftung
(1) Wer fremde
1. Gebäude oder Hütten,
2. Betriebsstätten oder technische Einrichtungen, namentlich Maschinen,
3. Warenlager oder -vorräte,
4. Kraftfahrzeuge, Schienen-, Luft- oder Wasserfahrzeuge,
5. Wälder, Heiden oder Moore oder
6. land-, ernährungs- oder forstwirtschaftliche Anlagen oder Erzeugnisse in Brand setzt oder durch eine Brandlegung ganz oder teilweise zerstört, wird mit Freiheitsstrafe von einem Jahr bis zu zehn Jahren bestraft.
(2) In minder schweren Fällen ist die Strafe Freiheitsstrafe von sechs Monaten bis zu fünf Jahren.

§ 306a Schwere Brandstiftung
(1) Mit Freiheitsstrafe nicht unter einem Jahr wird bestraft, wer
1. ein Gebäude, ein Schiff, eine Hütte oder eine andere Räumlichkeit, die der Wohnung von Menschen dient,
2. eine Kirche oder ein anderes der Religionsausübung dienendes Gebäude oder
3. eine Räumlichkeit, die zeitweise dem Aufenthalt von Menschen dient, zu einer Zeit, in der Menschen sich dort aufzuhalten pflegen, in Brand setzt oder durch eine Brandlegung ganz oder teilweise zerstört.
(2) Ebenso wird bestraft, wer eine in § 306 Abs. 1 Nr. 1 bis 6 bezeichnete Sache in Brand setzt oder durch eine Brandlegung ganz oder teilweise zerstört und dadurch einen anderen Menschen in die Gefahr einer Gesundheitsschädigung bringt.
(3) In minder schweren Fällen der Absätze 1 und 2 ist die Strafe Freiheitsstrafe von sechs Monaten bis zu fünf Jahren.

§ 306b Besonders schwere Brandstiftung

(1) Wer durch eine Brandstiftung nach § 306 oder § 306a eine schwere Gesundheitsschädigung eines anderen Menschen oder eine Gesundheitsschädigung einer großen Zahl von Menschen verursacht, wird mit Freiheitsstrafe nicht unter zwei Jahren bestraft.

(2) Auf Freiheitsstrafe nicht unter fünf Jahren ist zu erkennen, wenn der Täter in den Fällen des § 306a

    1. einen anderen Menschen durch die Tat in die Gefahr des Todes bringt,

    2. in der Absicht handelt, eine andere Straftat zu ermöglichen oder zu verdecken oder

    3. das Löschen des Brandes verhindert oder erschwert.

§ 306c Brandstiftung mit Todesfolge

Verursacht der Täter durch eine Brandstiftung nach den §§ 306 bis 306b wenigstens leichtfertig den Tod eines anderen Menschen, so ist die Strafe lebenslange Freiheitsstrafe oder Freiheitsstrafe nicht unter zehn Jahren.

§ 306d Fahrlässige Brandstiftung

(1) Wer in den Fällen des § 306 Abs. 1 oder des § 306a Abs. 1 fahrlässig handelt oder in den Fällen des § 306a Abs. 2 die Gefahr fahrlässig verursacht, wird mit Freiheitsstrafe bis zu fünf Jahren oder mit Geldstrafe bestraft.

(2) Wer in den Fällen des § 306a Abs. 2 fahrlässig handelt und die Gefahr fahrlässig verursacht, wird mit Freiheitsstrafe bis zu drei Jahren oder mit Geldstrafe bestraft.

§ 306f Herbeiführen einer Brandgefahr

(1) Wer fremde

    1. feuergefährdete Betriebe oder Anlagen,

    2. Anlagen oder Betriebe der Land- oder Ernährungswirtschaft, in denen sich deren Erzeugnisse befinden,

    3. Wälder, Heiden oder Moore oder

4. bestellte Felder oder leicht entzündliche Erzeugnisse der Landwirtschaft, die auf Feldern lagern, durch Rauchen, durch offenes Feuer oder Licht, durch Wegwerfen brennender oder glimmender Gegenstände oder in sonstiger Weise in Brandgefahr bringt, wird mit Freiheitsstrafe bis zu drei Jahren oder mit Geldstrafe bestraft.

(2) Ebenso wird bestraft, wer eine in Absatz 1 Nr. 1 bis 4 bezeichnete Sache in Brandgefahr bringt und dadurch Leib oder Leben eines anderen Menschen oder fremde Sachen von bedeutendem Wert gefährdet.

(3) Wer in den Fällen des Absatzes 1 fahrlässig handelt oder in den Fällen des Absatzes 2 die Gefahr fahrlässig verursacht, wird mit Freiheitsstrafe bis zu einem Jahr oder mit Geldstrafe bestraft.

§ 323a Vollrausch

(1) Wer sich vorsätzlich oder fahrlässig durch alkoholische Getränke oder andere berauschende Mittel in einen Rausch versetzt, wird mit Freiheitsstrafe bis zu fünf Jahren oder mit Geldstrafe bestraft, wenn er in diesem Zustand eine rechtswidrige Tat begeht und ihretwegen nicht bestraft werden kann, weil er infolge des Rausches schuldunfähig war oder weil dies nicht auszuschließen ist.

(2) Die Strafe darf nicht schwerer sein als die Strafe, die für die im Rausch begangene Tat angedroht ist.

(3) Die Tat wird nur auf Antrag, mit Ermächtigung oder auf Strafverlangen verfolgt, wenn die Rauschtat nur auf Antrag, mit Ermächtigung oder auf Strafverlangen verfolgt werden könnte.

§ 323c Unterlassene Hilfeleistung

Wer bei Unglücksfällen oder gemeiner Gefahr oder Not nicht Hilfe leistet, obwohl dies erforderlich und ihm den Umständen nach zuzumuten, insbesondere ohne erhebliche eigene Gefahr und ohne Verletzung anderer wichtiger Pflichten möglich ist, wird mit Freiheitsstrafe bis zu einem Jahr oder mit Geldstrafe bestraft.

6.2.16 Neunundzwanzigster Abschnitt Straftaten gegen die Umwelt

§ 324 Gewässerverunreinigung

(1) Wer unbefugt ein Gewässer verunreinigt oder sonst dessen Eigenschaften nachteilig verändert, wird mit Freiheitsstrafe bis zu fünf Jahren oder mit Geldstrafe bestraft.

(2) Der Versuch ist strafbar.

(3) Handelt der Täter fahrlässig, so ist die Strafe Freiheitsstrafe bis zu drei Jahren oder Geldstrafe.

§ 324a Bodenverunreinigung

(1) Wer unter Verletzung verwaltungsrechtlicher Pflichten Stoffe in den Boden einbringt, eindringen läßt oder freisetzt und diesen dadurch

1. in einer Weise, die geeignet ist, die Gesundheit eines anderen, Tiere, Pflanzen oder andere Sachen von bedeutendem Wert oder ein Gewässer zu schädigen, oder

2. in bedeutendem Umfang verunreinigt oder sonst nachteilig verändert, wird mit Freiheitsstrafe bis zu fünf Jahren oder mit Geldstrafe bestraft.

(2) Der Versuch ist strafbar.

(3) Handelt der Täter fahrlässig, so ist die Strafe Freiheitsstrafe bis zu drei Jahren oder Geldstrafe.

§ 325 Luftverunreinigung

(1) Wer beim Betrieb einer Anlage, insbesondere einer Betriebsstätte oder Maschine, unter Verletzung verwaltungsrechtlicher Pflichten Veränderungen der Luft verursacht, die geeignet sind, außerhalb des zur Anlage gehörenden Bereichs die Gesundheit eines anderen, Tiere, Pflanzen oder andere Sachen von bedeutendem Wert zu schädigen, wird mit Freiheitsstrafe bis zu fünf Jahren oder mit Geldstrafe bestraft. Der Versuch ist strafbar.

(2) Wer beim Betrieb einer Anlage, insbesondere einer Betriebsstätte oder Maschine, unter Verletzung verwaltungsrechtlicher Pflichten Schadstoffe in be-

deutendem Umfang in die Luft außerhalb des Betriebsgeländes freisetzt, wird mit Freiheitsstrafe bis zu fünf Jahren oder mit Geldstrafe bestraft.

(3) Wer unter Verletzung verwaltungsrechtlicher Pflichten Schadstoffe in bedeutendem Umfang in die Luft freisetzt, wird mit Freiheitsstrafe bis zu drei Jahren oder mit Geldstrafe bestraft, wenn die Tat nicht nach Absatz 2 mit Strafe bedroht ist.

(4) Handelt der Täter in den Fällen der Absätze 1 und 2 fahrlässig, so ist die Strafe Freiheitsstrafe bis zu drei Jahren oder Geldstrafe.

(5) Handelt der Täter in den Fällen des Absatzes 3 leichtfertig, so ist die Strafe Freiheitsstrafe bis zu einem Jahr oder Geldstrafe.

(6) Schadstoffe im Sinne der Absätze 2 und 3 sind Stoffe, die geeignet sind,

1. die Gesundheit eines anderen, Tiere, Pflanzen oder andere Sachen von bedeutendem Wert zu schädigen oder

2. nachhaltig ein Gewässer, die Luft oder den Boden zu verunreinigen oder sonst nachteilig zu verändern.

(7) Absatz 1, auch in Verbindung mit Absatz 4, gilt nicht für Kraftfahrzeuge, Schienen-, Luft- oder Wasserfahrzeuge.

§ 325a Verursachen von Lärm, Erschütterungen und nichtionisierenden Strahlen

(1) Wer beim Betrieb einer Anlage, insbesondere einer Betriebsstätte oder Maschine, unter Verletzung verwaltungsrechtlicher Pflichten Lärm verursacht, der geeignet ist, außerhalb des zur Anlage gehörenden Bereichs die Gesundheit eines anderen zu schädigen, wird mit Freiheitsstrafe bis zu drei Jahren oder mit Geldstrafe bestraft.

(2) Wer beim Betrieb einer Anlage, insbesondere einer Betriebsstätte oder Maschine, unter Verletzung verwaltungsrechtlicher Pflichten, die dem Schutz vor Lärm, Erschütterungen oder nichtionisierenden Strahlen dienen, die Gesundheit eines anderen, ihm nicht gehörende Tiere oder fremde Sachen von bedeu-

tendem Wert gefährdet, wird mit Freiheitsstrafe bis zu fünf Jahren oder mit Geldstrafe bestraft.

(3) Handelt der Täter fahrlässig, so ist die Strafe

1. in den Fällen des Absatzes 1 Freiheitsstrafe bis zu zwei Jahren oder Geldstrafe,

2. in den Fällen des Absatzes 2 Freiheitsstrafe bis zu drei Jahren oder Geldstrafe.

(4) Die Absätze 1 bis 3 gelten nicht für Kraftfahrzeuge, Schienen-, Luft- oder Wasserfahrzeuge.

Quellenverzeichnis Gesetzessammlung

www.gesetze-im-internet.de
www.vbg.de

Strafprozessordnung (StPO)

7

StPO (Auszug) Ausfertigungsdatum: 12.09.1950

Vollzitat:

„Strafprozeßordnung in der Fassung der Bekanntmachung vom 7. April 1987 (BGBl. I S. 1074, 1319), die zuletzt durch Artikel 3 Absatz 5 des Gesetzes vom 23. Dezember 2016 (BGBl. I S. 3346) geändert worden ist"

Stand: Neugefasst durch Bek. v. 07.04.1987 I 1074, 1319 Zuletzt geändert durch Art. 3 Abs. 5 G v. 23.12.2016 I 3346[1]

Neufassung der Strafprozeßordnung vom 01.02.1877 RGBl. S. 253 durch Art. 9 d. G v. 12.09.1950 I 455

---

[1] (+++ Textnachweis Geltung ab: 01.01.1981 +++)

(+++ Maßgaben aufgrund EinigVtr vgl. StPO Anhang EV; teilweise nicht mehr anzuwenden +++)

(+++ Amtlicher Hinweis des Normgebers auf EG-Recht: Umsetzung der EWGRL 439/91 (CELEX Nr: 391L0439) vgl. V v. 24.04.1998 I 747 +++)

(+++ Zur Anwendung d. § 100 c vgl. OrgKVerbG Art. 5 +++).

© Springer Fachmedien Wiesbaden GmbH, ein Teil von Springer Nature 2021
R. Schwarz, *Kommentierte Gesetzessammlung Sachkunde nach § 34a und Geprüfte Schutz- und Sicherheitskraft*,
https://doi.org/10.1007/978-3-658-33789-6_7

153

7.1 Erstes Buch Allgemeine Vorschriften

7.1.1 Neunter Abschnitt Verhaftung und vorläufige Festnahme

§ 127 Vorläufige Festnahme
(1) Wird jemand auf frischer Tat betroffen oder verfolgt, so ist, wenn er der Flucht verdächtig ist oder seine Identität nicht sofort festgestellt werden kann, jedermann befugt, ihn auch ohne richterliche Anordnung vorläufig festzunehmen. Die Feststellung der Identität einer Person durch die Staatsanwaltschaft oder die Beamten des Polizeidienstes bestimmt sich nach § 163b Abs. 1.
(2) Die Staatsanwaltschaft und die Beamten des Polizeidienstes sind bei Gefahr im Verzug auch dann zur vorläufigen Festnahme befugt, wenn die Voraussetzungen eines Haftbefehls oder eines Unterbringungsbefehls vorliegen.
(3) Ist eine Straftat nur auf Antrag verfolgbar, so ist die vorläufige Festnahme auch dann zulässig, wenn ein Antrag noch nicht gestellt ist. Dies gilt entsprechend, wenn eine Straftat nur mit Ermächtigung oder auf Strafverlangen verfolgbar ist.
(4) Für die vorläufige Festnahme durch die Staatsanwaltschaft und die Beamten des Polizeidienstes gelten die §§ 114a bis 114c entsprechend.

7.2 Zweites Buch Verfahren im ersten Rechtszug

7.2.1 Erster Abschnitt Öffentliche Klage

§ 152 Anklagebehörde; Legalitätsgrundsatz
(1) Zur Erhebung der öffentlichen Klage ist die Staatsanwaltschaft berufen.
(2) Sie ist, soweit nicht gesetzlich ein anderes bestimmt ist, verpflichtet, wegen aller verfolgbaren Straftaten einzuschreiten, sofern zureichende tatsächliche Anhaltspunkte vorliegen.

7.2.2 Zweiter Abschnitt Vorbereitung der öffentlichen Klage

§ 163 Aufgaben der Polizei im Ermittlungsverfahren

(1) Die Behörden und Beamten des Polizeidienstes haben Straftaten zu erforschen und alle keinen Aufschub gestattenden Anordnungen zu treffen, um die Verdunkelung der Sache zu verhüten. Zu diesem Zweck sind sie befugt, alle Behörden um Auskunft zu ersuchen, bei Gefahr im Verzug auch, die Auskunft zu verlangen, sowie Ermittlungen jeder Art vorzunehmen, soweit nicht andere gesetzliche Vorschriften ihre Befugnisse besonders regeln.

(2) Die Behörden und Beamten des Polizeidienstes übersenden ihre Verhandlungen ohne Verzug der Staatsanwaltschaft. Erscheint die schleunige Vornahme richterlicher Untersuchungshandlungen erforderlich, so kann die Übersendung unmittelbar an das Amtsgericht erfolgen.

(3) Bei der Vernehmung eines Zeugen durch Beamte des Polizeidienstes sind § 48 Absatz 3, § 52 Absatz 3, § 55 Absatz 2, § 57 Satz 1 und die §§ 58, 58a, 58b, 68 bis 69 entsprechend anzuwenden. Über eine Gestattung nach § 68 Absatz 3 Satz 1 und über die Beiordnung eines Zeugenbeistands entscheidet die Staatsanwaltschaft; im Übrigen trifft die erforderlichen Entscheidungen die die Vernehmung leitende Person. Bei Entscheidungen durch Beamte des Polizeidienstes nach § 68b Absatz 1 Satz 3 gilt § 161a Absatz 3 Satz 2 bis 4 entsprechend. Für die Belehrung des Sachverständigen durch Beamte des Polizeidienstes gelten § 52 Absatz 3 und § 55 Absatz 2 entsprechend. In den Fällen des § 81c Absatz 3 Satz 1 und 2 gilt § 52 Absatz 3 auch bei Untersuchungen durch Beamte des Polizeidienstes sinngemäß. § 185 Absatz 1 und 2 des Gerichtsverfassungsgesetzes gilt entsprechend.

Quellenverzeichnis Gesetzessammlung

www.gesetze-im-internet.de
www.vbg.de

Gesetz über den Verkehr mit Betäubungsmitteln (Betäubungsmittelgesetz – BtMG)

BtMG (Auszug) Ausfertigungsdatum: 28.07.1981

Vollzitat:

„Betäubungsmittelgesetz in der Fassung der Bekanntmachung vom 1. März 1994 (BGBl. I S. 358), das zuletzt durch Artikel 4 Absatz 7 des Gesetzes vom 18. Juli 2016 (BGBl. I S. 1666) geändert worden ist"

Stand: Neugefasst durch Bek. v. 01.03.1994 I 358; Zuletzt geändert durch Art. 4 Abs. 7 G v. 18.07.2016 I 1666 Mittelbare Änderung durch Art. 2 G v. 18.07.2016 I 1666 ist berücksichtigt[1]

Das Gesetz wurde als Artikel 1 des G v. 28.07.1981 I 681 vom Bundestag mit Zustimmung des Bundesrates beschlossen. Es ist am 01.01.1982 gem. Art. 7 Abs. 1 d. G zur Neuordnung d. Betäubungsmittelrechts v. 28.07.1981 BGBl. I S. 681, 1187 in Kraft getreten. Die Vorschriften, die zum Erlaß von Rechtsverordnungen ermächtigen, treten gem. Art. 7 Abs. 1 d. G zur Neuordnung d. Betäubungsmittelrechts v. 28.07.1981 BGBl. I S. 681, 1187 am Tag nach der Verkündung in Kraft. Das G wurde am 31.07.1981 verkündet.

---

[1] (+++ Textnachweis Geltung ab: 01.08.1981 +++)

(+++ Maßgaben aufgrund EinigVtr nicht mehr anzuwenden gem. Art. 109 Nr. 4 Buchst. c DBuchst. aa G v. 08.12.2010 I 1864 mWv 15.12.2010 +++)

(+++ Amtlicher Hinweis des Normgebers auf EG-Recht: Beachtung der EGRL 34/98 (CELEX Nr: 398L0034) Notifizierung der EGRL 34/98 (CELEX Nr: 31998L0034 vgl. V v. 18.05.2015 I 723 +++).

© Springer Fachmedien Wiesbaden GmbH, ein Teil von Springer Nature 2021
R. Schwarz, *Kommentierte Gesetzessammlung Sachkunde nach § 34a und Geprüfte Schutz- und Sicherheitskraft*,
https://doi.org/10.1007/978-3-658-33789-6_8

8.1 Begriffsbestimmungen

§ 1 Betäubungsmittel

(1) Betäubungsmittel im Sinne dieses Gesetzes sind die in den Anlagen I bis III aufgeführten Stoffe und Zubereitungen.

(2) Die Bundesregierung wird ermächtigt, nach Anhörung von Sachverständigen durch Rechtsverordnung mit Zustimmung des Bundesrates die Anlagen I bis III zu ändern oder zu ergänzen, wenn dies

1. nach wissenschaftlicher Erkenntnis wegen der Wirkungsweise eines Stoffes, vor allem im Hinblick auf das Hervorrufen einer Abhängigkeit,

2. wegen der Möglichkeit, aus einem Stoff oder unter Verwendung eines Stoffes Betäubungsmittel herstellen zu können, oder

3. zur Sicherheit oder zur Kontrolle des Verkehrs mit Betäubungsmitteln oder anderen Stoffen oder Zubereitungen wegen des Ausmaßes der mißbräuchlichen Verwendung und wegen der unmittelbaren oder mittelbaren Gefährdung der Gesundheit erforderlich ist. In der Rechtsverordnung nach Satz 1 können einzelne Stoffe oder Zubereitungen ganz oder teilweise von der Anwendung dieses Gesetzes oder einer auf Grund dieses Gesetzes erlassenen Rechtsverordnung ausgenommen werden, soweit die Sicherheit und die Kontrolle des Betäubungsmittelverkehrs gewährleistet bleiben.

(3) Das Bundesministerium für Gesundheit wird ermächtigt in dringenden Fällen zur Sicherheit oder zur Kontrolle des Betäubungsmittelverkehrs durch Rechtsverordnung ohne Zustimmung des Bundesrates Stoffe und Zubereitungen, die nicht Arzneimittel sind, in die Anlagen I bis III aufzunehmen, wenn dies wegen des Ausmaßes der mißbräuchlichen Verwendung und wegen der unmittelbaren oder mittelbaren Gefährdung der Gesundheit erforderlich ist. Eine auf der Grundlage dieser Vorschrift erlassene Verordnung tritt nach Ablauf eines Jahres außer Kraft.

(4) Das Bundesministerium für Gesundheit (Bundesministerium) wird ermächtigt, durch Rechtsverordnung ohne Zustimmung des Bundesrates die Anlagen I bis III oder die auf Grund dieses Gesetzes erlassenen Rechtsverordnungen zu ändern, soweit das auf Grund von Änderungen der Anhänge zu dem Einheits-Übereinkommen von 1961 über Suchtstoffe in der Fassung der Bekanntmachung vom 4. Februar 1977 (BGBl. II S. 111) und dem Übereinkommen von 1971 über psychotrope Stoffe (BGBl. 1976 II S. 1477) (Internationale Suchtstoffübereinkommen) in ihrer jeweils für die Bundesrepublik Deutschland verbindlichen Fassung erforderlich ist.

§ 2 Sonstige Begriffe
(1) Im Sinne dieses Gesetzes ist
  1. Stoff:
    a) chemische Elemente und chemische Verbindungen sowie deren natürlich vorkommende Gemische und Lösungen,
    b) Pflanzen, Algen, Pilze und Flechten sowie deren Teile und Bestandteile in bearbeitetem oder unbearbeitetem Zustand,
    c) Tierkörper, auch lebender Tiere, sowie Körperteile, -bestandteile und Stoffwechselprodukte von Mensch und Tier in bearbeitetem oder unbearbeitetem Zustand,
    d) Mikroorganismen einschließlich Viren sowie deren Bestandteile oder Stoffwechselprodukte;
  2. Zubereitung: ohne Rücksicht auf ihren Aggregatzustand ein Stoffgemisch oder die Lösung eines oder mehrerer Stoffe außer den natürlich vorkommenden Gemischen und Lösungen;
  3. ausgenommene Zubereitung: eine in den Anlagen I bis III bezeichnete Zubereitung, die von den betäubungsmittelrechtlichen Vorschriften ganz oder teilweise ausgenommen ist;
  4. Herstellen: das Gewinnen, Anfertigen, Zubereiten, Be- oder Verarbeiten, Reinigen und Umwandeln.
(2) Der Einfuhr oder Ausfuhr eines Betäubungsmittels steht jedes sonstige Verbringen in den oder aus dem Geltungsbereich dieses Gesetzes gleich.

8.1.1 Zweiter Abschnitt Erlaubnis und Erlaubnisverfahren

§ 3 Erlaubnis zum Verkehr mit Betäubungsmitteln
(1) Einer Erlaubnis des Bundesinstitutes für Arzneimittel und Medizinprodukte bedarf, wer
  1. Betäubungsmittel anbauen, herstellen, mit ihnen Handel treiben, sie, ohne mit ihnen Handel zu treiben, einführen, ausführen, abgeben, veräußern, sonst in den Verkehr bringen, erwerben oder
  2. ausgenommene Zubereitungen (§ 2 Abs. 1 Nr. 3) herstellen will.
(2) Eine Erlaubnis für die in Anlage I bezeichneten Betäubungsmittel kann das Bundesinstitut für Arzneimittel und Medizinprodukte nur ausnahmsweise zu wissenschaftlichen oder anderen im öffentlichen Interesse liegenden Zwecken erteilen.

§ 4 Ausnahmen von der Erlaubnispflicht

(1) Einer Erlaubnis nach § 3 bedarf nicht, wer

1. im Rahmen des Betriebs einer öffentlichen Apotheke oder einer Krankenhausapotheke (Apotheke)

   a) in Anlage II oder III bezeichnete Betäubungsmittel oder dort ausgenommene Zubereitungen herstellt,

   b) in Anlage II oder III bezeichnete Betäubungsmittel erwirbt,

   c) in Anlage III bezeichnete Betäubungsmittel auf Grund ärztlicher, zahnärztlicher oder tierärztlicher Verschreibung abgibt,

   d) in Anlage II oder III bezeichnete Betäubungsmittel an Inhaber einer Erlaubnis zum Erwerb dieser Betäubungsmittel zurückgibt oder an den Nachfolger im Betrieb der Apotheke abgibt,

   e) in Anlage I, II oder III bezeichnete Betäubungsmittel zur Untersuchung, zur Weiterleitung an eine zur Untersuchung von Betäubungsmitteln berechtigte Stelle oder zur Vernichtung entgegennimmt oder

   f) in Anlage III bezeichnete Opioide in Form von Fertigarzneimitteln in transdermaler oder in transmucosaler Darreichungsform an eine Apotheke zur Deckung des nicht aufschiebbaren Betäubungsmittelbedarfs eines ambulant versorgten Palliativpatienten abgibt, wenn die empfangende Apotheke die Betäubungsmittel nicht vorrätig hat,

2. im Rahmen des Betriebs einer tierärztlichen Hausapotheke in Anlage III bezeichnete Betäubungsmittel in Form von Fertigarzneimitteln

   a) für ein von ihm behandeltes Tier miteinander, mit anderen Fertigarzneimitteln oder arzneilich nicht wirksamen Bestandteilen zum Zwecke der Anwendung durch ihn oder für die Immobilisation eines von ihm behandelten Zoo-, Wild- und Gehegetieres mischt,

   b) erwirbt,

   c) für ein von ihm behandeltes Tier oder Mischungen nach Buchstabe a für die Immobilisation eines von ihm behandelten Zoo-, Wild- und Gehegetieres abgibt oder

   d) an Inhaber der Erlaubnis zum Erwerb dieser Betäubungsmittel zurückgibt oder an den Nachfolger im Betrieb der tierärztlichen Hausapotheke abgibt,

3. in Anlage III bezeichnete Betäubungsmittel

   a) auf Grund ärztlicher, zahnärztlicher oder tierärztlicher Verschreibung,

   b) zur Anwendung an einem Tier von einer Person, die dieses Tier behandelt und eine tierärztliche Hausapotheke betreibt, oder

   c) von einem Arzt nach § 13 Absatz 1a Satz 1 erwirbt,

4. in Anlage III bezeichnete Betäubungsmittel

   a) als Arzt, Zahnarzt oder Tierarzt im Rahmen des grenzüberschreitenden Dienstleistungsverkehrs oder

   b) auf Grund ärztlicher, zahnärztlicher oder tierärztlicher Verschreibung erworben hat und sie als Reisebedarf ausführt oder einführt,

5. gewerbsmäßig

   a) an der Beförderung von Betäubungsmitteln zwischen befugten Teilnehmern am Betäubungsmittelverkehr beteiligt ist oder die Lagerung und Aufbewahrung von Betäubungsmitteln im Zusammenhang mit einer solchen Beförderung oder für einen befugten Teilnehmer am Betäubungsmittelverkehr übernimmt oder

   b) die Versendung von Betäubungsmitteln zwischen befugten Teilnehmern am Betäubungsmittelverkehr durch andere besorgt oder vermittelt oder

6. in Anlage I, II oder III bezeichnete Betäubungsmittel als Proband oder Patient im Rahmen einer klinischen Prüfung oder in Härtefällen nach § 21 Absatz 2 Nummer 6 des Arzneimittelgesetzes in Verbindung mit Artikel 83 der Verordnung (EG) Nr. 726/2004 des Europäischen Parlaments und des Rates vom 31. März 2004 zur Festlegung von Gemeinschaftsverfahren für die Genehmigung und Überwachung von Human- und Tierarzneimitteln und zur Errichtung einer Europäischen Arzneimittel-Agentur (ABl. L 136 vom 30.04.2004, S. 1) erwirbt.

(2) Einer Erlaubnis nach § 3 bedürfen nicht Bundes- und Landesbehörden für den Bereich ihrer dienstlichen Tätigkeit sowie die von ihnen mit der Untersuchung von Betäubungsmitteln beauftragten Behörden.

(3) Wer nach Absatz 1 Nr. 1 und 2 keiner Erlaubnis bedarf und am Betäubungsmittelverkehr teilnehmen will, hat dies dem Bundesinstitut für Arzneimittel und Medizinprodukte zuvor anzuzeigen. Die Anzeige muß enthalten:

1. den Namen und die Anschriften des Anzeigenden sowie der Apotheke oder der tierärztlichen Hausapotheke,

2. das Ausstellungsdatum und die ausstellende Behörde der apothekenrechtlichen Erlaubnis oder der Approbation als Tierarzt und

3. das Datum des Beginns der Teilnahme am Betäubungsmittelverkehr.

Das Bundesinstitut für Arzneimittel und Medizinprodukte unterrichtet die zuständige oberste Landesbehörde unverzüglich über den Inhalt der Anzeigen, soweit sie tierärztliche Hausapotheken betreffen.

8.1.2 Sechster Abschnitt Straftaten und Ordnungswidrigkeiten

§ 29 Straftaten

(1) Mit Freiheitsstrafe bis zu fünf Jahren oder mit Geldstrafe wird bestraft, wer

1. Betäubungsmittel unerlaubt anbaut, herstellt, mit ihnen Handel treibt, sie, ohne Handel zu treiben, einführt, ausführt, veräußert, abgibt, sonst in den Verkehr bringt, erwirbt oder sich in sonstiger Weise verschafft,
2. eine ausgenommene Zubereitung (§ 2 Abs. 1 Nr. 3) ohne Erlaubnis nach § 3 Abs. 1 Nr. 2 herstellt,
3. Betäubungsmittel besitzt, ohne zugleich im Besitz einer schriftlichen Erlaubnis für den Erwerb zu sein,
4. (weggefallen)
5. entgegen § 11 Abs. 1 Satz 2 Betäubungsmittel durchführt,
6. entgegen § 13 Abs. 1 Betäubungsmittel
   a) verschreibt,
   b) verabreicht oder zum unmittelbaren Verbrauch überläßt,
6a. entgegen § 13 Absatz 1a Satz 1 und 2 ein dort genanntes Betäubungsmittel überlässt,
7. entgegen § 13 Absatz 2
   a) Betäubungsmittel in einer Apotheke oder tierärztlichen Hausapotheke,
   b) Diamorphin als pharmazeutischer Unternehmer abgibt,
8. entgegen § 14 Abs. 5 für Betäubungsmittel wirbt,
9. unrichtige oder unvollständige Angaben macht, um für sich oder einen anderen oder für ein Tier die Verschreibung eines Betäubungsmittels zu erlangen,
10. einem anderen eine Gelegenheit zum unbefugten Erwerb oder zur unbefugten Abgabe von Betäubungsmitteln verschafft oder gewährt, eine solche Gelegenheit öffentlich oder eigennützig mitteilt oder einen anderen zum unbefugten Verbrauch von Betäubungsmitteln verleitet,
11. ohne Erlaubnis nach § 10a einem anderen eine Gelegenheit zum unbefugten Verbrauch von Betäubungsmitteln verschafft oder gewährt, oder wer eine außerhalb einer Einrichtung nach § 10a bestehende Gelegenheit zu einem solchen Verbrauch eigennützig oder öffentlich mitteilt,
12. öffentlich, in einer Versammlung oder durch Verbreiten von Schriften (§ 11 Abs. 3 des Strafgesetzbuches) dazu auffordert, Betäubungsmittel zu verbrauchen, die nicht zulässigerweise verschrieben worden sind,
13. Geldmittel oder andere Vermögensgegenstände einem anderen für eine rechtswidrige Tat nach Nummern 1, 5, 6, 7, 10, 11 oder 12 bereitstellt,

14. einer Rechtsverordnung nach § 11 Abs. 2 Satz 2 Nr. 1 oder § 13 Abs. 3 Satz 2 Nr. 1, 2a oder 5 zuwiderhandelt, soweit sie für einen bestimmten Tatbestand auf diese Strafvorschrift verweist.

Die Abgabe von sterilen Einmalspritzen an Betäubungsmittelabhängige und die öffentliche Information darüber sind kein Verschaffen und kein öffentliches Mitteilen einer Gelegenheit zum Verbrauch nach Satz 1 Nr. 11.

(2) In den Fällen des Absatzes 1 Satz 1 Nr. 1, 2, 5 oder 6 Buchstabe b ist der Versuch strafbar.

(3) In besonders schweren Fällen ist die Strafe Freiheitsstrafe nicht unter einem Jahr. Ein besonders schwerer Fall liegt in der Regel vor, wenn der Täter
1. in den Fällen des Absatzes 1 Satz 1 Nr. 1, 5, 6, 10, 11 oder 13 gewerbsmäßig handelt,
2. durch eine der in Absatz 1 Satz 1 Nr. 1, 6 oder 7 bezeichneten Handlungen die Gesundheit mehrerer Menschen gefährdet.

(4) Handelt der Täter in den Fällen des Absatzes 1 Satz 1 Nr. 1, 2, 5, 6 Buchstabe b, Nr. 10 oder 11 fahrlässig, so ist die Strafe Freiheitsstrafe bis zu einem Jahr oder Geldstrafe.

(5) Das Gericht kann von einer Bestrafung nach den Absätzen 1, 2 und 4 absehen, wenn der Täter die Betäubungsmittel lediglich zum Eigenverbrauch in geringer Menge anbaut, herstellt, einführt, ausführt, durchführt, erwirbt, sich in sonstiger Weise verschafft oder besitzt.

(6) Die Vorschriften des Absatzes 1 Satz 1 Nr. 1 sind, soweit sie das Handeltreiben, Abgeben oder Veräußern betreffen, auch anzuwenden, wenn sich die Handlung auf Stoffe oder Zubereitungen bezieht, die nicht Betäubungsmittel sind, aber als solche ausgegeben werden. Fußnote § 29 Abs. 1 Satz 1 Nr. 1, 3, 5: Nach Maßgabe der Entscheidungsformel mit dem GG vereinbar gem. BVerfGE v. 09.03.1994 I 1207–2 BvL 43/92 u. a.

§ 29a Straftaten

(1) Mit Freiheitsstrafe nicht unter einem Jahr wird bestraft, wer
1. als Person über 21 Jahre Betäubungsmittel unerlaubt an eine Person unter 18 Jahren abgibt oder sie ihr entgegen § 13 Abs. 1 verabreicht oder zum unmittelbaren Verbrauch überläßt oder
2. mit Betäubungsmitteln in nicht geringer Menge unerlaubt Handel treibt, sie in nicht geringer Menge herstellt oder abgibt oder sie besitzt, ohne sie auf Grund einer Erlaubnis nach § 3 Abs. 1 erlangt zu haben.

(2) In minder schweren Fällen ist die Strafe Freiheitsstrafe von drei Monaten bis zu fünf Jahren.

§ 30 Straftaten

(1) Mit Freiheitsstrafe nicht unter zwei Jahren wird bestraft, wer
   1. Betäubungsmittel unerlaubt anbaut, herstellt oder mit ihnen Handel treibt (§ 29 Abs. 1 Satz 1 Nr. 1) und dabei als Mitglied einer Bande handelt, die sich zur fortgesetzten Begehung solcher Taten verbunden hat,
   2. im Falle des § 29a Abs. 1 Nr. 1 gewerbsmäßig handelt,
   3. Betäubungsmittel abgibt, einem anderen verabreicht oder zum unmittelbaren Verbrauch überläßt und dadurch leichtfertig dessen Tod verursacht oder
   4. Betäubungsmittel in nicht geringer Menge unerlaubt einführt.
(2) In minder schweren Fällen ist die Strafe Freiheitsstrafe von drei Monaten bis zu fünf Jahren.[2]

§ 30a Straftaten

(1) Mit Freiheitsstrafe nicht unter fünf Jahren wird bestraft, wer Betäubungsmittel in nicht geringer Menge unerlaubt anbaut, herstellt, mit ihnen Handel treibt, sie ein- oder ausführt (§ 29 Abs. 1 Satz 1 Nr. 1) und dabei als Mitglied einer Bande handelt, die sich zur fortgesetzten Begehung solcher Taten verbunden hat.
(2) Ebenso wird bestraft, wer
   1. als Person über 21 Jahre eine Person unter 18 Jahren bestimmt, mit Betäubungsmitteln unerlaubt Handel zu treiben, sie, ohne Handel zu treiben, einzuführen, auszuführen, zu veräußern, abzugeben oder sonst in den Verkehr zu bringen oder eine dieser Handlungen zu fördern, oder 2. mit Betäubungsmitteln in nicht geringer Menge unerlaubt Handel treibt oder sie, ohne Handel zu treiben, einführt, ausführt oder sich verschafft und dabei eine Schußwaffe oder sonstige Gegenstände mit sich führt, die ihrer Art nach zur Verletzung von Personen geeignet und bestimmt sind.
(3) In minder schweren Fällen ist die Strafe Freiheitsstrafe von sechs Monaten bis zu zehn Jahren. § 30b Straftaten § 129 des Strafgesetzbuches gilt auch dann, wenn eine Vereinigung, deren Zwecke oder deren Tätigkeit auf den unbefugten Vertrieb von Betäubungsmitteln im Sinne des § 6 Nr. 5 des Strafgesetzbuches gerichtet sind, nicht oder nicht nur im Inland besteht.

§ 31a Absehen von der Verfolgung

(1) Hat das Verfahren ein Vergehen nach § 29 Abs. 1, 2 oder 4 zum Gegenstand, so kann die Staatsanwaltschaft von der Verfolgung absehen, wenn die Schuld des

---

[2] § 30 Abs. 1 Nr. 4: Nach Maßgabe der Entscheidungsformel mit dem GG vereinbar gem. BVerfGE v. 09.03.1994–2 BvL 43/92 u. a.

Täters als gering anzusehen wäre, kein öffentliches Interesse an der Strafverfolgung besteht und der Täter die Betäubungsmittel lediglich zum Eigenverbrauch in geringer Menge anbaut, herstellt, einführt, ausführt, durchführt, erwirbt, sich in sonstiger Weise verschafft oder besitzt. Von der Verfolgung soll abgesehen werden, wenn der Täter in einem Drogenkonsumraum Betäubungsmittel lediglich zum Eigenverbrauch, der nach § 10a geduldet werden kann, in geringer Menge besitzt, ohne zugleich im Besitz einer schriftlichen Erlaubnis für den Erwerb zu sein.

(2) Ist die Klage bereits erhoben, so kann das Gericht in jeder Lage des Verfahrens unter den Voraussetzungen des Absatzes 1 mit Zustimmung der Staatsanwaltschaft und des Angeschuldigten das Verfahren einstellen. Der Zustimmung des Angeschuldigten bedarf es nicht, wenn die Hauptverhandlung aus den in § 205 der Strafprozeßordnung angeführten Gründen nicht durchgeführt werden kann oder in den Fällen des § 231 Abs. 2 der Strafprozeßordnung und der §§ 232 und 233 der Strafprozeßordnung in seiner Abwesenheit durchgeführt wird. Die Entscheidung ergeht durch Beschluß. Der Beschluß ist nicht anfechtbar.

Quellenverzeichnis Gesetzessammlung

www.gesetze-im-internet.de
www.vbg.de

Waffengesetz (WaffG)

9

WaffG (Auszug)

Vollzitat:

„Waffengesetz vom 11. Oktober 2002 (BGBl. I S. 3970, 4592; 2003 I S. 1957), das zuletzt durch Artikel 5 Absatz 4 des Gesetzes vom 18. Juli 2016 (BGBl. I S. 1666) geändert worden ist"

Stand: Zuletzt geändert durch Art. 5 Abs. 4 G v. 18.07.2016 I 1666[1]

Das G wurde als Art. 1 des G 7133–4/1 v. 11.10.2002 I 3970 vom Bundestag mit Zustimmung des Bundesrates erlassen. Es tritt gem. Art. 19 Nr. 1 Satz 2 dieses G mWv 01.04.2003 in Kraft.

---

[1] (+++ Textnachweis ab: 01.04.2003)
  (+++ Zur Anwendung d. § 28 Abs. 1 u. 8 vgl. § 1 WaffV 5 +++)
  (+++ Zur Anwendung d. § 29 Abs. 1 vgl. § 1 WaffV 5 +++)
  (+++ Zur Anwendung d. § 33 Abs. 1 vgl. § 1 WaffV 5 +++)
  (+++ Zur Anwendung d. § 35 Abs. 1 u. 5 vgl. § 1 WaffV 5 +++)
  (+++ Zur Anwendung d. § 37 Abs. 1 vgl. § 1 WaffV 5 +++)
  (+++ Zur Anwendung d. § 39 Abs. 1 vgl. § 1 WaffV 5 +++)
  (+++ Zur Anwendung d. §§ 41 bis 46 vgl. § 1 WaffV 5 +++)
  (+++ Zur Anwendung d. § 58 vgl. § 1 WaffV 5 +++)
  (+++ Zur Anwendung d. § 59 vgl. § 1 WaffV 5 +++).

© Springer Fachmedien Wiesbaden GmbH, ein Teil von Springer Nature 2021
R. Schwarz, *Kommentierte Gesetzessammlung Sachkunde nach § 34a und Geprüfte Schutz- und Sicherheitskraft*,
https://doi.org/10.1007/978-3-658-33789-6_9

9.1   Abschnitt 1 Allgemeine Bestimmungen

§ 1 Gegenstand und Zweck des Gesetzes, Begriffsbestimmungen

(1) Dieses Gesetz regelt den Umgang mit Waffen oder Munition unter Berücksichtigung der Belange der öffentlichen Sicherheit und Ordnung.

(2) Waffen sind

    1. Schusswaffen oder ihnen gleichgestellte Gegenstände und

    2. tragbare Gegenstände,

        a) die ihrem Wesen nach dazu bestimmt sind, die Angriffs- oder Abwehrfähigkeit von Menschen zu beseitigen oder herabzusetzen, insbesondere Hieb- und Stoßwaffen;

        b) die, ohne dazu bestimmt zu sein, insbesondere wegen ihrer Beschaffenheit, Handhabung oder Wirkungsweise geeignet sind, die Angriffs- oder Abwehrfähigkeit von Menschen zu beseitigen oder herabzusetzen, und die in diesem Gesetz genannt sind.

(3) Umgang mit einer Waffe oder Munition hat, wer diese erwirbt, besitzt, überlässt, führt, verbringt, mitnimmt, damit schießt, herstellt, bearbeitet, instand setzt oder damit Handel treibt.

(4) Die Begriffe der Waffen und Munition sowie die Einstufung von Gegenständen nach Absatz 2 Nr. 2 Buchstabe b als Waffen, die Begriffe der Arten des Umgangs und sonstige waffenrechtliche Begriffe sind in der Anlage 1 (Begriffsbestimmungen) zu diesem Gesetz näher geregelt.

§ 2 Grundsätze des Umgangs mit Waffen oder Munition, Waffenliste

(1) Der Umgang mit Waffen oder Munition ist nur Personen gestattet, die das 18. Lebensjahr vollendet haben.

(2) Der Umgang mit Waffen oder Munition, die in der Anlage 2 (Waffenliste) Abschnitt 2 zu diesem Gesetz genannt sind, bedarf der Erlaubnis.

(3) Der Umgang mit Waffen oder Munition, die in der Anlage 2 Abschnitt 1 zu diesem Gesetz genannt sind, ist verboten.

(4) Waffen oder Munition, mit denen der Umgang ganz oder teilweise von der Erlaubnispflicht oder von einem Verbot ausgenommen ist, sind in der Anlage 2 Abschnitt 1 und 2 genannt. Ferner sind in der Anlage 2 Abschnitt 3 die Waffen und Munition genannt, auf die dieses Gesetz ganz oder teilweise nicht anzuwenden ist.

(5) Bestehen Zweifel darüber, ob ein Gegenstand von diesem Gesetz erfasst wird oder wie er nach Maßgabe der Begriffsbestimmungen in Anlage 1 Abschnitt 1 und 3 und der Anlage 2 einzustufen ist, so entscheidet auf Antrag die zuständige Behörde. Antragsberechtigt sind

1. Hersteller, Importeure, Erwerber oder Besitzer des Gegenstandes, soweit sie ein berechtigtes Interesse an der Entscheidung nach Satz 1 glaubhaft machen können,
2. die zuständigen Behörden des Bundes und der Länder.

Die nach Landesrecht zuständigen Behörden sind vor der Entscheidung zu hören. Die Entscheidung ist für den Geltungsbereich dieses Gesetzes allgemein verbindlich. Sie ist im Bundesanzeiger bekannt zu machen.

9.2   Abschnitt 2 Umgang mit Waffen oder Munition

9.2.1   Unterabschnitt 1 Allgemeine Voraussetzungen für Waffen- und Munitionserlaubnisse

§ 4 Voraussetzungen für eine Erlaubnis

(1) Eine Erlaubnis setzt voraus, dass der Antragsteller
1. das 18. Lebensjahr vollendet hat (§ 2 Abs. 1),
2. die erforderliche Zuverlässigkeit (§ 5) und persönliche Eignung (§ 6) besitzt,
3. die erforderliche Sachkunde nachgewiesen hat (§ 7),
4. ein Bedürfnis nachgewiesen hat (§ 8) und
5. bei der Beantragung eines Waffenscheins oder einer Schießerlaubnis eine Versicherung gegen Haftpflicht in Höhe von 1 Million Euro – pauschal für Personen- und Sachschäden – nachweist.

(2) Die Erlaubnis zum Erwerb, Besitz, Führen oder Schießen kann versagt werden, wenn der Antragsteller seinen gewöhnlichen Aufenthalt nicht seit mindestens fünf Jahren im Geltungsbereich dieses Gesetzes hat.

(3) Die zuständige Behörde hat die Inhaber von waffenrechtlichen Erlaubnissen in regelmäßigen Abständen, mindestens jedoch nach Ablauf von drei Jahren, erneut auf ihre Zuverlässigkeit und ihre persönliche Eignung zu prüfen sowie in den Fällen des Absatzes 1 Nr. 5 sich das Vorliegen einer Versicherung gegen Haftpflicht nachweisen zu lassen.

(4) Die zuständige Behörde hat drei Jahre nach Erteilung der ersten waffenrechtlichen Erlaubnis das Fortbestehen des Bedürfnisses zu prüfen. Dies kann im Rahmen der Prüfung nach Absatz 3 erfolgen. Die zuständige Behörde kann auch nach Ablauf des in Satz 1 genannten Zeitraums das Fortbestehen des Bedürfnisses prüfen.

§ 5 Zuverlässigkeit

(1) Die erforderliche Zuverlässigkeit besitzen Personen nicht,
1. die rechtskräftig verurteilt worden sind
   a) wegen eines Verbrechens oder
   b) wegen sonstiger vorsätzlicher Straftaten zu einer Freiheitsstrafe von mindestens einem Jahr,
   wenn seit dem Eintritt der Rechtskraft der letzten Verurteilung zehn Jahre noch nicht verstrichen sind,
2. bei denen Tatsachen die Annahme rechtfertigen, dass sie
   a) Waffen oder Munition missbräuchlich oder leichtfertig verwenden werden,
   b) mit Waffen oder Munition nicht vorsichtig oder sachgemäß umgehen oder diese Gegenstände nicht sorgfältig verwahren werden,
   c) Waffen oder Munition Personen überlassen werden, die zur Ausübung der tatsächlichen Gewalt über diese Gegenstände nicht berechtigt sind.

(2) Die erforderliche Zuverlässigkeit besitzen in der Regel Personen nicht,
1.
   a) die wegen einer vorsätzlichen Straftat,
   b) die wegen einer fahrlässigen Straftat im Zusammenhang mit dem Umgang mit Waffen, Munition oder explosionsgefährlichen Stoffen oder wegen einer fahrlässigen gemeingefährlichen Straftat,
   c) die wegen einer Straftat nach dem Waffengesetz, dem Gesetz über die Kontrolle von Kriegswaffen, dem Sprengstoffgesetz oder dem Bundesjagdgesetz
   zu einer Freiheitsstrafe, Jugendstrafe, Geldstrafe von mindestens 60 Tagessätzen oder mindestens zweimal zu einer geringeren Geldstrafe rechtskräftig verurteilt worden sind oder bei denen die Verhängung von Jugendstrafe ausgesetzt worden ist, wenn seit dem Eintritt der Rechtskraft der letzten Verurteilung fünf Jahre noch nicht verstrichen sind,

2. die Mitglied

   a) in einem Verein, der nach dem Vereinsgesetz als Organisation unanfechtbar verboten wurde oder der einem unanfechtbaren Betätigungsverbot nach dem Vereinsgesetz unterliegt, oder

   b) in einer Partei, deren Verfassungswidrigkeit das Bundesverfassungsgericht nach § 46 des Bundesverfassungsgerichtsgesetzes festgestellt hat,

   waren, wenn seit der Beendigung der Mitgliedschaft zehn Jahre noch nicht verstrichen sind,

3. Bei denen Tatsachen die Annahme rechtfertigen, dass sie in den letzten fünf Jahren

   a) Bestrebungen einzeln verfolgt haben, die

     aa) gegen die verfassungsmäßige Ordnung gerichtet sind,

     bb) gegen den Gedanken der Völkerverständigung, insbesondere gegen das friedliche Zusammenleben der Völker, gerichtet sind oder

     cc) durch Anwendung von Gewalt oder darauf gerichtete Vorbereitungshandlungen auswärtige Belange der Bundesrepublik Deutschland gefährden,

   b) Mitglied in einer Vereinigung waren, die solche Bestrebungen verfolgt oder verfolgt hat, oder

   c) eine solche Vereinigung unterstützt haben,

4. die innerhalb der letzten fünf Jahre mehr als einmal wegen Gewalttätigkeit mit richterlicher Genehmigung in polizeilichem Präventivgewahrsam waren,

5. die wiederholt oder gröblich gegen die Vorschriften eines der in Nummer 1 Buchstabe c genannten Gesetze verstoßen haben.

(3) In die Frist nach Absatz 1 Nr. 1 oder Absatz 2 Nr. 1 nicht eingerechnet wird die Zeit, in welcher die betroffene Person auf behördliche oder richterliche Anordnung in einer Anstalt verwahrt worden ist.

(4) Ist ein Verfahren wegen Straftaten im Sinne des Absatzes 1 Nr. 1 oder des Absatzes 2 Nr. 1 noch nicht abgeschlossen, so kann die zuständige Behörde die Entscheidung über den Antrag auf Erteilung einer waffenrechtlichen Erlaubnis bis zum rechtskräftigen Abschluss des Verfahrens aussetzen.

(5) Die zuständige Behörde hat im Rahmen der Zuverlässigkeitsprüfung folgende Erkundigungen einzuholen:

1. die unbeschränkte Auskunft aus dem Bundeszentralregister;

2. die Auskunft aus dem zentralen staatsanwaltschaftlichen Verfahrensregister hinsichtlich der in Absatz 2 Nummer 1 genannten Straftaten;

3. die Stellungnahme der örtlichen Polizeidienststelle, ob Tatsachen bekannt sind, die Bedenken gegen die Zuverlässigkeit begründen; die örtliche Polizeidienststelle schließt in ihre Stellungnahme das Ergebnis der von ihr vorzunehmenden Prüfung nach Absatz 2 Nummer 4 ein;

4. die Auskunft der für den Wohnsitz der betroffenen Person zuständigen Verfassungsschutzbehörde, ob Tatsachen bekannt sind, die Bedenken gegen die Zuverlässigkeit nach Absatz 2 Nummer 2 und 3 begründen; liegt der Wohnsitz der betroffenen Person außerhalb des Geltungsbereichs dieses Gesetzes, ist das Bundesamt für Verfassungsschutz für die Erteilung der Auskunft zuständig.

Die nach Satz 1 Nummer 2 erhobenen personenbezogenen Daten dürfen nur für den Zweck der waffenrechtlichen Zuverlässigkeitsprüfung verwendet werden. Erlangt die für die Auskunft nach Satz 1 Nummer 4 zuständige Verfassungsschutzbehörde im Nachhinein für die Beurteilung der Zuverlässigkeit nach Absatz 2 Nummer 2 und 3 bedeutsame Erkenntnisse, teilt sie dies der zuständigen Behörde unverzüglich mit (Nachbericht). Zu diesem Zweck speichert sie Name, Vorname, Geburtsdatum, Geburtsname, Geburtsort, Wohnort und Staatsangehörigkeit der betroffenen Person sowie Aktenfundstelle in den gemeinsamen Dateien nach § 6 des Bundesverfassungsschutzgesetzes. Lehnt die zuständige Behörde einen Antrag ab oder nimmt sie eine erteilte Erlaubnis zurück oder widerruft diese, so hat sie die zum Nachbericht verpflichtete Verfassungsschutzbehörde hiervon unverzüglich in Kenntnis zu setzen. Die zum Nachbericht verpflichtete Verfassungsschutzbehörde hat in den Fällen des Satzes 5 die nach Satz 4 gespeicherten Daten unverzüglich zu löschen.

§ 6 Persönliche Eignung

(1) Die erforderliche persönliche Eignung besitzen Personen nicht, wenn Tatsachen die Annahme rechtfertigen, dass sie

1. geschäftsunfähig sind,

2. abhängig von Alkohol oder anderen berauschenden Mitteln, psychisch krank oder debil sind oder

3. aufgrund in der Person liegender Umstände mit Waffen oder Munition nicht vorsichtig oder sachgemäß umgehen oder diese Gegenstände nicht sorgfältig verwahren können oder dass die konkrete Gefahr einer Fremd- oder Selbstgefährdung besteht.

Die erforderliche persönliche Eignung besitzen in der Regel Personen nicht, wenn Tatsachen die Annahme rechtfertigen, dass sie in ihrer Geschäftsfähigkeit beschränkt sind. Die zuständige Behörde soll die Stellungnahme der örtlichen Polizeidienststelle einholen. Der persönlichen Eignung können auch im Erziehungsregister eingetragene Entscheidungen oder Anordnungen nach § 60 Abs. 1 Nr. 1 bis 7 des Bundeszentralregistergesetzes entgegenstehen.

(2) Sind Tatsachen bekannt, die Bedenken gegen die persönliche Eignung nach Absatz 1 begründen, oder bestehen begründete Zweifel an vom Antragsteller beigebrachten Bescheinigungen, so hat die zuständige Behörde der betroffenen Person auf Kosten der betroffenen Person die Vorlage eines amts- oder fachärztlichen oder fachpsychologischen Zeugnisses über die geistige oder körperliche Eignung aufzugeben.

(3) Personen, die noch nicht das 25. Lebensjahr vollendet haben, haben für die erstmalige Erteilung einer Erlaubnis zum Erwerb und Besitz einer Schusswaffe auf eigene Kosten ein amts- oder fachärztliches oder fachpsychologisches Zeugnis über die geistige Eignung vorzulegen. Satz 1 gilt nicht für den Erwerb und Besitz von Schusswaffen im Sinne von § 14 Abs. 1 Satz 2.

(4) Das Bundesministerium des Innern wird ermächtigt, durch Rechtsverordnung mit Zustimmung des Bundesrates Vorschriften über das Verfahren zur Erstellung, über die Vorlage und die Anerkennung der in den Absätzen 2 und 3 genannten Gutachten bei den zuständigen Behörden zu erlassen.

§ 7 Sachkunde

(1) Den Nachweis der Sachkunde hat erbracht, wer eine Prüfung vor der dafür bestimmten Stelle bestanden hat oder seine Sachkunde durch eine Tätigkeit oder Ausbildung nachweist.

(2) Das Bundesministerium des Innern wird ermächtigt, durch Rechtsverordnung mit Zustimmung des Bundesrates Vorschriften über die Anforderungen an die waffentechnischen und waffenrechtlichen Kenntnisse, über die Prüfung und das Prüfungsverfahren einschließlich der Errichtung von Prüfungsausschüssen sowie über den anderweitigen Nachweis der Sachkunde zu erlassen.

§ 8 Bedürfnis, allgemeine Grundsätze

Der Nachweis eines Bedürfnisses ist erbracht, wenn gegenüber den Belangen der öffentlichen Sicherheit oder Ordnung

1. besonders anzuerkennende persönliche oder wirtschaftliche Interessen, vor allem als Jäger, Sportschütze, Brauchtumsschütze, Waffen- oder Munitionssammler, Waffen- oder Munitionssachverständiger, gefährdete Person, als Waffenhersteller oder -händler oder als Bewachungsunternehmer, und

2. die Geeignetheit und Erforderlichkeit der Waffen oder Munition für den beantragten Zweckglaubhaft gemacht sind.

§ 9 Inhaltliche Beschränkungen, Nebenbestimmungen und Anordnungen

(1) Eine Erlaubnis nach diesem Gesetz kann zur Abwehr von Gefahren für die öffentliche Sicherheit oder Ordnung inhaltlich beschränkt werden, insbesondere um Leben und Gesundheit von Menschen gegen die aus dem Umgang mit Schusswaffen oder Munition entstehenden Gefahren und erheblichen Nachteile zu schützen.

(2) Zu den in Absatz 1 genannten Zwecken können Erlaubnisse befristet oder mit Auflagen verbunden werden. Auflagen können nachträglich aufgenommen, geändert und ergänzt werden.

(3) Gegenüber Personen, die die Waffenherstellung oder den Waffenhandel nach Anlage 2 Abschnitt 2 Unterabschnitt 2 Nr. 4 bis 6 oder eine Schießstätte nach § 27 Abs. 2 ohne Erlaubnis betreiben dürfen, können Anordnungen zu den in Absatz 1 genannten Zwecken getroffen werden.

9.2.2   Unterabschnitt 2 Erlaubnisse für einzelne Arten des Umgangs mit Waffen oder Munition, Ausnahmen

§ 10 Erteilung von Erlaubnissen zum Erwerb, Besitz, Führen und Schießen

(1) Die Erlaubnis zum Erwerb und Besitz von Waffen wird durch eine Waffenbesitzkarte oder durch Eintragung in eine bereits vorhandene Waffenbesitzkarte erteilt. Für die Erteilung einer Erlaubnis für Schusswaffen sind Art, Anzahl und Kaliber der Schusswaffen anzugeben. Die Erlaubnis zum Erwerb einer Waffe gilt für die Dauer eines Jahres, die Erlaubnis zum Besitz wird in der Regel unbefristet erteilt.

(1a) Wer eine Waffe aufgrund einer Erlaubnis nach Absatz 1 Satz 1 erwirbt, hat binnen zwei Wochen der zuständigen Behörde unter Benennung von Name und Anschrift des Überlassenden den Erwerb schriftlich oder elektronisch anzuzeigen und seine Waffenbesitzkarte zur Eintragung des Erwerbs vorzulegen.

(2) Eine Waffenbesitzkarte über Schusswaffen, die mehrere Personen besitzen, kann auf diese Personen ausgestellt werden. Eine Waffenbesitzkarte kann auch einem schießsportlichen Verein oder einer jagdlichen Vereinigung als juristischer Person erteilt werden. Sie ist mit der Auflage zu verbinden, dass der Verein der Behörde vor Inbesitznahme von Vereinswaffen unbeschadet des Vorliegens der Voraussetzung des § 4 Abs. 1 Nr. 5 eine verantwortliche Person zu benennen hat, für die die Voraussetzungen nach § 4 Abs. 1 Nr. 1 bis 3 nachgewiesen sind; diese benannte Person muss nicht vertretungsberechtigtes Organ des Vereins sein. Scheidet die benannte verantwortliche Person aus dem Verein aus oder liegen in ihrer Person nicht mehr alle Voraussetzungen nach § 4 Abs. 1 Nr. 1 bis 3 vor, so ist der Verein verpflichtet, dies unverzüglich der zuständigen Behörde mitzuteilen. Benennt der Verein nicht innerhalb von zwei Wochen eine neue verantwortliche Person, für die die Voraussetzungen nach § 4 Abs. 1 Nr. 1 bis 3 nachgewiesen werden, so ist die dem Verein erteilte Waffenbesitzerlaubnis zu widerrufen und die Waffenbesitzkarte zurückzugeben.

(3) Die Erlaubnis zum Erwerb und Besitz von Munition wird durch Eintragung in eine Waffenbesitzkarte für die darin eingetragenen Schusswaffen erteilt. In den übrigen Fällen wird die Erlaubnis durch einen Munitionserwerbsschein für eine bestimmte Munitionsart erteilt; sie ist für den Erwerb der Munition auf die Dauer von sechs Jahren zu befristen und gilt für den Besitz der Munition unbefristet. Die Erlaubnis zum nicht gewerblichen Laden von Munition im Sinne des Sprengstoffgesetzes gilt auch als Erlaubnis zum Erwerb und Besitz dieser Munition. Nach Ablauf der Gültigkeit des Erlaubnisdokuments gilt die Erlaubnis für den Besitz dieser Munition für die Dauer von sechs Monaten fort.

(4) Die Erlaubnis zum Führen einer Waffe wird durch einen Waffenschein erteilt. Eine Erlaubnis nach Satz 1 zum Führen von Schusswaffen wird für bestimmte Schusswaffen auf höchstens drei Jahre erteilt; die Geltungsdauer kann zweimal um höchstens je drei Jahre verlängert werden, sie ist kürzer zu bemessen, wenn nur ein vorübergehendes Bedürfnis nachgewiesen wird. Der Geltungsbereich des Waffenscheins ist auf bestimmte Anlässe oder Gebiete zu beschränken, wenn ein darüber hinausgehendes Bedürfnis nicht nachgewiesen wird. Die Voraussetzungen für die Erteilung einer Erlaubnis zum Führen von Schreckschuss-, Reizstoff- und Signalwaffen sind in der Anlage 2 Abschnitt 2 Unterabschnitt 3 Nr. 2 und 2.1 genannt (Kleiner Waffenschein).

(5) Die Erlaubnis zum Schießen mit einer Schusswaffe wird durch einen Erlaubnisschein erteilt.

§ 12 Ausnahmen von den Erlaubnispflichten

(1) Einer Erlaubnis zum Erwerb und Besitz einer Waffe bedarf nicht, wer diese

1. als Inhaber einer Waffenbesitzkarte von einem Berechtigten
   a) lediglich vorübergehend, höchstens aber für einen Monat für einen von seinem Bedürfnis umfassten Zweck oder im Zusammenhang damit, oder
   b) vorübergehend zum Zweck der sicheren Verwahrung oder der Beförderung erwirbt;
2. vorübergehend von einem Berechtigten zur gewerbsmäßigen Beförderung, zur gewerbsmäßigen Lagerung oder zur gewerbsmäßigen Ausführung von Verschönerungen oder ähnlicher Arbeiten an der Waffe erwirbt;
3. von einem oder für einen Berechtigten erwirbt, wenn und solange er
   a) aufgrund eines Arbeits- oder Ausbildungsverhältnisses,
   b) als Beauftragter oder Mitglied einer jagdlichen oder schießsportlichen Vereinigung, einer anderen sportlichen Vereinigung zur Abgabe von Startschüssen oder einer zur Brauchtumspflege Waffen tragenden Vereinigung,
   c) als Beauftragter einer in § 55 Abs. 1 Satz 1 bezeichneten Stelle,
   d) als Charterer von seegehenden Schiffen zur Abgabe von Seenotsignalen
   e) den Besitz über die Waffe nur nach den Weisungen des Berechtigten ausüben darf;
4. von einem anderen,
   a) dem er die Waffe vorübergehend überlassen hat, ohne dass es hierfür der Eintragung in die Erlaubnisurkunde bedurfte, oder
   b) nach dem Abhandenkommen
   wieder erwirbt;
5. auf einer Schießstätte (§ 27) lediglich vorübergehend zum Schießen auf dieser Schießstätte erwirbt;
6. auf einer Reise in den oder durch den Geltungsbereich des Gesetzes nach § 32 berechtigt mitnimmt.

(2) Einer Erlaubnis zum Erwerb und Besitz von Munition bedarf nicht, wer diese

1. unter den Voraussetzungen des Absatzes 1 Nr. 1 bis 4 erwirbt;
2. unter den Voraussetzungen des Absatzes 1 Nr. 5 zum sofortigen Verbrauch lediglich auf dieser Schießstätte (§ 27) erwirbt;
3. auf einer Reise in den oder durch den Geltungsbereich des Gesetzes nach § 32 berechtigt mitnimmt.

(3) Einer Erlaubnis zum Führen von Waffen bedarf nicht, wer

1. diese mit Zustimmung eines anderen in dessen Wohnung, Geschäftsräumen oder befriedetem Besitztum oder dessen Schießstätte zu einem von seinem Bedürfnis umfassten Zweck oder im Zusammenhang damit führt;

2. diese nicht schussbereit und nicht zugriffsbereit von einem Ort zu einem anderen Ort befördert, sofern der Transport der Waffe zu einem von seinem Bedürfnis umfassten Zweck oder im Zusammenhang damit erfolgt;

3. eine Langwaffe nicht schussbereit den Regeln entsprechend als Teilnehmer an genehmigten Sportwettkämpfen auf festgelegten Wegstrecken führt;

4. eine Signalwaffe beim Bergsteigen, als verantwortlicher Führer eines Wasserfahrzeugs auf diesem Fahrzeug oder bei Not- und Rettungsübungen führt;

5. eine Schreckschuss- oder eine Signalwaffe zur Abgabe von Start- oder Beendigungszeichen bei Sportveranstaltungen führt, wenn optische oder akustische Signalgebung erforderlich ist;

6. in Fällen der vorübergehenden Aufbewahrung von Waffen außerhalb der Wohnung diesen ein wesentliches Teil entnimmt und mit sich führt; mehrere mitgeführte wesentliche Teile dürfen nicht zu einer schussfähigen Waffe zusammengefügt werden können.

(4) Einer Erlaubnis zum Schießen mit einer Schusswaffe bedarf nicht, wer auf einer Schießstätte (§ 27) schießt. Das Schießen außerhalb von Schießstätten ist darüber hinaus ohne Schießerlaubnis nur zulässig

1. durch den Inhaber des Hausrechts oder mit dessen Zustimmung im befriedeten Besitztum

a) mit Schusswaffen, deren Geschossen eine Bewegungsenergie von nicht mehr als 7,5 Joule (J) erteilt wird oder deren Bauart nach § 7 des Beschussgesetzes zugelassen ist, sofern die Geschosse das Besitztum nicht verlassen können,

b) mit Schusswaffen, aus denen nur Kartuschenmunition verschossen werden kann,

2. durch Personen, die den Regeln entsprechend als Teilnehmer an genehmigten Sportwettkämpfen nach Absatz 3 Nr. 3 mit einer Langwaffe an Schießständen schießen,

3. mit Schusswaffen, aus denen nur Kartuschenmunition verschossen werden kann,

a) durch Mitwirkende an Theateraufführungen und diesen gleich zu achtenden Vorführungen,

b) zum Vertreiben von Vögeln in landwirtschaftlichen Betrieben,

4. mit Signalwaffen bei Not- und Rettungsübungen,
5. mit Schreckschuss- oder mit Signalwaffen zur Abgabe von Start- oder Beendigungszeichen im Auftrag der Veranstalter bei Sportveranstaltungen, wenn optische oder akustische Signalgebung erforderlich ist.

(5) Die zuständige Behörde kann im Einzelfall weitere Ausnahmen von den Erlaubnispflichten zulassen, wenn besondere Gründe vorliegen und Belange der öffentlichen Sicherheit und Ordnung nicht entgegenstehen.

9.2.3 Unterabschnitt 3 Besondere Erlaubnistatbestände für bestimmte Personengruppen

§ 19 Erwerb und Besitz von Schusswaffen und Munition, Führen von Schusswaffen durch gefährdete Personen

(1) Ein Bedürfnis zum Erwerb und Besitz einer Schusswaffe und der dafür bestimmten Munition wird bei einer Person anerkannt, die glaubhaft macht,
1. wesentlich mehr als die Allgemeinheit durch Angriffe auf Leib oder Leben gefährdet zu sein und
2. dass der Erwerb der Schusswaffe und der Munition geeignet und erforderlich ist, diese Gefährdung zu mindern.

(2) Ein Bedürfnis zum Führen einer Schusswaffe wird anerkannt, wenn glaubhaft gemacht ist, dass die Voraussetzungen nach Absatz 1 auch außerhalb der eigenen Wohnung, Geschäftsräume oder des eigenen befriedeten Besitztums vorliegen.

9.2.4 Unterabschnitt 4 Besondere Erlaubnistatbestände für Waffenherstellung, Waffenhandel, Schießstätten, Bewachungsunternehmer

§ 28 Erwerb, Besitz und Führen von Schusswaffen und Munition durch Bewachungsunternehmer und ihr Bewachungspersonal

(1) Ein Bedürfnis zum Erwerb, Besitz und Führen von Schusswaffen wird bei einem Bewachungsunternehmer (§ 34a der Gewerbeordnung) anerkannt, wenn er glaubhaft macht, dass Bewachungsaufträge wahrgenommen werden oder

werden sollen, die aus Gründen der Sicherung einer gefährdeten Person im Sinne des § 19 oder eines gefährdeten Objektes Schusswaffen erfordern. Satz 1 gilt entsprechend für Wachdienste als Teil wirtschaftlicher Unternehmungen. Ein nach den Sätzen 1 und 2 glaubhaft gemachtes Bedürfnis umfasst auch den Erwerb und Besitz der für die dort genannten Schusswaffen bestimmten Munition.

(2) Die Schusswaffe darf nur bei der tatsächlichen Durchführung eines konkreten Auftrages nach Absatz 1 geführt werden. Der Unternehmer hat dies auch bei seinem Bewachungspersonal in geeigneter Weise sicherzustellen.

(3) Wachpersonen, die aufgrund eines Arbeitsverhältnisses Schusswaffen des Erlaubnisinhabers nach dessen Weisung besitzen oder führen sollen, sind der zuständigen Behörde zur Prüfung zu benennen; der Unternehmer soll die betreffende Wachperson in geeigneter Weise vorher über die Benennung unter Hinweis auf die Erforderlichkeit der Verarbeitung personenbezogener Daten bei der Behörde unterrichten. Die Überlassung von Schusswaffen oder Munition darf erst erfolgen, wenn die zuständige Behörde zugestimmt hat. Die Zustimmung ist zu versagen, wenn die Wachperson nicht die Voraussetzungen des § 4 Abs. 1 Nr. 1 bis 3 erfüllt oder die Haftpflichtversicherung des Bewachungsunternehmers das Risiko des Umgangs mit Schusswaffen durch die Wachpersonen nicht umfasst.

(4) In einen Waffenschein nach § 10 Abs. 4 kann auch der Zusatz aufgenommen werden, dass die in Absatz 3 bezeichneten Personen die ihnen überlassenen Waffen nach Weisung des Erlaubnisinhabers führen dürfen.

§ 28a Erwerb, Besitz und Führen von Schusswaffen und Munition durch Bewachungsunternehmen und ihr Bewachungspersonal für Bewachungsaufgaben nach § 31 Absatz 1 der Gewerbeordnung

(1) Für den Erwerb, Besitz und das Führen von Schusswaffen und Munition durch Bewachungsunternehmen und ihr Bewachungspersonal für Bewachungsaufgaben nach § 31 Absatz 1 der Gewerbeordnung auf Seeschiffen, die die Bundesflagge führen, ist § 28 entsprechend anzuwenden. Abweichend von § 28 Absatz 1 wird ein Bedürfnis für derartige Bewachungsaufgaben bei Bewachungsunternehmen anerkannt, die eine Zulassung nach § 31 Absatz 1 der Gewerbeordnung besitzen. Abweichend von § 28 Absatz 3 wird die Erlaubnis mit Auflagen erteilt, die die Unternehmer verpflichten,

1. als Bewachungspersonal nur Personen zu beschäftigen, welche die Voraussetzungen nach § 4 Absatz 1 Nummer 1 bis 3 erfüllen,

2. der zuständigen Behörde die eingesetzten Personen in einem von der Behörde bestimmten Zeitraum zu benennen und

3. auf Verlangen der zuständigen Behörde Nachweise vorzulegen, die belegen, dass die eingesetzten Personen die Anforderungen nach § 4 Absatz 1 Nummer 1 bis 3 erfüllen.

(2) Die Erlaubnis ist auf die Dauer der Zulassung nach § 31 der Gewerbeordnung zu befristen. Sie kann verlängert werden. Die Verlängerung der Erlaubnis ist insbesondere zu versagen, wenn die Auflagen nach Absatz 1 Satz 3 nicht eingehalten wurden. Im Übrigen gelten die allgemeinen Bestimmungen dieses Gesetzes. Die Erlaubnis schließt die Erlaubnis zum Verbringen an Bord nach § 29 Absatz 1 ein.

(3) Die zuständige Behörde kann zur Prüfung der Zuverlässigkeit, Eignung und Sachkunde der im Bewachungsunternehmen verantwortlichen Geschäftsleitung sowie der mit der Leitung des Betriebes oder einer Zweigniederlassung beauftragten Personen und der im Zusammenhang mit der Bewachungsaufgabe tätigen Personen auf die Erkenntnisse und Bewertungen der für die Zulassung nach § 31 Absatz 2 Satz 1 der Gewerbeordnung zuständigen Behörde zurückgreifen. Abweichend von § 7 Absatz 2 orientieren sich die Anforderungen an die Sachkunde an den auf der Grundlage von § 31 Absatz 4 Satz 1 Nummer 3 Buchstabe a der Gewerbeordnung in einer Rechtsverordnung festgelegten besonderen Anforderungen für den Einsatz auf Seeschiffen. Die für das gewerberechtliche Verfahren zuständige Behörde sowie die Bundespolizei dürfen der zuständigen Behörde auch ohne Ersuchen Informationen einschließlich personenbezogener Daten übermitteln, soweit dies zur Erfüllung der waffenbehördlichen Aufgaben erforderlich ist. Die Bundespolizei ist im Rahmen der Prüfung nach § 8 Nummer 2 zu beteiligen.

(4) Absatz 3 Satz 3 ist entsprechend anzuwenden auf die Übermittlung von Informationen einschließlich personenbezogener Daten durch die zuständige Behörde, soweit dies zur Erfüllung der Aufgaben nach § 31 Absatz 2 der Gewerbeordnung erforderlich ist.

(5) Hat das Bewachungsunternehmen seinen Sitz im Inland, so erfolgt die Erteilung der Erlaubnis durch die nach § 48 Absatz 1 Satz 2 bestimmte Behörde im Benehmen mit der für die gewerbliche Hauptniederlassung zuständigen Behörde.

(6) Eine auf der Grundlage des § 28 erteilte Erlaubnis gilt befristet bis zum 31. Dezember 2013 für Aufträge nach § 31 der Gewerbeordnung mit der Maßgabe fort, dass der Inhaber der Erlaubnis der zuständigen Behörde unverzüglich anzuzeigen hat, dass er Aufträge im Sinne des § 31 der Gewerbeordnung wahr-

nimmt oder wahrnehmen möchte. Die nach § 48 Absatz 1 Satz 1 zuständige Behörde übermittelt der nach § 48 Absatz 1 Satz 2 zuständigen Behörde die Anzeige einschließlich der für die Entscheidung erforderlichen Unterlagen. Weist der in Satz 1 genannte Inhaber der Erlaubnis der nach § 48 Absatz 1 Satz 2 zuständigen Behörde bis zum 31. Dezember 2013 die Zulassung nach § 31 Absatz 1 der Gewerbeordnung und das Vorliegen der Voraussetzungen nach Absatz 1 nach, erteilt diese eine auf die Durchführung von Bewachungsaufgaben nach § 31 Absatz 1 der Gewerbeordnung beschränkte Erlaubnis. Absatz 1 Satz 3, Absatz 2 Satz 1, 4 und 5 sowie Absatz 5 gelten für diese Erlaubnis entsprechend.

9.2.5   Unterabschnitt 6 Obhutspflichten, Anzeige-, Hinweis- und Nachweispflichten

§ 36 Aufbewahrung von Waffen oder Munition
(1) Wer Waffen oder Munition besitzt, hat die erforderlichen Vorkehrungen zu treffen, um zu verhindern, dass diese Gegenstände abhanden kommen oder Dritte sie unbefugt an sich nehmen.
(2) (weggefallen)
(3) Wer erlaubnispflichtige Schusswaffen, Munition oder verbotene Waffen besitzt oder die Erteilung einer Erlaubnis zum Besitz beantragt hat, hat der zuständigen Behörde die zur sicheren Aufbewahrung getroffenen oder vorgesehenen Maßnahmen nachzuweisen. Besitzer von erlaubnispflichtigen Schusswaffen, Munition oder verbotene Waffen haben außerdem der Behörde zur Überprüfung der Pflichten aus Absatz 1 in Verbindung mit einer Rechtsverordnung nach Absatz 5 Zutritt zu den Räumen zu gestatten, in denen die Waffen und die Munition aufbewahrt werden. Wohnräume dürfen gegen den Willen des Inhabers nur zur Verhütung dringender Gefahren für die öffentliche Sicherheit betreten werden; das Grundrecht der Unverletzlichkeit der Wohnung (Artikel 13 des Grundgesetzes) wird insoweit eingeschränkt.
(4) Die in einer Rechtsverordnung nach Absatz 5 festgelegten Anforderungen an die Aufbewahrung von Schusswaffen und Munition gelten nicht bei Aufrechterhaltung der bis zum 6. Juli 2017 erfolgten Nutzung von Sicherheitsbehältnissen, die den Anforderungen des § 36 Absatz 2 Satz 1 zweiter Halbsatz und Satz 2 in der Fassung des Gesetzes vom 11. Oktober 2002 (BGBl. I S. 3970,

4592; 2003 I S. 1957), das zuletzt durch Artikel 6 Absatz 34 des Gesetzes vom
13. April 2017 (BGBl. I S. 872) geändert worden ist, entsprechen oder die von
der zuständigen Behörde als gleichwertig anerkannt wurden. Diese Sicher-
heitsbehältnisse können nach Maßgabe des § 36 Absatz 1 und 2 in der Fassung des Gesetzes vom 11. Oktober 2002 (BGBl. I S. 3970, 4592; 2003 I
S. 1957), das zuletzt durch Artikel 6 Absatz 34 des Gesetzes vom 13. April
2017 (BGBl. I S. 872) geändert worden ist, sowie des § 13 der Allgemeinen
Waffengesetz-Verordnung vom 27. Oktober 2003 (BGBl. I S. 2123), die zuletzt durch Artikel 108 des Gesetzes vom 29. März 2017 (BGBl. I S. 626)
geändert worden ist,

1. vom bisherigen Besitzer weitergenutzt werden sowie

2. für die Dauer der gemeinschaftlichen Aufbewahrung auch von berechtigten
   Personen mitgenutzt werden, die mit dem bisherigen Besitzer nach Nummer 1 in häuslicher Gemeinschaft leben.

   Die Berechtigung zur Nutzung nach Satz 2 Nummer 2 bleibt über den
   Tod des bisherigen Besitzers hinaus für eine berechtigte Person nach Satz 2
   Nummer 2 bestehen, wenn sie infolge des Erbfalls Eigentümer des Sicher-
   heitsbehältnisses wird; die berechtigte Person wird in diesem Fall nicht bis-
   heriger Besitzer im Sinne des Satzes 2 Nummer 1. In den Fällen der Sätze
   1 bis 3 finden § 53 Absatz 1 Nummer 19 und § 52a in der Fassung des Gesetzes vom 11. Oktober 2002 (BGBl. I S. 3970, 4592; 2003 I S. 1957), das
   zuletzt durch Artikel 6 Absatz 34 des Gesetzes vom 13. April 2017 (BGBl.
   I S. 872) geändert worden ist, und § 34 Nummer 12 der Allgemeinen Waffengesetz-Verordnung vom 27. Oktober 2003 (BGBl. I S. 2123), die zuletzt
   durch Artikel 108 des Gesetzes vom 29. März 2017 (BGBl. I S. 626) geändert worden ist, weiterhin Anwendung.

(5) Das Bundesministerium des Innern wird ermächtigt, nach Anhörung der beteiligten Kreise durch Rechtsverordnung mit Zustimmung des Bundesrates unter
Berücksichtigung des Standes der Technik, der Art und Zahl der Waffen, der
Munition oder der Örtlichkeit die Anforderungen an die Aufbewahrung oder
an die Sicherung der Waffe festzulegen. Dabei können

1. Anforderungen an technische Sicherungssysteme zur Verhinderung einer
   unberechtigten Wegnahme oder Nutzung von Schusswaffen,

2. die Nachrüstung oder der Austausch vorhandener Sicherungssysteme,

3. die Ausstattung der Schusswaffe mit mechanischen, elektronischen oder
   biometrischen Sicherungssystemen festgelegt werden.

(6) Ist im Einzelfall, insbesondere wegen der Art und Zahl der aufzubewahrenden
Waffen oder Munition oder wegen des Ortes der Aufbewahrung, ein höherer
Sicherheitsstandard erforderlich, hat die zuständige Behörde die notwendigen
Ergänzungen anzuordnen und zu deren Umsetzung eine angemessene Frist
zu setzen.
1) Herausgegeben im Beuth-Verlag GmbH, Berlin und Köln.
2) Verband Deutscher Maschinen- und Anlagenbau e. V.
3) Herausgegeben im Beuth-Verlag GmbH, Berlin und Köln.

§ 37 Anzeigepflichten
(1) Wer Waffen oder Munition, deren Erwerb der Erlaubnis bedarf,
1. beim Tode eines Waffenbesitzers, als Finder oder in ähnlicher Weise,
2. als Insolvenzverwalter, Zwangsverwalter, Gerichtsvollzieher oder in ähnlicher Weise
in Besitz nimmt, hat dies der zuständigen Behörde unverzüglich anzuzeigen. Die zuständige Behörde kann die Waffen und die Munition sicherstellen oder anordnen, dass sie binnen angemessener Frist unbrauchbar
gemacht oder einem Berechtigten überlassen werden und dies der zuständigen Behörde nachgewiesen wird. Nach fruchtlosem Ablauf der Frist
kann die zuständige Behörde die Waffen oder Munition einziehen. Ein Erlös aus der Verwertung steht dem nach bürgerlichem Recht bisher Berechtigten zu.
(2) Sind jemandem Waffen oder Munition, deren Erwerb der Erlaubnis bedarf,
oder Erlaubnisurkunden abhanden gekommen, so hat er dies der zuständigen
Behörde unverzüglich anzuzeigen und, soweit noch vorhanden, die Waffenbesitzkarte und den Europäischen Feuerwaffenpass zur Berichtigung vorzulegen.
Die örtliche Behörde unterrichtet zum Zweck polizeilicher Ermittlungen die
örtliche Polizeidienststelle über das Abhandenkommen.
(3) Wird eine Schusswaffe, zu deren Erwerb es einer Erlaubnis bedarf, oder eine
verbotene Schusswaffe nach Anlage 2 Abschnitt 1 Nr. 1.2 nach den Anforderungen der Anlage 1 Abschnitt 1 Unterabschnitt 1 Nr. 1.4 unbrauchbar gemacht oder zerstört, so hat der Besitzer dies der zuständigen Behörde binnen
zwei Wochen schriftlich oder elektronisch anzuzeigen und ihr auf Verlangen
den Gegenstand vorzulegen. Dabei hat er seine Personalien sowie Art, Kaliber,
Herstellerzeichen oder Marke und – sofern vorhanden – die Herstellungsnum-
mer der Schusswaffe anzugeben.

(4) Inhaber waffenrechtlicher Erlaubnisse und Bescheinigungen sind verpflichtet, bei ihrem Wegzug ins Ausland ihre neue Anschrift der zuletzt für sie zuständigen Waffenbehörde mitzuteilen.

§ 38 Ausweispflichten

(1) Wer eine Waffe führt, muss folgende Dokumente mit sich führen:

1. seinen Personalausweis oder Pass und
   a) wenn es einer Erlaubnis zum Erwerb bedarf, die Waffenbesitzkarte oder, wenn es einer Erlaubnis zum Führen bedarf, den Waffenschein,
   b) im Fall des Verbringens einer Waffe oder von Munition im Sinne von § 29 Absatz 1 aus einem Drittstaat gemäß § 29 Absatz 1 oder § 30 Absatz 1 den Erlaubnisschein,
   c) im Fall der Mitnahme einer Waffe oder von Munition im Sinne von § 29 Absatz 1 aus einem Drittstaat gemäß § 32 Absatz 1 den Erlaubnisschein, im Fall der Mitnahme aufgrund einer Erlaubnis nach § 32 Absatz 4 auch den Beleg für den Grund der Mitnahme,
   d) im Fall des Verbringens einer Schusswaffe oder von Munition nach Anlage 1 Abschnitt 3 (Kategorien A 1.2 bis D) gemäß § 29 Absatz 2 oder § 30 Absatz 1 aus einem anderen Mitgliedstaat den Erlaubnisschein oder eine Bescheinigung, die auf diesen Erlaubnisschein Bezug nimmt,
   e) im Fall des Verbringens einer Schusswaffe oder von Munition nach Anlage 1 Abschnitt 3 (Kategorien A 1.2 bis D) aus dem Geltungsbereich dieses Gesetzes in einen anderen Mitgliedstaat gemäß § 31 den Erlaubnisschein oder eine Bescheinigung, die auf diesen Erlaubnisschein Bezug nimmt,
   f) im Fall der Mitnahme einer Schusswaffe oder von Munition nach Anlage 1 Abschnitt 3 (Kategorien A 1.2 bis D)
      aa) aus einem anderen Mitgliedstaat gemäß § 32 Absatz 1 und 2 den Erlaubnisschein und den Europäischen Feuerwaffenpass,
      bb) aus dem Geltungsbereich dieses Gesetzes gemäß § 32 Absatz 1a den Erlaubnisschein,
      cc) aus einem anderen Mitgliedstaat oder aus dem Geltungsbereich dieses Gesetzes gemäß § 32 Absatz 3 den Europäischen Feuerwaffenpass und einen Beleg für den Grund der Mitnahme,
   g) im Fall der vorübergehenden Berechtigung zum Erwerb oder zum Führen aufgrund des § 12 Absatz 1 Nummer 1 und 2 oder § 28 Absatz 4

einen Beleg, aus dem der Name des Überlassers und des Besitzberechtigten sowie das Datum der Überlassung hervorgeht, oder
h) im Fall des Schießens mit einer Schießerlaubnis nach § 10 Absatz 5 diese und
2. in den Fällen des § 13 Absatz 6 den Jagdschein.

In den Fällen des § 13 Absatz 3 und § 14 Absatz 4 Satz 2 genügt anstelle der Waffenbesitzkarte ein schriftlicher Nachweis darüber, dass die Antragsfrist noch nicht verstrichen oder ein Antrag gestellt worden ist. Satz 1 gilt nicht in Fällen des § 12 Absatz 3 Nummer 1.

(2) Die nach Absatz 1 Satz 1 und 2 mitzuführenden Dokumente sind Polizeibeamten oder sonst zur Personenkontrolle Befugten auf Verlangen zur Prüfung auszuhändigen.

§ 39 Auskunfts- und Vorzeigepflicht, Nachschau

(1) Wer Waffenherstellung, Waffenhandel oder eine Schießstätte betreibt, eine Schießstätte benutzt oder in ihr die Aufsicht führt, ein Bewachungsunternehmen betreibt, Veranstaltungen zur Ausbildung im Verteidigungsschießen durchführt oder sonst den Besitz über Waffen oder Munition ausübt, hat der zuständigen Behörde auf Verlangen oder, sofern dieses Gesetz einen Zeitpunkt vorschreibt, zu diesem Zeitpunkt die für die Durchführung dieses Gesetzes erforderlichen Auskünfte zu erteilen; eine entsprechende Pflicht gilt ferner für Personen, gegenüber denen ein Verbot nach § 41 Abs. 1 oder 2 ausgesprochen wurde. Sie können die Auskunft auf solche Fragen verweigern, deren Beantwortung sie selbst oder einen der in § 383 Abs. 1 Nr. 1 bis 3 der Zivilprozessordnung bezeichneten Angehörigen der Gefahr strafrechtlicher Verfolgung oder eines Verfahrens nach dem Gesetz über Ordnungswidrigkeiten aussetzen würde. Darüber hinaus hat der Inhaber der Erlaubnis die Einhaltung von Auflagen nachzuweisen.

(2) Betreibt der Auskunftspflichtige Waffenherstellung, Waffenhandel, eine Schießstätte oder ein Bewachungsunternehmen, so sind die von der zuständigen Behörde mit der Überwachung des Betriebs beauftragten Personen berechtigt, Betriebsgrundstücke und Geschäftsräume während der Betriebs- und Arbeitszeit zu betreten, um dort Prüfungen und Besichtigungen vorzunehmen, Proben zu entnehmen und Einsicht in die geschäftlichen Unterlagen zu nehmen; zur Abwehr dringender Gefahren für die öffentliche Sicherheit oder Ordnung dürfen diese Arbeitsstätten auch außerhalb dieser Zeit sowie die Wohnräume des Auskunftspflichtigen gegen dessen Willen besichtigt werden. Das Grundrecht

der Unverletzlichkeit der Wohnung (Artikel 13 des Grundgesetzes) wird insoweit eingeschränkt.

(3) Aus begründetem Anlass kann die zuständige Behörde anordnen, dass der Besitzer von
1. Waffen oder Munition, deren Erwerb der Erlaubnis bedarf, oder
2. in Anlage 2 Abschnitt 1 bezeichneten verbotenen Waffen
    ihr diese sowie Erlaubnisscheine oder Ausnahmebescheinigungen binnen angemessener, von ihr zu bestimmender Frist zur Prüfung vorlegt.

9.2.6   Unterabschnitt 7 Verbote

§ 40 Verbotene Waffen
(1) Das Verbot des Umgangs umfasst auch das Verbot, zur Herstellung der in Anlage 2 Abschnitt 1 Nr. 1.3.4 bezeichneten Gegenstände anzuleiten oder aufzufordern.
(2) Das Verbot des Umgangs mit Waffen oder Munition ist nicht anzuwenden, soweit jemand aufgrund eines gerichtlichen oder behördlichen Auftrags tätig wird.
(3) Inhaber einer jagdrechtlichen Erlaubnis und Angehörige von Leder oder Pelz verarbeitenden Berufen dürfen abweichend von § 2 Abs. 3 Umgang mit Faustmessern nach Anlage 2 Abschnitt 1 Nr. 1.4.2 haben, sofern sie diese Messer zur Ausübung ihrer Tätigkeit benötigen. Inhaber sprengstoffrechtlicher Erlaubnisse (§§ 7 und 27 des Sprengstoffgesetzes) und Befähigungsscheine (§ 20 des Sprengstoffgesetzes) sowie Teilnehmer staatlicher oder staatlich anerkannter Lehrgänge dürfen abweichend von § 2 Absatz 3 Umgang mit explosionsgefährlichen Stoffen oder Gegenständen nach Anlage 2 Abschnitt 1 Nummer 1.3.4 haben, soweit die durch die Erlaubnis oder den Befähigungsschein gestattete Tätigkeit oder die Ausbildung hierfür dies erfordern. Dies gilt insbesondere für Sprengarbeiten sowie Tätigkeiten im Katastrophenschutz oder im Rahmen von Theatern, vergleichbaren Einrichtungen, Film- und Fernsehproduktionsstätten sowie die Ausbildung für derartige Tätigkeiten. Inhaber eines gültigen Jagdscheins im Sinne von § 15 Absatz 2 Satz 1 des Bundesjagdgesetzes dürfen abweichend von § 2 Absatz 3 für jagdliche Zwecke Umgang mit Nachtsichtvorsätzen und Nachtsichtaufsätzen nach Anlage 2 Abschnitt 1 Nummer 1.2.4.2 haben. Jagdrechtliche Verbote oder Beschränkungen der Nutzung von Nachtsichtvorsatzgeräten und Nachtsichtaufsätzen bleiben unberührt.

Satz 4 gilt entsprechend für Inhaber einer gültigen Erlaubnis nach § 21 Absatz 1 und 2.

(4) Das Bundeskriminalamt kann auf Antrag von den Verboten der Anlage 2 Abschnitt 1 allgemein oder für den Einzelfall Ausnahmen zulassen, wenn die Interessen des Antragstellers aufgrund besonderer Umstände das öffentliche Interesse an der Durchsetzung des Verbots überwiegen. Dies kann insbesondere angenommen werden, wenn die in der Anlage 2 Abschnitt 1 bezeichneten Waffen oder Munition zum Verbringen aus dem Geltungsbereich dieses Gesetzes, für wissenschaftliche oder Forschungszwecke oder zur Erweiterung einer kulturhistorisch bedeutsamen Sammlung bestimmt sind und eine erhebliche Gefahr für die öffentliche Sicherheit nicht zu befürchten ist.

(5) Wer eine in Anlage 2 Abschnitt 1 bezeichnete Waffe als Erbe, Finder oder in ähnlicher Weise in Besitz nimmt, hat dies der zuständigen Behörde unverzüglich anzuzeigen. Die zuständige Behörde kann die Waffen oder Munition sicherstellen oder anordnen, dass innerhalb einer angemessenen Frist die Waffen oder Munition unbrauchbar gemacht, von Verbotsmerkmalen befreit oder einem nach diesem Gesetz Berechtigten überlassen werden, oder dass der Erwerber einen Antrag nach Absatz 4 stellt. Das Verbot des Umgangs mit Waffen oder Munition wird nicht wirksam, solange die Frist läuft oder eine ablehnende Entscheidung nach Absatz 4 dem Antragsteller noch nicht bekannt gegeben worden ist.

§ 42 Verbot des Führens von Waffen bei öffentlichen Veranstaltungen; Verordnungsermächtigungen für Verbotszonen

(1) Wer an öffentlichen Vergnügungen, Volksfesten, Sportveranstaltungen, Messen, Ausstellungen, Märkten oder ähnlichen öffentlichen Veranstaltungen teilnimmt, darf keine Waffen im Sinne des § 1 Abs. 2 führen. Dies gilt auch, wenn für die Teilnahme ein Eintrittsgeld zu entrichten ist, sowie für Theater-, Kino-, und Diskothekenbesuche und für Tanzveranstaltungen.

(2) Die zuständige Behörde kann allgemein oder für den Einzelfall Ausnahmen von Absatz 1 zulassen, wenn
1. der Antragsteller die erforderliche Zuverlässigkeit (§ 5) und persönliche Eignung (§ 6) besitzt,
2. der Antragsteller nachgewiesen hat, dass er auf Waffen bei der öffentlichen Veranstaltung nicht verzichten kann, und
3. eine Gefahr für die öffentliche Sicherheit oder Ordnung nicht zu besorgen ist.

(3) Unbeschadet des § 38 muss der nach Absatz 2 Berechtigte auch den Ausnahmebescheid mit sich führen und auf Verlangen zur Prüfung aushändigen.
(4) Die Absätze 1 bis 3 sind nicht anzuwenden
1. auf die Mitwirkenden an Theateraufführungen und diesen gleich zu achtenden Vorführungen, wenn zu diesem Zweck ungeladene oder mit Kartuschenmunition geladene Schusswaffen oder Waffen im Sinne des § 1 Abs. 2 Nr. 2 geführt werden,
2. auf das Schießen in Schießstätten (§ 27),
3. soweit eine Schießerlaubnis nach § 10 Abs. 5 vorliegt,
4. auf das gewerbliche Ausstellen der in Absatz 1 genannten Waffen auf Messen und Ausstellungen.
(5) Die Landesregierungen werden ermächtigt, durch Rechtsverordnung vorzusehen, dass das Führen von Waffen im Sinne des § 1 Abs. 2 auf bestimmten öffentlichen Straßen, Wegen oder Plätzen allgemein oder im Einzelfall verboten oder beschränkt werden kann, soweit an dem jeweiligen Ort wiederholt
1. Straftaten unter Einsatz von Waffen oder
2. Raubdelikte, Körperverletzungsdelikte, Bedrohungen, Nötigungen, Sexualdelikte, Freiheitsberaubungen oder Straftaten gegen das Leben
begangen worden sind und Tatsachen die Annahme rechtfertigen, dass auch künftig mit der Begehung solcher Straftaten zu rechnen ist. In der Rechtsverordnung nach Satz 1 soll bestimmt werden, dass die zuständige Behörde allgemein oder für den Einzelfall Ausnahmen insbesondere für Inhaber waffenrechtlicher Erlaubnisse, Anwohner und Gewerbetreibende zulassen kann, soweit eine Gefährdung der öffentlichen Sicherheit nicht zu besorgen ist. Im Falle des Satzes 2 gilt Absatz 3 entsprechend. Die Landesregierungen können ihre Befugnis nach Satz 1 in Verbindung mit Satz 2 durch Rechtsverordnung auf die zuständige oberste Landesbehörde übertragen; diese kann die Befugnis durch Rechtsverordnung weiter übertragen.
(6) Die Landesregierungen werden ermächtigt, durch Rechtsverordnung vorzusehen, dass das Führen von Waffen im Sinne des § 1 Absatz 2 oder von Messern mit feststehender oder feststellbarer Klinge mit einer Klingenlänge über vier Zentimeter an folgenden Orten verboten oder beschränkt werden kann, wenn Tatsachen die Annahme rechtfertigen, dass das Verbot oder die Beschränkung zur Abwehr von Gefahren für die öffentliche Sicherheit erforderlich ist:
1. auf bestimmten öffentlichen Straßen, Wegen oder Plätzen, auf denen Menschenansammlungen auftreten können,

2. in oder auf bestimmten Gebäuden oder Flächen mit öffentlichem Verkehr, in oder auf denen Menschenansammlungen auftreten können, und die einem Hausrecht unterliegen, insbesondere in Einrichtungen des öffentlichen Personenverkehrs, in Einkaufszentren sowie in Veranstaltungsorten,

3. in bestimmten Jugend- und Bildungseinrichtungen sowie

4. auf bestimmten öffentlichen Straßen, Wegen oder Plätzen, die an die in den Nummern 2 und 3 genannten Orte oder Einrichtungen angrenzen.

In der Rechtsverordnung nach Satz 1 ist eine Ausnahme vom Verbot oder von der Beschränkung für Fälle vorzusehen, in denen für das Führen der Waffe oder des Messers ein berechtigtes Interesse vorliegt. Ein berechtigtes Interesse liegt insbesondere vor bei

1. Inhabern waffenrechtlicher Erlaubnisse,

2. Anwohnern, Anliegern und dem Anlieferverkehr,

3. Gewerbetreibenden und bei ihren Beschäftigten oder bei von den Gewerbetreibenden Beauftragten, die Messer im Zusammenhang mit ihrer Berufsausübung führen,

4. Personen, die Messer im Zusammenhang mit der Brauchtumspflege oder der Ausübung des Sports führen,

5. Personen, die eine Waffe oder ein Messer nicht zugriffsbereit von einem Ort zum anderen befördern, und

6. Personen, die eine Waffe oder ein Messer mit Zustimmung eines anderen in dessen Hausrechtsbereich nach Satz 1 Nummer 2 führen, wenn das Führen dem Zweck des Aufenthalts in dem Hausrechtsbereich dient oder im Zusammenhang damit steht.

Die Landesregierungen können ihre Befugnis nach Satz 1 in Verbindung mit Satz 2 durch Rechtsverordnung auf die zuständige oberste Landesbehörde übertragen; diese kann die Befugnis durch Rechtsverordnung weiter übertragen.

§ 42a Verbot des Führens von Anscheinswaffen und bestimmten tragbaren Gegenständen

(1) Es ist verboten

1. Anscheinswaffen,

2. Hieb- und Stoßwaffen nach Anlage 1 Abschnitt 1 Unterabschnitt 2 Nr. 1.1 oder

3. Messer mit einhändig feststellbarer Klinge (Einhandmesser) oder feststehende Messer mit einer Klingenlänge über 12 cm
zu führen.

(2) Absatz 1 gilt nicht
  1. für die Verwendung bei Foto-, Film- oder Fernsehaufnahmen oder Theater-
     aufführungen,
  2. für den Transport in einem verschlossenen Behältnis,
  3. für das Führen der Gegenstände nach Absatz 1 Nr. 2 und 3, sofern ein be-
     rechtigtes Interesse vorliegt.
     Weitergehende Regelungen bleiben unberührt.
(3) Ein berechtigtes Interesse nach Absatz 2 Satz 1 Nr. 3 liegt insbesondere vor,
    wenn das Führen der Gegenstände im Zusammenhang mit der Berufsausübung
    erfolgt, der Brauchtumspflege, dem Sport oder einem allgemein anerkannten
    Zweck dient.

9.2.7   Abschnitt 4 Straf- und Bußgeldvorschriften

§ 51 Strafvorschriften
(1) Mit Freiheitsstrafe von einem Jahr bis zu fünf Jahren wird bestraft, wer entge-
    gen § 2 Abs. 1 oder 3, jeweils in Verbindung mit Anlage 2 Abschnitt 1 Nr. 1.2.1,
    eine dort genannte Schusswaffe zum Verschießen von Patronenmunition nach
    Anlage 1 Abschnitt 1 Unterabschnitt 3 Nr. 1.1 erwirbt, besitzt, überlässt, führt,
    verbringt, mitnimmt, herstellt, bearbeitet, instand setzt oder damit Handel
    treibt.
(2) In besonders schweren Fällen ist die Strafe Freiheitsstrafe von einem Jahr bis
    zu zehn Jahren. Ein besonders schwerer Fall liegt in der Regel vor, wenn der
    Täter gewerbsmäßig oder als Mitglied einer Bande, die sich zur fortgesetzten
    Begehung solcher Straftaten verbunden hat, unter Mitwirkung eines anderen
    Bandenmitgliedes handelt.
(3) In minder schweren Fällen ist die Strafe Freiheitsstrafe bis zu drei Jahren oder
    Geldstrafe.
(4) Handelt der Täter fahrlässig, so ist die Strafe Freiheitsstrafe bis zu zwei Jahren
    oder Geldstrafe.

§ 52 Strafvorschriften

(1) Mit Freiheitsstrafe von sechs Monaten bis zu fünf Jahren wird bestraft, wer
  1. entgegen § 2 Abs. 1 oder 3, jeweils in Verbindung mit Anlage 2 Abschnitt 1 Nr. 1.1 oder 1.3.4, eine dort genannte Schusswaffe oder einen dort genannten Gegenstand erwirbt, besitzt, überlässt, führt, verbringt, mitnimmt, herstellt, bearbeitet, instand setzt oder damit Handel treibt,
  2. ohne Erlaubnis nach
     a) § 2 Abs. 2 in Verbindung mit Anlage 2 Abschnitt 2 Unterabschnitt 1 Satz 1, eine Schusswaffe oder Munition erwirbt, um sie entgegen § 34 Abs. 1 Satz 1 einem Nichtberechtigten zu überlassen,
     b) § 2 Abs. 2 in Verbindung mit Anlage 2 Abschnitt 2 Unterabschnitt 1 Satz 1, eine halb automatische Kurzwaffe zum Verschießen von Patronenmunition nach Anlage 1 Abschnitt 1 Unterabschnitt 3 Nr. 1.1 erwirbt, besitzt oder führt,
     c) § 2 Abs. 2 in Verbindung mit Anlage 2 Abschnitt 2 Unterabschnitt 1 Satz 1 in Verbindung mit § 21 Abs. 1 Satz 1 oder § 21a eine Schusswaffe oder Munition herstellt, bearbeitet, instand setzt oder damit Handel treibt,
     d) § 2 Abs. 2 in Verbindung mit Anlage 2 Abschnitt 2 Unterabschnitt 1 Satz 1 in Verbindung mit § 29 Abs. 1, § 30 Abs. 1 Satz 1 oder § 32 Abs. 1 Satz 1 eine Schusswaffe oder Munition in den oder durch den Geltungsbereich dieses Gesetzes verbringt oder mitnimmt,
  3. entgegen § 35 Abs. 3 Satz 1 eine Schusswaffe, Munition oder eine Hieb- oder Stoßwaffe im Reisegewerbe oder auf einer dort genannten Veranstaltung vertreibt oder anderen überlässt oder
  4. entgegen § 40 Abs. 1 zur Herstellung eines dort genannten Gegenstandes anleitet oder auffordert.
(2) Der Versuch ist strafbar.
(3) Mit Freiheitsstrafe bis zu drei Jahren oder mit Geldstrafe wird bestraft, wer
  1. entgegen § 2 Abs. 1 oder 3, jeweils in Verbindung mit Anlage 2 Abschnitt 1 Nr. 1.2.2 bis 1.2.5, 1.3.1 bis 1.3.3, 1.3.5 bis 1.3.8, 1.4.1 Satz 1, Nr. 1.4.2 bis 1.4.4 oder 1.5.3 bis 1.5.7, einen dort genannten Gegenstand erwirbt, besitzt, überlässt, führt, verbringt, mitnimmt, herstellt, bearbeitet, instand setzt oder damit Handel treibt,

2. ohne Erlaubnis nach § 2 Abs. 2 in Verbindung mit Anlage 2 Abschnitt 2 Unterabschnitt 1 Satz 1
   a) eine Schusswaffe erwirbt, besitzt, führt oder
   b) Munition erwirbt oder besitzt,
       wenn die Tat nicht in Absatz 1 Nr. 2 Buchstabe a oder b mit Strafe bedroht ist,
3. ohne Erlaubnis nach § 2 Abs. 2 in Verbindung mit Anlage 2 Abschnitt 2 Unterabschnitt 1 Satz 1 in Verbindung mit § 26 Abs. 1 Satz 1 eine Schusswaffe herstellt, bearbeitet oder instand setzt,
4. ohne Erlaubnis nach § 2 Absatz 2 in Verbindung mit Anlage 2 Abschnitt 2 Unterabschnitt 1 Satz 1 in Verbindung mit
   a) § 31 Absatz 1 eine dort genannte Schusswaffe oder Munition in einen anderen Mitgliedstaat verbringt oder
   b) § 32 Absatz 1a Satz 1 eine dort genannte Schusswaffe oder Munition in einen anderen Mitgliedstaat mitnimmt,
5. entgegen § 28 Abs. 2 Satz 1 eine Schusswaffe führt,
6. entgegen § 28 Abs. 3 Satz 2 eine Schusswaffe oder Munition überlässt,
7. entgegen § 34 Abs. 1 Satz 1 eine erlaubnispflichtige Schusswaffe oder erlaubnispflichtige Munition einem Nichtberechtigten überlässt,
7a. entgegen § 36 Absatz 1 Satz 1 in Verbindung mit einer Rechtsverordnung nach § 36 Absatz 5 Satz 1 eine dort genannte Vorkehrung für eine Schusswaffe nicht, nicht richtig oder nicht rechtzeitig trifft und dadurch die Gefahr verursacht, dass eine Schusswaffe oder Munition abhandenkommt oder darauf unbefugt zugegriffen wird,
8. einer vollziehbaren Anordnung nach § 41 Abs. 1 Satz 1 oder Abs. 2 zuwiderhandelt,
9. entgegen § 42 Abs. 1 eine Waffe führt oder
10. entgegen § 57 Abs. 5 Satz 1 den Besitz über eine Schusswaffe oder Munition ausübt.

(4) Handelt der Täter in den Fällen des Absatzes 1 Nr. 1, 2 Buchstabe b, c oder d oder Nr. 3 oder des Absatzes 3 Nummer 1 bis 7, 8, 9 oder 10 fahrlässig, so ist die Strafe bei den bezeichneten Taten nach Absatz 1 Freiheitsstrafe bis zu zwei Jahren oder Geldstrafe, bei Taten nach Absatz 3 Freiheitsstrafe bis zu einem Jahr oder Geldstrafe.

(5) In besonders schweren Fällen des Absatzes 1 Nr. 1 ist die Strafe Freiheitsstrafe von einem Jahr bis zu zehn Jahren. Ein besonders schwerer Fall liegt in der Regel vor, wenn der Täter gewerbsmäßig oder als Mitglied einer Bande, die sich zur fortgesetzten Begehung solcher Straftaten verbunden hat, unter Mitwirkung eines anderen Bandenmitgliedes handelt.

(6) In minder schweren Fällen des Absatzes 1 ist die Strafe Freiheitsstrafe bis zu drei Jahren oder Geldstrafe.

Quellenverzeichnis Gesetzessammlung

www.gesetze-im-internet.de
www.vbg.de

Siebtes Buch Sozialgesetzbuch Gesetzliche Unfallversicherung

10

(Artikel 1 des Gesetzes vom 7. August 1996, BGBl. I S. 1254)
SGB 7 (Auszug) Ausfertigungsdatum: 07.08.1996

Vollzitat:
  „Das Siebte Buch Sozialgesetzbuch – Gesetzliche Unfallversicherung – (Artikel 1 des Gesetzes vom 7. August 1996, BGBl. I S. 1254), das durch Artikel 8 des Gesetzes vom 23. Dezember 2016 (BGBl. I S. 3234) geändert worden ist"
  Stand: Zuletzt geändert durch Art. 3 Abs. 2 G v. 26.07.2016 I 1824 Hinweis: Änderung durch Art. 5 G v. 11.11.2016 I 2500 (Nr. 53) textlich nachgewiesen, dokumentarisch noch nicht abschließend bearbeitet Änderung durch Art. 8 G v. 23.12.2016 I 3234 (Nr. 66) noch nicht berücksichtigt[1]

Das Gesetz wurde vom Bundestag mit Zustimmung des Bundesrates beschlossen. Es ist gem. Art. 36 G v. 07.08.1996 I 1254 (UVEG 860–7/1) mWv 01.01.1997 in Kraft getreten. § 1 Nr 1, §§ 14 bis 25 sind am 21.08.1996 in Kraft getreten.

---

[1] (+++ Textnachweis ab: 21.08.1996 +++).

© Springer Fachmedien Wiesbaden GmbH, ein Teil von Springer
Nature 2021
R. Schwarz, *Kommentierte Gesetzessammlung Sachkunde nach § 34a und
Geprüfte Schutz- und Sicherheitskraft*,
https://doi.org/10.1007/978-3-658-33789-6_10

10.1 Erstes Kapitel Aufgaben, versicherter Personenkreis, Versicherungsfall

10.1.1 Erster Abschnitt Aufgaben der Unfallversicherung

§ 1 Prävention, Rehabilitation, Entschädigung
Aufgabe der Unfallversicherung ist es, nach Maßgabe der Vorschriften dieses Buches

1. mit allen geeigneten Mitteln Arbeitsunfälle und Berufskrankheiten sowie arbeitsbedingte Gesundheitsgefahren zu verhüten,
2. nach Eintritt von Arbeitsunfällen oder Berufskrankheiten die Gesundheit und die Leistungsfähigkeit der Versicherten mit allen geeigneten Mitteln wiederherzustellen und sie oder ihre Hinterbliebenen durch Geldleistungen zu entschädigen.

10.1.2 Zweiter Abschnitt Versicherter Personenkreis

§ 2 Versicherung kraft Gesetzes
(1) Kraft Gesetzes sind versichert
   1. Beschäftigte,
   2. Lernende während der beruflichen Aus- und Fortbildung in Betriebsstätten, Lehrwerkstätten, Schulungskursen und ähnlichen Einrichtungen,
   3. Personen, die sich Untersuchungen, Prüfungen oder ähnlichen Maßnahmen unterziehen, die aufgrund von Rechtsvorschriften zur Aufnahme einer versicherten Tätigkeit oder infolge einer abgeschlossenen versicherten Tätigkeit erforderlich sind, soweit diese Maßnahmen vom Unternehmen oder einer Behörde veranlasst worden sind,
   4. behinderte Menschen, die in anerkannten Werkstätten für behinderte Menschen oder in Blindenwerkstätten im Sinne des § 143 des Neunten Buches oder für diese Einrichtungen in Heimarbeit tätig sind,
   5. Personen, die

a) Unternehmer eines landwirtschaftlichen Unternehmens sind und ihre im Unternehmen mitarbeitenden Ehegatten oder Lebenspartner,

b) im landwirtschaftlichen Unternehmen nicht nur vorübergehend mitarbeitende Familienangehörige sind,

c) in landwirtschaftlichen Unternehmen in der Rechtsform von Kapital- oder Personenhandelsgesellschaften regelmäßig wie Unternehmer selbständig tätig sind,

d) ehrenamtlich in Unternehmen tätig sind, die unmittelbar der Sicherung, Überwachung oder Förderung der Landwirtschaft überwiegend dienen,

e) ehrenamtlich in den Berufsverbänden der Landwirtschaft tätig sind, wenn für das Unternehmen die landwirtschaftliche Berufsgenossenschaft zuständig ist.

6. Hausgewerbetreibende und Zwischenmeister sowie ihre mitarbeitenden Ehegatten oder Lebenspartner,

7. selbständig tätige Küstenschiffer und Küstenfischer, die zur Besatzung ihres Fahrzeugs gehören oder als Küstenfischer ohne Fahrzeug fischen und regelmäßig nicht mehr als vier Arbeitnehmer beschäftigen, sowie ihre mitarbeitenden Ehegatten oder Lebenspartner,

8. a) Kinder während des Besuchs von Tageseinrichtungen, deren Träger für den Betrieb der Einrichtungen der Erlaubnis nach § 45 des Achten Buches oder einer Erlaubnis aufgrund einer entsprechenden landesrechtlichen Regelung bedürfen, während der Betreuung durch geeignete Tagespflegepersonen im Sinne von § 23 des Achten Buches sowie während der Teilnahme an vorschulischen Sprachförderungskursen, wenn die Teilnahme auf Grund landesrechtlicher Regelungen erfolgt,

b) Schüler während des Besuchs von allgemein- oder berufsbildenden Schulen und während der Teilnahme an unmittelbar vor oder nach dem Unterricht von der Schule oder im Zusammenwirken mit ihr durchgeführten Betreuungsmaßnahmen,

c) Studierende während der Aus- und Fortbildung an Hochschulen,

9. Personen, die selbständig oder unentgeltlich, insbesondere ehrenamtlich im Gesundheitswesen oder in der Wohlfahrtspflege tätig sind,

10. Personen, die

a) für Körperschaften, Anstalten oder Stiftungen des öffentlichen Rechts oder deren Verbände oder Arbeitsgemeinschaften, für die in den Nummern 2 und 8 genannten Einrichtungen oder für privatrechtliche Organisationen im Auftrag oder mit ausdrücklicher Einwilligung, in besonderen Fällen mit schriftlicher Genehmigung von Gebietskörperschaften ehrenamtlich tätig sind oder an Ausbildungsveranstaltungen für diese Tätigkeit teilnehmen,

b) für öffentlich-rechtliche Religionsgemeinschaften und deren Einrichtungen oder für privatrechtliche Organisationen im Auftrag oder mit ausdrücklicher Einwilligung, in besonderen Fällen mit schriftlicher Genehmigung von öffentlich-rechtlichen Religionsgemeinschaften ehrenamtlich tätig sind oder an Ausbildungsveranstaltungen für diese Tätigkeit teilnehmen,

11. Personen, die

a) von einer Körperschaft, Anstalt oder Stiftung des öffentlichen Rechts zur Unterstützung einer Diensthandlung herangezogen werden,

b) von einer dazu berechtigten öffentlichen Stelle als Zeugen zur Beweiserhebung herangezogen werden,

12. Personen, die in Unternehmen zur Hilfe bei Unglücksfällen oder im Zivilschutz unentgeltlich, insbesondere ehrenamtlich tätig sind oder an Ausbildungsveranstaltungen dieser Unternehmen einschließlich der satzungsmäßigen Veranstaltungen, die der Nachwuchsförderung dienen, teilnehmen,

13. Personen, die

a) bei Unglücksfällen oder gemeiner Gefahr oder Not Hilfe leisten oder einen anderen aus erheblicher gegenwärtiger Gefahr für seine Gesundheit retten,

b) Blut oder körpereigene Organe, Organteile oder Gewebe spenden oder bei denen Voruntersuchungen oder Nachsorgemaßnahmen anlässlich der Spende vorgenommen werden,

c) sich bei der Verfolgung oder Festnahme einer Person, die einer Straftat verdächtig ist oder zum Schutz eines widerrechtlich Angegriffenen persönlich einsetzen,

14. Personen, die

a) nach den Vorschriften des Zweiten oder des Dritten Buches der Meldepflicht unterliegen, wenn sie einer besonderen, an sie im Einzelfall gerichteten Aufforderung der Bundesagentur für Arbeit, des nach § 6 Absatz 1 Satz 1 Nummer 2 des Zweiten Buches zuständigen Trägers oder eines nach § 6a des Zweiten Buches zugelassenen kommunalen Trägers nachkommen, diese oder eine andere Stelle aufzusuchen,

b) an einer Maßnahme teilnehmen, wenn die Person selbst oder die Maßnahme über die Bundesagentur für Arbeit, einen nach § 6 Absatz 1 Satz 1 Nummer 2 des Zweiten Buches zuständigen Träger oder einen nach § 6a des Zweiten Buches zugelassenen kommunalen Träger gefördert wird,

15. Personen, die

   a) auf Kosten einer Krankenkasse oder eines Trägers der gesetzlichen Rentenversicherung oder der landwirtschaftlichen Alterskasse stationäre oder teilstationäre Behandlung oder stationäre, teilstationäre oder ambulante Leistungen zur medizinischen Rehabilitation erhalten,

   b) zur Vorbereitung von Leistungen zur Teilhabe am Arbeitsleben auf Aufforderung eines Trägers der gesetzlichen Rentenversicherung oder der Bundesagentur für Arbeit einen dieser Träger oder eine andere Stelle aufsuchen,

   c) auf Kosten eines Unfallversicherungträgers an vorbeugenden Maßnahmen nach § 3 der Berufskrankheiten-Verordnung teilnehmen,

16. Personen, die bei der Schaffung öffentlich geförderten Wohnraums im Sinne des Zweiten Wohnungsbaugesetzes oder im Rahmen der sozialen Wohnraumförderung bei der Schaffung von Wohnraum im Sinne des § 16 Abs. 1 Nr. 1 bis 3 des Wohnraumförderungsgesetzes oder entsprechender landesrechtlicher Regelungen im Rahmen der Selbsthilfe tätig sind,

17. Pflegepersonen im Sinne des § 19 Satz 1 und 2 des Elften Buches bei der Pflege eines Pflegebedürftigen mit mindestens Pflegegrad 2 im Sinne der §§ 14 und 15 Absatz 3 des Elften Buches; die versicherte Tätigkeit umfasst pflegerische Maßnahmen in den in § 14 Absatz 2 des Elften Buches genannten Bereichen sowie Hilfen bei der Haushaltsführung nach § 18 Absatz 5a Satz 3 Nummer 2 des Elften Buches.

(1a) Versichert sind auch Personen, die nach Erfüllung der Schulpflicht auf der Grundlage einer schriftlichen Vereinbarung im Dienst eines geeigneten Trägers im Umfang von durchschnittlich mindestens acht Wochenstunden und für die Dauer von mindestens sechs Monaten als Freiwillige einen Freiwilligendienst aller Generationen unentgeltlich leisten. Als Träger des Freiwilligendienstes aller Generationen geeignet sind inländische juristische Personen des öffentlichen Rechts oder unter § 5 Abs. 1 Nr. 9 des Körperschaftsteuergesetzes fallende Einrichtungen zur Förderung gemeinnütziger, mildtätiger oder kirchlicher Zwecke (§§ 52 bis 54 der Abgabenordnung), wenn sie die Haftpflichtversicherung und eine kontinuierliche Begleitung der Freiwilligen und deren Fort- und Weiterbildung im Umfang von mindestens durchschnittlich 60 Stunden je Jahr sicherstellen. Die Träger haben fortlaufende Aufzeichnungen zu führen über die bei ihnen nach Satz 1 tätigen Personen, die Art und den Umfang der Tätigkeiten und die Einsatzorte. Die Aufzeichnungen sind mindestens fünf Jahre lang aufzubewahren.

(2) Ferner sind Personen versichert, die wie nach Absatz 1 Nr. 1 Versicherte tätig
    werden. Satz 1 gilt auch für Personen, die während einer aufgrund eines Geset-
    zes angeordneten Freiheitsentziehung oder aufgrund einer strafrichterlichen,
    staatsanwaltlichen oder jugendbehördlichen Anordnung wie Beschäftigte tä-
    tig werden.

(3) Absatz 1 Nr. 1 gilt auch für

1. Personen, die im Ausland bei einer amtlichen Vertretung des Bundes oder
    der Länder oder bei deren Leitern, Mitgliedern oder Bediensteten beschäf-
    tigt und in der gesetzlichen Rentenversicherung nach § 4 Absatz 1 Satz 2
    des Sechsten Buches pflichtversichert sind,

2. Personen, die

    a) im Sinne des Entwicklungshelfer-Gesetzes Entwicklungsdienst oder
        Vorbereitungsdienst leisten,

    b) einen entwicklungspolitischen Freiwilligendienst „weltwärts" im Sinne
        der Richtlinie des Bundesministeriums für wirtschaftliche Zusammen-
        arbeit und Entwicklung vom 1. August 2007 (BAnz. 2008 S. 1297)
        leisten,

    c) einen Internationalen Jugendfreiwilligendienst im Sinne der Richtlinie
        Internationaler Jugendfreiwilligendienst des Bundesministeriums für
        Familie, Senioren, Frauen und Jugend vom 20. Dezember 2010 (GMBl
        S. 1778) leisten,

3. Personen, die

    d) eine Tätigkeit bei einer zwischenstaatlichen oder überstaatlichen Orga-
        nisation ausüben und deren Beschäftigungsverhältnis im öffentlichen
        Dienst während dieser Zeit ruht,

    e) als Lehrkräfte vom Auswärtigen Amt durch das Bundesverwaltungsamt
        an Schulen im Ausland vermittelt worden sind oder

    f) für ihre Tätigkeit bei internationalen Einsätzen zur zivilen Krisenprä-
        vention durch einen Sekundierungsvertrag nach dem Sekundierungsge-
        setz abgesichert werden.

    Die Versicherung nach Satz 1 Nummer 3 Buchstabe a und c erstreckt
    sich auch auf Unfälle oder Krankheiten, die infolge einer Verschleppung
    oder einer Gefangenschaft eintreten oder darauf beruhen, dass der Versi-
    cherte aus sonstigen mit seiner Tätigkeit zusammenhängenden Gründen,
    die er nicht zu vertreten hat, dem Einflussbereich seines Arbeitgebers
    oder der für die Durchführung seines Einsatzes verantwortlichen Einrich-
    tung entzogen ist. Gleiches gilt, wenn Unfälle oder Krankheiten auf ge-
    sundheitsschädigende oder sonst vom Inland wesentlich abweichende

Verhältnisse bei der Tätigkeit oder dem Einsatz im Ausland zurückzuführen sind. Soweit die Absätze 1 bis 2 weder eine Beschäftigung noch eine selbständige Tätigkeit voraussetzen, gelten sie abweichend von § 3 Nr. 2 des Vierten Buches für alle Personen, die die in diesen Absätzen genannten Tätigkeiten im Inland ausüben; § 4 des Vierten Buches gilt entsprechend. Absatz 1 Nr. 13 gilt auch für Personen, die im Ausland tätig werden, wenn sie im Inland ihren Wohnsitz oder gewöhnlichen Aufenthalt haben.

(4) Familienangehörige im Sinne des Absatzes 1 Nr. 5 Buchstabe b sind
   1. Verwandte bis zum dritten Grade,
   2. Verschwägerte bis zum zweiten Grade,
   3. Pflegekinder (§ 56 Abs. 2 Nr. 2 des Ersten Buches)
   der Unternehmer, ihrer Ehegatten oder ihrer Lebenspartner.

§ 8 Arbeitsunfall

(1) Arbeitsunfälle sind Unfälle von Versicherten infolge einer den Versicherungsschutz nach § 2, 3 oder 6 begründenden Tätigkeit (versicherte Tätigkeit). Unfälle sind zeitlich begrenzte, von außen auf den Körper einwirkende Ereignisse, die zu einem Gesundheitsschaden oder zum Tod führen.

(2) Versicherte Tätigkeiten sind auch
   1. das Zurücklegen des mit der versicherten Tätigkeit zusammenhängenden unmittelbaren Weges nach und von dem Ort der Tätigkeit,
   2. das Zurücklegen des von einem unmittelbaren Weg nach und von dem Ort der Tätigkeit abweichenden Weges, um
      a) Kinder von Versicherten (§ 56 des Ersten Buches), die mit ihnen in einem gemeinsamen Haushalt leben, wegen ihrer, ihrer Ehegatten oder ihrer Lebenspartner beruflichen Tätigkeit fremder Obhut anzuvertrauen oder
      b) mit anderen Berufstätigen oder Versicherten gemeinsam ein Fahrzeug zu benutzen,
   3. das Zurücklegen des von einem unmittelbaren Weg nach und von dem Ort der Tätigkeit abweichenden Weges der Kinder von Personen (§ 56 des Ersten Buches), die mit ihnen in einem gemeinsamen Haushalt leben, wenn die Abweichung darauf beruht, daß die Kinder wegen der beruflichen Tätigkeit dieser Personen oder deren Ehegatten oder deren Lebenspartner fremder Obhut anvertraut werden,
   4. das Zurücklegen des mit der versicherten Tätigkeit zusammenhängenden Weges von und nach der ständigen Familienwohnung, wenn die Versicher-

ten wegen der Entfernung ihrer Familienwohnung von dem Ort der Tätigkeit an diesem oder in dessen Nähe eine Unterkunft haben,

5. das mit einer versicherten Tätigkeit zusammenhängende Verwahren, Befördern, Instandhalten und Erneuern eines Arbeitsgeräts oder einer Schutzausrüstung sowie deren Erstbeschaffung, wenn diese auf Veranlassung der Unternehmer erfolgt.

(3) Als Gesundheitsschaden gilt auch die Beschädigung oder der Verlust eines Hilfsmittels.

§ 9 Berufskrankheit

(1) Berufskrankheiten sind Krankheiten, die die Bundesregierung durch Rechtsverordnung mit Zustimmung des Bundesrates als Berufskrankheiten bezeichnet und die Versicherte infolge einer den Versicherungsschutz nach § 2, 3 oder 6 begründenden Tätigkeit erleiden. Die Bundesregierung wird ermächtigt, in der Rechtsverordnung solche Krankheiten als Berufskrankheiten zu bezeichnen, die nach den Erkenntnissen der medizinischen Wissenschaft durch besondere Einwirkungen verursacht sind, denen bestimmte Personengruppen durch ihre versicherte Tätigkeit in erheblich höherem Grade als die übrige Bevölkerung ausgesetzt sind; sie kann dabei bestimmen, daß die Krankheiten nur dann Berufskrankheiten sind, wenn sie durch Tätigkeiten in bestimmten Gefährdungsbereichen verursacht worden sind oder wenn sie zur Unterlassung aller Tätigkeiten geführt haben, die für die Entstehung, die Verschlimmerung oder das Wiederaufleben der Krankheit ursächlich waren oder sein können. In der Rechtsverordnung kann ferner bestimmt werden, inwieweit Versicherte in Unternehmen der Seefahrt auch in der Zeit gegen Berufskrankheiten versichert sind, in der sie an Land beurlaubt sind.

(2) Die Unfallversicherungsträger haben eine Krankheit, die nicht in der Rechtsverordnung bezeichnet ist oder bei der die dort bestimmten Voraussetzungen nicht vorliegen, wie eine Berufskrankheit als Versicherungsfall anzuerkennen, sofern im Zeitpunkt der Entscheidung nach neuen Erkenntnissen der medizinischen Wissenschaft die Voraussetzungen für eine Bezeichnung nach Absatz 1 Satz 2 erfüllt sind.

(3) Erkranken Versicherte, die infolge der besonderen Bedingungen ihrer versicherten Tätigkeit in erhöhtem Maße der Gefahr der Erkrankung an einer in der Rechtsverordnung nach Absatz 1 genannten Berufskrankheit ausgesetzt waren, an einer solchen Krankheit und können Anhaltspunkte für eine Verursachung außerhalb der versicherten Tätigkeit nicht festgestellt werden, wird vermutet, daß diese infolge der versicherten Tätigkeit verursacht worden ist.

(4) Setzt die Anerkennung einer Krankheit als Berufskrankheit die Unterlassung aller Tätigkeiten voraus, die für die Entstehung, die Verschlimmerung oder das Wiederaufleben der Krankheit ursächlich waren oder sein können, haben die Unfallversicherungsträger vor Unterlassung einer noch verrichteten gefährdenden Tätigkeit darüber zu entscheiden, ob die übrigen Voraussetzungen für die Anerkennung einer Berufskrankheit erfüllt sind.

(5) Soweit Vorschriften über Leistungen auf den Zeitpunkt des Versicherungsfalls abstellen, ist bei Berufskrankheiten auf den Beginn der Arbeitsunfähigkeit oder der Behandlungsbedürftigkeit oder, wenn dies für den Versicherten günstiger ist, auf den Beginn der rentenberechtigenden Minderung der Erwerbsfähigkeit abzustellen.

(…)

10.2 Zweites Kapitel Prävention

§ 14 Grundsatz

(1) Die Unfallversicherungsträger haben mit allen geeigneten Mitteln für die Verhütung von Arbeitsunfällen, Berufskrankheiten und arbeitsbedingten Gesundheitsgefahren und für eine wirksame Erste Hilfe zu sorgen. Sie sollen dabei auch den Ursachen von arbeitsbedingten Gefahren für Leben und Gesundheit nachgehen.

(2) Bei der Verhütung arbeitsbedingter Gesundheitsgefahren arbeiten die Unfallversicherungsträger mit den Krankenkassen zusammen.

(3) Die Unfallversicherungsträger nehmen an der Entwicklung, Umsetzung und Fortschreibung der gemeinsamen deutschen Arbeitsschutzstrategie gemäß den Bestimmungen des Fünften Abschnitts des Arbeitsschutzgesetzes und der nationalen Präventionsstrategie nach §§ 20d bis 20f des Fünften Buches teil.

(4) Die Deutsche Gesetzliche Unfallversicherung e. V. unterstützt die Unfallversicherungsträger bei der Erfüllung ihrer Präventionsaufgaben nach Absatz 1. Sie nimmt insbesondere folgende Aufgaben wahr:

1. Koordinierung, Durchführung und Förderung gemeinsamer Maßnahmen sowie der Forschung auf dem Gebiet der Prävention von Arbeitsunfällen, Berufskrankheiten und arbeitsbedingten Gesundheitsgefahren,
2. Klärung von grundsätzlichen Fach- und Rechtsfragen zur Sicherung der einheitlichen Rechtsanwendung in der Prävention.

§ 15 Unfallverhütungsvorschriften

(1) Die Unfallversicherungsträger können unter Mitwirkung der Deutschen Gesetzlichen Unfallversicherung e. V. als autonomes Recht Unfallverhütungsvorschriften über Maßnahmen zur Verhütung von Arbeitsunfällen, Berufskrankheiten und arbeitsbedingten Gesundheitsgefahren oder für eine wirksame Erste Hilfe erlassen, soweit dies zur Prävention geeignet und erforderlich ist und staatliche Arbeitsschutzvorschriften hierüber keine Regelung treffen; in diesem Rahmen können Unfallverhütungsvorschriften erlassen werden über

1. Einrichtungen, Anordnungen und Maßnahmen, welche die Unternehmer zur Verhütung von Arbeitsunfällen, Berufskrankheiten und arbeitsbedingten Gesundheitsgefahren zu treffen haben, sowie die Form der Übertragung dieser Aufgaben auf andere Personen,

2. das Verhalten der Versicherten zur Verhütung von Arbeitsunfällen, Berufskrankheiten und arbeitsbedingten Gesundheitsgefahren,

3. vom Unternehmer zu veranlassende arbeitsmedizinische Untersuchungen und sonstige arbeitsmedizinische Maßnahmen vor, während und nach der Verrichtung von Arbeiten, die für Versicherte oder für Dritte mit arbeitsbedingten Gefahren für Leben und Gesundheit verbunden sind,

4. Voraussetzungen, die der Arzt, der mit Untersuchungen oder Maßnahmen nach Nummer 3 beauftragt ist, zu erfüllen hat, sofern die ärztliche Untersuchung nicht durch eine staatliche Rechtsvorschrift vorgesehen ist,

5. die Sicherstellung einer wirksamen Ersten Hilfe durch den Unternehmer,

6. die Maßnahmen, die der Unternehmer zur Erfüllung der sich aus dem Gesetz über Betriebsärzte, Sicherheitsingenieure und andere Fachkräfte für Arbeitssicherheit ergebenden Pflichten zu treffen hat,

7. die Zahl der Sicherheitsbeauftragten, die nach § 22 unter Berücksichtigung der in den Unternehmen für Leben und Gesundheit der Versicherten bestehenden arbeitsbedingten Gefahren und der Zahl der Beschäftigten zu bestellen sind.

In der Unfallverhütungsvorschrift nach Satz 1 Nr. 3 kann bestimmt werden, daß arbeitsmedizinische Vorsorgeuntersuchungen auch durch den Unfallversicherungsträger veranlaßt werden können. Die Deutsche Gesetzliche Unfallversicherung e. V. wirkt beim Erlass von Unfallverhütungsvorschriften auf Rechtseinheitlichkeit hin.

(…)

§ 17 Überwachung und Beratung

(1) Die Unfallversicherungsträger haben die Durchführung der Maßnahmen zur Verhütung von Arbeitsunfällen, Berufskrankheiten, arbeitsbedingten Gesundheitsgefahren und für eine wirksame Erste Hilfe in den Unternehmen zu überwachen sowie die Unternehmer und die Versicherten zu beraten.

(2) Soweit in einem Unternehmen Versicherte tätig sind, für die ein anderer Unfallversicherungsträger zuständig ist, kann auch dieser die Durchführung der Maßnahmen zur Verhütung von Arbeitsunfällen, Berufskrankheiten, arbeitsbedingten Gesundheitsgefahren und für eine wirksame Erste Hilfe überwachen. Beide Unfallversicherungsträger sollen, wenn nicht sachliche Gründe entgegenstehen, die Überwachung und Beratung abstimmen und sich mit deren Wahrnehmung auf einen Unfallversicherungsträger verständigen.

(3) Erwachsen dem Unfallversicherungsträger durch Pflichtversäumnis eines Unternehmers bare Auslagen für die Überwachung seines Unternehmens, so kann der Vorstand dem Unternehmer diese Kosten auferlegen.

§ 18 Aufsichtspersonen

(1) Die Unfallversicherungsträger sind verpflichtet, Aufsichtspersonen in der für eine wirksame Überwachung und Beratung gemäß § 17 erforderlichen Zahl zu beschäftigen.

(...)

§ 19 Befugnisse der Aufsichtspersonen

(1) Die Aufsichtspersonen können im Einzelfall anordnen, welche Maßnahmen Unternehmerinnen und Unternehmer oder Versicherte zu treffen haben

1. zur Erfüllung ihrer Pflichten aufgrund der Unfallverhütungsvorschriften nach § 15,

2. zur Abwendung besonderer Unfall- und Gesundheitsgefahren.

Die Aufsichtspersonen sind berechtigt, bei Gefahr im Verzug sofort vollziehbare Anordnungen zur Abwendung von arbeitsbedingten Gefahren für Leben und Gesundheit zu treffen. Anordnungen nach den Sätzen 1 und 2 können auch gegenüber Unternehmerinnen und Unternehmern sowie gegenüber Beschäftigten von ausländischen Unternehmen getroffen werden, die eine Tätigkeit im Inland ausüben, ohne einem Unfallversicherungsträger anzugehören.

(2) Zur Überwachung der Maßnahmen zur Verhütung von Arbeitsunfällen, Berufskrankheiten, arbeitsbedingten Gesundheitsgefahren und für eine wirksame
Erste Hilfe sind die Aufsichtspersonen insbesondere befugt,

1. zu den Betriebs- und Geschäftszeiten Grundstücke und Betriebsstätten zu
betreten, zu besichtigen und zu prüfen,

2. von dem Unternehmer die zur Durchführung ihrer Überwachungsaufgabe
erforderlichen Auskünfte zu verlangen,

3. geschäftliche und betriebliche Unterlagen des Unternehmers einzusehen,
soweit es die Durchführung ihrer Überwachungsaufgabe erfordert,

4. Arbeitsmittel und persönliche Schutzausrüstungen sowie ihre bestimmungsgemäße Verwendung zu prüfen,

5. Arbeitsverfahren und Arbeitsabläufe zu untersuchen und insbesondere das
Vorhandensein und die Konzentration gefährlicher Stoffe und Zubereitungen zu ermitteln oder, soweit die Aufsichtspersonen und der Unternehmer
die erforderlichen Feststellungen nicht treffen können, auf Kosten des Unternehmers ermitteln zu lassen,

6. gegen Empfangsbescheinigung Proben nach ihrer Wahl zu fordern oder zu
entnehmen; soweit der Unternehmer nicht ausdrücklich darauf verzichtet,
ist ein Teil der Proben amtlich verschlossen oder versiegelt zurückzulassen,

7. zu untersuchen, ob und auf welche betriebliche Ursachen ein Unfall, eine
Erkrankung oder ein Schadensfall zurückzuführen ist,

8. die Begleitung durch den Unternehmer oder eine von ihm beauftragte Person zu verlangen.

Der Unternehmer hat die Maßnahmen nach Satz 1 Nr. 1 und 3 bis 7 zu
dulden. Zur Verhütung dringender Gefahren können die Maßnahmen nach
Satz 1 auch in Wohnräumen und zu jeder Tages- und Nachtzeit getroffen wer-
den. Das Grundrecht der Unverletzlichkeit der Wohnung (Artikel 13 des
Grundgesetzes) wird insoweit eingeschränkt. Die Eigentümer und Besitzer der
Grundstücke, auf denen der Unternehmer tätig ist, haben das Betreten der
Grundstücke zu gestatten.

(3) Der Unternehmer hat die Aufsichtsperson zu unterstützen, soweit dies zur Erfüllung ihrer Aufgaben erforderlich ist. Auskünfte auf Fragen, deren Beantwortung den Unternehmer selbst oder einen seiner in § 383 Abs. 1 Nr. 1 bis 3
der Zivilprozeßordnung bezeichneten Angehörigen der Gefahr der Verfolgung
wegen einer Straftat oder Ordnungswidrigkeit aussetzen würde, können ver-
weigert werden.

§ 21 Verantwortung des Unternehmers, Mitwirkung der Versicherten

(1) Der Unternehmer ist für die Durchführung der Maßnahmen zur Verhütung von Arbeitsunfällen und Berufskrankheiten, für die Verhütung von arbeitsbedingten Gesundheitsgefahren sowie für eine wirksame Erste Hilfe verantwortlich.

(2) Ist bei einer Schule der Unternehmer nicht Schulhoheitsträger, ist auch der Schulhoheitsträger in seinem Zuständigkeitsbereich für die Durchführung der in Absatz 1 genannten Maßnahmen verantwortlich. Der Schulhoheitsträger ist verpflichtet, im Benehmen mit dem für die Versicherten nach § 2 Abs. 1 Nr. 8 Buchstabe b zuständigen Unfallversicherungsträger Regelungen über die Durchführung der in Absatz 1 genannten Maßnahmen im inneren Schulbereich zu treffen.

(3) Die Versicherten haben nach ihren Möglichkeiten alle Maßnahmen zur Verhütung von Arbeitsunfällen, Berufskrankheiten und arbeitsbedingten Gesundheitsgefahren sowie für eine wirksame Erste Hilfe zu unterstützen und die entsprechenden Anweisungen des Unternehmers zu befolgen.

10.3 Fünftes Kapitel Organisation

10.3.1 Erster Abschnitt Unfallversicherungsträger

§ 114 Unfallversicherungsträger

(1) Träger der gesetzlichen Unfallversicherung (Unfallversicherungsträger) sind
1. die in der Anlage 1 aufgeführten gewerblichen Berufsgenossenschaften,
2. die Sozialversicherung für Landwirtschaft, Forsten und Gartenbau; bei Durchführung der Aufgaben nach diesem Gesetz und in sonstigen Angelegenheiten der landwirtschaftlichen Unfallversicherung führt sie die Bezeichnung landwirtschaftliche Berufsgenossenschaft,
3. die Unfallversicherung Bund und Bahn,
4. die Unfallkassen der Länder,
5. die Gemeindeunfallversicherungsverbände und Unfallkassen der Gemeinden,
6. die Feuerwehr-Unfallkassen,
7. die gemeinsamen Unfallkassen für den Landes- und den kommunalen Bereich.

Die landwirtschaftliche Berufsgenossenschaft nimmt in der landwirtschaftlichen Unfallversicherung Verbandsaufgaben wahr.
(…)

10.3.2 Fünfter Abschnitt Gemeinsame Vorschriften für Leistungen

§ 101 Ausschluss oder Minderung von Leistungen

(1) Personen, die den Tod von Versicherten vorsätzlich herbeigeführt haben, haben
keinen Anspruch auf Leistungen.

(2) Leistungen können ganz oder teilweise versagt oder entzogen werden, wenn
der Versicherungsfall bei einer von Versicherten begangenen Handlung eingetreten ist, die nach rechtskräftigem strafgerichtlichen Urteil ein Verbrechen
oder vorsätzliches Vergehen ist. Zuwiderhandlungen gegen Bergverordnungen
oder bergbehördliche Anordnungen gelten nicht als Vergehen im Sinne des
Satzes 1. Soweit die Leistung versagt wird, kann sie an unterhaltsberechtigte
Ehegatten oder Lebenspartner und Kinder geleistet werden.

10.3.3 Zweiter Abschnitt Zuständigkeit

Erster Unterabschnitt Zuständigkeit der gewerblichen Berufsgenossenschaften

§ 121 Zuständigkeit der gewerblichen Berufsgenossenschaften

(1) Die gewerblichen Berufsgenossenschaften sind für alle Unternehmen (Be-
triebe, Verwaltungen, Einrichtungen, Tätigkeiten) zuständig, soweit sich nicht
aus dem Zweiten und Dritten Unterabschnitt eine Zuständigkeit der landwirtschaftlichen Berufsgenossenschaft oder der Unfallversicherungsträger der öffentlichen Hand ergibt.

(2) Die Berufsgenossenschaft Verkehrswirtschaft Post-Logistik Telekommunikation ist über § 122 hinaus zuständig
1. für die Unternehmensarten, für die die Berufsgenossenschaft für Transport
und Verkehrswirtschaft bis zum 31. Dezember 2015 zuständig war,

2. für Unternehmen der Seefahrt, soweit sich nicht aus dem Dritten Unterabschnitt eine Zuständigkeit der Unfallversicherungsträger der öffentlichen Hand ergibt,

3. für die Bundesanstalt für Post und Telekommunikation Deutsche Bundespost,

4. für die aus dem Sondervermögen der Deutschen Bundespost hervorgegangenen Aktiengesellschaften,

5. für die Unternehmen, die

    a) aus den Unternehmen im Sinne der Nummer 4 ausgegliedert worden sind und von diesen überwiegend beherrscht werden oder

    b) aus den Unternehmen im Sinne des Buchstabens a ausgegliedert worden sind und von diesen überwiegend beherrscht werden und unmittelbar und überwiegend Post-, Postbank- oder Telekommunikationsaufgaben erfüllen oder diesen Zwecken wie Hilfsunternehmen dienen,

6. für die betrieblichen Sozialeinrichtungen und in den durch Satzung anerkannten Selbsthilfeeinrichtungen der Bundesanstalt für Post und Telekommunikation Deutsche Bundespost,

7. für die Bundesdruckerei GmbH und für die aus ihr ausgegliederten Unternehmen, sofern diese von der Bundesdruckerei GmbH überwiegend beherrscht werden und ihren Zwecken als Neben- oder Hilfsunternehmen überwiegend dienen,

8. für die Museumsstiftung Post und Telekommunikation.

    § 125 Absatz 4 gilt entsprechend. Über die Übernahme von Unternehmen nach Satz 1 Nummer 3 bis 8 und den Widerruf entscheidet das Bundesministerium der Finanzen.

    (…)

10.4 Achtes Kapitel Datenschutz

10.4.1 Erster Abschnitt Grundsätze

§ 199 Erhebung, Verarbeitung und Nutzung von Daten durch die Unfallversicherungsträger

(1) Die Unfallversicherungsträger dürfen Sozialdaten nur erheben und speichern, soweit dies zur Erfüllung ihrer gesetzlich vorgeschriebenen oder zugelassenen Aufgaben erforderlich ist. Ihre Aufgaben sind

    (…)

10.5   Neuntes Kapitel Bußgeldvorschriften

§ 209 Bußgeldvorschriften

(1) Ordnungswidrig handelt, wer vorsätzlich oder fahrlässig

1. einer Unfallverhütungsvorschrift nach § 15 Abs. 1 oder 2 zuwiderhandelt, soweit sie für einen bestimmten Tatbestand auf diese Bußgeldvorschrift verweist,
2. einer vollziehbaren Anordnung nach § 19 Abs. 1 zuwiderhandelt,
3. entgegen § 19 Abs. 2 Satz 2 eine Maßnahme nicht duldet,
4. entgegen § 138 die Versicherten nicht unterrichtet,
5. entgegen
   a) § 165 Absatz 1 Satz 1, auch in Verbindung mit einer Satzung nach § 165 Absatz 1 Satz 2 oder Satz 3 dieses Buches, jeweils in Verbindung mit § 34 Absatz 1 Satz 1 des Vierten Buches, oder
   b) § 194 eine Meldung nicht, nicht richtig, nicht vollständig oder nicht rechtzeitig macht,
6. entgegen § 165 Absatz 2 Satz 1 in Verbindung mit einer Satzung nach § 34 Absatz 1 Satz 1 des Vierten Buches einen dort genannten Nachweis nicht, nicht richtig, nicht vollständig oder nicht rechtzeitig einreicht,
7. entgegen § 165 Abs. 4 eine Aufzeichnung nicht führt oder nicht oder nicht mindestens fünf Jahre aufbewahrt,
   7a. entgegen § 183 Absatz 6 Satz 1 in Verbindung mit einer Satzung nach § 34 Absatz 1 Satz 1 des Vierten Buches eine Auskunft nicht, nicht richtig, nicht vollständig oder nicht rechtzeitig gibt,
8. entgegen § 192 Abs. 1 Nr. 1 bis 3 oder Abs. 4 Satz 1 eine Mitteilung nicht, nicht richtig, nicht vollständig oder nicht rechtzeitig macht,
9. entgegen § 193 Abs. 1 Satz 1, auch in Verbindung mit Satz 2, Abs. 2, 3 Satz 2, Abs. 4 oder 6 eine Anzeige nicht, nicht richtig oder nicht rechtzeitig erstattet,
10. entgegen § 193 Abs. 9 einen Unfall nicht in das Schiffstagebuch einträgt, nicht darstellt oder nicht in einer besonderen Niederschrift nachweist oder
11. entgegen § 198 oder 203 Abs. 1 Satz 1 eine Auskunft nicht, nicht richtig, nicht vollständig oder nicht rechtzeitig erteilt.

In den Fällen der Nummer 5, die sich auf geringfügige Beschäftigungen in Privathaushalten im Sinne von § 8a des Vierten Buches beziehen, findet § 266a Abs. 2 des Strafgesetzbuches keine Anwendung.

(2) Ordnungswidrig handelt, wer als Unternehmer Versicherten Beiträge ganz oder zum Teil auf das Arbeitsentgelt anrechnet.

(3) Die Ordnungswidrigkeit kann in den Fällen des Absatzes 1 Nr. 1 bis 3 mit einer Geldbuße bis zu zehntausend Euro, in den Fällen des Absatzes 2 mit einer Geldbuße bis zu fünftausend Euro, in den übrigen Fällen mit einer Geldbuße bis zu zweitausendfünfhundert Euro geahndet werden.

Quellenverzeichnis Gesetzessammlung

www.gesetze-im-internet.de
www.vbg.de

DGUV Vorschrift 1

(Auszug)

11

11.1 Erstes Kapitel Allgemeine Vorschriften

§ 1 Geltungsbereich von Unfallverhütungsvorschriften

(1) Unfallverhütungsvorschriften gelten für Unternehmer und Versicherte; sie gelten auch für Unternehmer und Beschäftigte von ausländischen Unternehmen, die eine Tätigkeit im Inland ausüben, ohne einem Unfallversicherungsträger anzugehören; soweit in dem oder für das Unternehmen Versicherte tätig werden, für die ein anderer Unfallversicherungsträger zuständig ist.

(2) Für Unternehmer mit Versicherten nach § 2 Absatz 1 Nummer 8 Buchstabe b Sozialgesetzbuch Siebtes Buch (SGB VII) gilt diese Unfallverhütungsvorschrift nur, soweit nicht der innere Schulbereich betroffen ist. Erstes Kapitel Allgemeine Vorschriften

11.2 Zweites Kapitel Pflichten des Unternehmers

§ 2 Grundpflichten des Unternehmers

(1) Der Unternehmer hat die erforderlichen Maßnahmen zur Verhütung von Arbeitsunfällen, Berufskrankheiten und arbeitsbedingten Gesundheitsgefahren sowie für eine wirksame Erste Hilfe zu treffen. Die zu treffenden Maßnahmen sind insbesondere in staatlichen Arbeitsschutzvorschriften (Anlage 1), dieser

© Springer Fachmedien Wiesbaden GmbH, ein Teil von Springer Nature 2021
R. Schwarz, *Kommentierte Gesetzessammlung Sachkunde nach § 34a und Geprüfte Schutz- und Sicherheitskraft*,
https://doi.org/10.1007/978-3-658-33789-6_11

Unfallverhütungsvorschrift und in weiteren Unfallverhütungsvorschriften näher bestimmt. Die in staatlichem Recht bestimmten Maßnahmen gelten auch zum Schutz von Versicherten, die keine Beschäftigten sind.

(2) Der Unternehmer hat bei den Maßnahmen nach Absatz 1 von den allgemeinen Grundsätzen nach § 4 Arbeitsschutzgesetz auszugehen und dabei vorrangig das staatliche Regelwerk sowie das Regelwerk der Unfallversicherungsträger heranzuziehen.

(3) Der Unternehmer hat die Maßnahmen nach Absatz 1 entsprechend den Bestimmungen des § 3 Absatz 1 Sätze 2 und 3 und Absatz 2 Arbeitsschutzgesetz zu planen, zu organisieren, durchzuführen und erforderlichenfalls an veränderte Gegebenheiten anzupassen.

(4) Der Unternehmer darf keine sicherheitswidrigen Weisungen erteilen.

(5) Kosten für Maßnahmen nach dieser Unfallverhütungsvorschrift und den für ihn sonst geltenden Unfallverhütungsvorschriften darf der Unternehmer nicht den Versicherten auferlegen.

§ 4 Unterweisung der Versicherten

(1) Der Unternehmer hat die Versicherten über Sicherheit und Gesundheitsschutz bei der Arbeit, insbesondere über die mit ihrer Arbeit verbundenen Gefährdungen und die Maßnahmen zu ihrer Verhütung, entsprechend § 12 Absatz 1 Arbeitsschutzgesetz sowie bei einer Arbeitnehmerüberlassung entsprechend § 12 Absatz 2 Arbeitsschutzgesetz zu unterweisen; die Unterweisung muss erforderlichenfalls wiederholt werden, mindestens aber einmal jährlich erfolgen; sie muss dokumentiert werden.

(2) Der Unternehmer hat den Versicherten die für ihren Arbeitsbereich oder für ihre Tätigkeit relevanten Inhalte der geltenden Unfallverhütungsvorschriften und Regeln der Unfallversicherungsträger sowie des einschlägigen staatlichen Vorschriften- und Regelwerks in verständlicher Weise zu vermitteln.

(3) Der Unternehmer nach § 136 Absatz 3 Nummer 3 Alternative 2 Sozialgesetzbuch Siebtes Buch (SGB VII) hat den Schulhoheitsträger hinsichtlich Unterweisungen für Versicherte nach § 2 Absatz 1 Nummer 8 Buchstabe b SGB VII zu unterstützen.

Quellenverzeichnis Gesetzessammlung

www.gesetze-im-internet.de
www.vbg.de

DGUV Vorschrift 23

12

(Auszug)

12.1 I. Geltungsbereich

§ 1 Geltungsbereich

Diese Unfallverhütungsvorschrift gilt für Wach- und Sicherungstätigkeiten zum Schutze von Personen und Sachwerten.

> **DA zu § 1**
> Wach- und Sicherungstätigkeiten im Sinne dieser Unfallverhütungsvorschrift sind gewerbsmäßig ausgeübte Tätigkeiten zum Schutze von Personen und Sachwerten, z. B.
>
> - Sicherung von Objekten einschließlich Werkschutz,
> - Empfangs- und Pfortendienst,
> - Revier- und Streifendienst,
> - Sicherungs-, Kontroll- und Ordnungsdienst in öffentlichen Bereichen,
> - Notruf- und Serviceleitstellendienst,
> - Alarmverfolgung,
> - Sicherungsdienst im Handel, z. B. Kaufhausdetektive, Doormen,
> - Sicherungs- und Ordnungsdienst bei Veranstaltungen, z. B. in Diskotheken,
> - Personenschutz,
> - Sicherungs- und Kontrolldienst, z. B. im Bereich Justiz, in Gewahrsamseinrichtungen, Asylbewerberheimen,

© Springer Fachmedien Wiesbaden GmbH, ein Teil von Springer Nature 2021
R. Schwarz, *Kommentierte Gesetzessammlung Sachkunde nach § 34a und Geprüfte Schutz- und Sicherheitskraft*,
https://doi.org/10.1007/978-3-658-33789-6_12

- Sicherungsdienst im Bereich von Gleisen,
- Geld- oder Werttransportdienst einschließlich dessen Logistik.

Werttransporte sind gewerbsmäßige Transporte von Werten, bei denen ein Überfallrisiko nach der gemäß dem Gesetz über die Durchführung von Maßnahmen des Arbeitsschutzes zur Verbesserung der Sicherheit und des Gesundheitsschutzes der Beschäftigten bei der Arbeit (Arbeitsschutzgesetz – ArbSchG), durchzuführenden Gefährdungsbeurteilung besteht.

12.2   II. Gemeinsame Bestimmungen

§ 3 Eignung

Der Unternehmer hat dafür zu sorgen, dass Wach- und Sicherungstätigkeiten nur von Versicherten ausgeführt werden, die die erforderlichen Befähigungen besitzen. Die Versicherten dürfen für diese Tätigkeiten nicht offensichtlich ungeeignet sein. Über die Befähigungen sind Aufzeichnungen zu führen.

DA zu § 3

Hierdurch soll hinsichtlich der Eignung auch einer Überforderung der Versicherten entgegengewirkt werden. Eignung und Zuverlässigkeit bedingen ein entsprechendes Persönlichkeitsbild. Demgemäß darf der Unternehmer für die jeweilige Wach- und Sicherungstätigkeit nur Versicherte einsetzen, die

- hierfür körperlich und geistig geeignet sowie persönlich zuverlässig sind,
- das 18. Lebensjahr vollendet haben und
- für die jeweilige Tätigkeit angemessen ausgebildet sind.

Die Ausbildungen können betriebsintern durchgeführt werden, wenn hierbei gewährleistet ist, dass alle sicherheitstechnisch erforderlichen Kenntnisse und Fähigkeiten sowie die geltenden Rechtsnormen und Vorschriften in ausreichendem Maße vermittelt werden. Hiervon unbenommen sind behördliche Prüfungen. Für die allgemeine Ausbildung sind z. B. relevant:

- Dienst- und Fachkunde,
- Eigensicherung,

- Verhalten bei Konfrontationen,
- Verhalten bei Überfällen, Geiselnahmen,
- Brandschutz,
- Fahrsicherheit,
- Erste Hilfe.

Für bestimmte Tätigkeiten sind spezielle Ausbildungen und Befähigungen erforderlich. Derartige Tätigkeiten sind z. B.

- spezielle Werkschutzaufgaben (unter anderem in Kernkraft werken),
- Sicherungs-, Kontroll- und Ordnungsdienst in öffentlichen Bereichen,
- Alarmverfolgung,
- Personenschutz,
- Sicherungsdienst im Bereich von Gleisen,
- Geld- oder Werttransportdienst,
- Führung von Diensthunden,
- Umgang mit Schusswaffen.

Die Tätigkeit als Sicherungsposten im Bereich von Gleisen setzt voraus, dass die entsprechende Ausbildung bei einer vom zuständigen Unfallversicherungsträger anerkannten Ausbildungsstelle durchgeführt worden ist. Sicherungsposten im Bereich von Gleisen der Deutschen Bahn AG sowie solche, die bei der VBG versichert sind, müssen das 21. Lebensjahr vollendet haben. Wach- und Sicherungstätigkeiten in Bereichen mit hohem Konfrontationspotenzial bedingen eine entsprechende Eignung und Ausbildung der Versicherten. Auswahlkriterien für die Eignung sind z. B.

- körperliche Voraussetzungen und Leistungsfähigkeit,
- situations- und personenbezogenes Einschätzungsvermögen,
- Eigenverantwortlichkeit,
- zielorientierte deeskalierende Entscheidungs- sowie Handlungsfähigkeit.

Ausbildungsinhalte sind z. B.

- rechtliche, taktische und psychologische Grundlagen sowie deren Anwendung,
- Verhaltenstraining für Konfrontationen und Konfliktvermeidung, unter anderem Gesprächsführung, Rollenspiele,

- Möglichkeiten der Eigensicherung und deren praktische Anwendung, z. B. persönliche Schutzausrüstungen, Hilfsmittel der körperlichen Gewalt, Zusammenwirken im Team, Kommunikation,
- Zusammenwirken mit Sicherheitsbehörden im Allgemeinen sowie im konkreten Einzelfall.

Im Rahmen der arbeitsmedizinischen Betreuung sind für bestimmte Tätigkeiten auch arbeitsmedizinische Beurteilungen und Maßnahmen erforderlich. Dies gilt z. B. bei

- infektionsgefährdenden Tätigkeiten sowie aus gegebener Veranlassung,
- Fahr- und Steuertätigkeiten und
- Nachtarbeit an Einzelarbeitsplätzen.

Für bestimmte Tätigkeiten können geeignete Impfungen als Präventivmaßnahmen erforderlich sein.

Die Aufzeichnungen über Eignungen, Ausbildungen und besondere Befähigungen sind personenbezogen zu führen. Siehe auch:

- Arbeitsschutzgesetz (ArbSchG),
- Bewachungsverordnung (BewachV),
- Unfallverhütungsvorschriften
  - „Grundsätze der Prävention" (BGV A1)
  - „Arbeitsmedizinische Vorsorge" (BGV A4)
  - „Arbeiten im Bereich von Gleisen" (BGV D33)
- Infektionsschutz für Beschäftige.

§ 4 Dienstanweisungen

(1) Der Unternehmer hat das Verhalten des Wach- und Sicherungspersonals einschließlich des Weitermeldens von Mängeln und besonderen Gefahren durch Dienstanweisungen zu regeln.

(2) Der Unternehmer hat dafür zu sorgen, dass das Wach- und Sicherungspersonal anhand der Dienstanweisungen vor Aufnahme der Tätigkeit und darüber hinaus regelmäßig unterwiesen wird. Außerdem ist das sicherheitsgerechte Verhalten bei besonderen Gefahren so weit wie möglich zu üben.

(3) Die Versicherten haben die der Arbeitssicherheit dienenden Maßnahmen zu unterstützen und die Dienstanweisungen zu befolgen. Sie dürfen keine Weisungen des Auftraggebers befolgen, die dem Sicherungsauftrag entgegenstehen.

DA zu § 4

Die sichere Durchführung von Aufträgen erfordert, dass in den Dienstanweisungen alle technischen und organisatorischen Anforderungen sowie das Verhalten der Versicherten im erforderlichen Umfang und in verständlicher Sprache geregelt sind. In einer allgemeinen Dienstanweisung sind die allgemeinen Anforderungen für die Versicherten festgelegt, z. B.:

- Rechte und Pflichten,
- Verschwiegenheit,
- Eigensicherung,
- Verhalten bei Konfrontationen,
- Verhalten bei Überfällen, Geiselnahmen,
- Umgang mit Schusswaffen,
- Verbot von Schreck-, Reizstoff – oder Signalschusswaffen sowie von schusswaffenähnlichen Gegenständen,
- Verbot berauschender Mittel,
- Organisations- und Kommunikationsfestlegungen,
- Verbot von Nebentätigkeiten, die nicht aufgabengebunden sind, insbesondere für Sicherungsposten im Bereich von Gleisen sowie für Versicherte bei der Durchführung von Geld- oder Werttransporten,
- Einsatz von technischen Transportsicherungen bei Geld- oder Werttransporten.

Zusätzlich zu der allgemeinen Dienstanweisung sind in einer speziellen Dienstanweisung Umfang und Ablauf der jeweiligen Wach- und Sicherungstätigkeit einschließlich aller vorgesehenen Nebentätigkeiten festzulegen. Hierbei sind alle Gegebenheiten und erforderlichen Maßnahmen zu berücksichtigen, die sich auf den jeweiligen Einsatz beziehen. Die Dienstanweisungen müssen den Versicherten jederzeit – vor unbefugter Einsichtnahme geschützt – zugänglich sein. Bedarf für tätigkeits- und auftragsbezogene Unterweisungen besteht vor Aufnahme einer Tätigkeit, bei der Übernahme neuer Aufträge oder bei wesentlichen Änderungen von Arbeitsabläufen. Darüber hinaus sind die Zeitabstände für regelmäßige Unterweisungen angemessen, wenn die Unterweisungen mindestens jährlich erfolgen. Die Aufzeichnungen über Unterweisungen sind personen- und tätigkeitsbezogen zu führen.

Die Versicherten dürfen Tätigkeiten, die nicht in der speziellen Dienstanweisung festgelegt sind, nicht durchführen. Anweisungen des Auftraggebers für Tätigkeiten, die über den Umfang der speziellen Dienstanweisung hinausgehen, dürfen nicht befolgt werden. Anweisungen, die der Sicherheit und dem Gesundheitsschutz offensichtlich entgegenstehen, dürfen nicht ausgeführt werden. Siehe auch:

- Arbeitsschutzgesetz (ArbSchG),
- Bewachungsverordnung (BewachV),
- Unfallverhütungsvorschrift „Grundsätze der Prävention" (BGV A1).

§ 5 Verbot berauschender Mittel
Der Genuss von alkoholischen Getränken und die Einnahme anderer berauschender Mittel sind während der Dienstzeit verboten. Dies gilt auch für einen angemessenen Zeitraum vor dem Einsatz. Bei Dienstantritt muss Nüchternheit gegeben sein.

DA zu § 5
Der Genuss von Alkohol oder anderen ähnlich wirkenden Mitteln stellt eine Gefährdung dar und gewährleistet nicht mehr die sichere Durchführung der jeweiligen Tätigkeit. Es besteht Dienstunfähigkeit, die einen Einsatz nicht zulässt. Aufgrund der bestehenden Fürsorgepflicht können durch den Unternehmer oder von ihm Beauftragte Hilfe leistende Maßnahmen zu treffen sein.

§ 6 Übernahme von Wach- und Sicherungsaufgaben
(1) Der Unternehmer darf Wach- und Sicherungsaufgaben nur übernehmen, wenn vermeidbare Gefahrstellen im jeweiligen Objektbereich beseitigt oder ausreichend abgesichert werden.
(2) Sicherungsumfang und -ablauf einschließlich vorgesehener Nebentätigkeiten müssen schriftlich festgelegt werden.

DA zu § 6
Diese Forderungen beinhalten, dass mögliche Gefahren und Gefahrstellen objekt- und tätigkeitsbezogen ermittelt und beurteilt werden. Die sich daraus ergebenden erforderlichen Maßnahmen sind im Einvernehmen mit dem Auftraggeber zu treffen und durchzuführen. Hierbei sind auch Aspekte der Verringerung des Anreizes zu Überfällen zu berücksichtigen.
Bei der Prüfung auf Gefahren und Gefahrstellen in Objektbereichen ist z. B. auf eine sichere Begehbarkeit und ausreichende Beleuchtung aller vorgegebenen Wege zu achten. Dies gilt insbesondere für die Zugänge zu Stationen von Kontrollsystemen sowie zu betrieblichen Einrichtungen, die in die Kontrollgänge einbezogen sind. Von wesentlicher Bedeutung für die Sicher-

heit von Geld- oder Werttransporten sind die örtlichen Gegebenheiten der Kundenobjekte. Bei ihrer Prüfung ist insbesondere zu achten auf

- geeignete Anfahrstellen,
- die Sicherheit der Transportwege einschließlich ihrer ausreichenden Übersichtlichkeit und Beleuchtung sowie
- Möglichkeiten einer Kommunikationsverbindung mit der Einsatzzentrale.

Im Rahmen der Sicherung von Objekten können zusätzliche Tätigkeiten, die über den eigentlichen Wach- und Sicherungsauftrag hinausgehen, erforderlich sein. Sie sind dann in der auftragsgebundenen speziellen Dienstanweisung ausdrücklich aufzuführen. Solche Nebentätigkeiten können z. B. sein:

- Kontrolle oder Betätigung von Einrichtungen und Anlagen,
- Winter- und Kehrdienste,
- Lagerarbeiten,
- Gartenarbeiten.

Über die Ermittlungen, Beurteilungen und durchgeführten Maßnahmen sowie über Umfang und Ablauf der jeweiligen Tätigkeiten sind Aufzeichnungen zu führen.

Sicherungsposten im Bereich von Gleisen dürfen keine Nebentätigkeiten ausführen. Hierzu zählen jedoch nicht solche Tätigkeiten, die aufgabengebunden sind, z. B.

- Überwachen der Funktionsfähigkeit von Warnmitteln,
- Einschalten von automatischen Warnsystemen,
- Betätigen von Meldeeinrichtungen.

Bei der Durchführung von Geld- oder Werttransporten sind Nebentätigkeiten ebenfalls nicht zulässig, es sei denn, sie stehen in direktem Zusammenhang mit dem Transport. Solche Tätigkeiten sind beispielsweise Servicearbeiten und Störungsbeseitigungen an Automaten. Siehe auch:

- Arbeitsschutzgesetz (ArbSchG),
- Arbeitsstättenverordnung (ArbStättV),
- Unfallverhütungsvorschriften
  - „Grundsätze der Prävention" (BGV A1),
  - „Arbeiten im Bereich von Gleisen" (BGV D33).

§ 7 Sicherungstätigkeiten mit besonderen Gefahren

Der Unternehmer hat sicherzustellen, dass das Wach- und Sicherungspersonal überwacht wird, wenn sich bei Sicherungstätigkeiten besondere Gefahren ergeben können.

DA zu § 7

Besondere Gefahren ergeben sich insbesondere auch bei Sicherungstätigkeiten mit einem hohen Konfrontationspotenzial. Sie machen deshalb besondere Überwachungen und den grundsätzlichen Einsatz von zwei oder mehr Versicherten erforderlich. Tätigkeiten mit hohem Konfrontationspotenzial sind z. B.

- Sicherungs- und Kontrolldienst im öffentlichen Nah-, Fern- und Flugverkehr,
- Citystreifendienst,
- Sicherungsdienst im Handel, z. B. Kaufhausdetektive, Doormen,
- Sicherungs- und Ordnungsdienst bei Veranstaltungen, z. B. in Diskotheken,
- Sicherungs- und Kontrolldienst z. B. im Bereich Justiz, in Gewahrsamseinrichtungen, Asylbewerberheimen.

§ 8 Überprüfung von zu sichernden Objekten

(1) Der Unternehmer hat unabhängig von den Pflichten des Auftraggebers sicherzustellen, dass die zu sichernden Objekte auf Gefahren geprüft werden. Über diese Prüfungen sind Aufzeichnungen zu führen. Die Prüfungen haben regelmäßig, bei besonderem Anlass unverzüglich zu erfolgen.

(2) Der Unternehmer hat vom Auftraggeber zu verlangen, dass vermeidbare Gefahren beseitigt oder Gefahrstellen abgesichert werden. Bis zum Abschluss dieser Sicherungsmaßnahmen hat der Unternehmer Regelungen zu treffen, die die Sicherheit des Wach- und Sicherungspersonals auf andere Weise gewährleisten.

(3) Die Versicherten haben festgestellte Gefahren und die dagegen getroffenen Maßnahmen dem Unternehmer zu melden.

DA zu § 8

Diese Forderungen beinhalten, dass zum Schutze der Versicherten deren Einsatzbedingungen sowie die zu sichernden Objekte regelmäßig in erforderlichem Umfang geprüft und überwacht werden. Die Prüfungen und Überwachungen haben sich insbesondere zu erstrecken auf

- mögliche örtlich bedingte Gefährdungen und Gefahrstellen,
- sicherheitsgerechtes Verhalten der Versicherten,

- Zustand und Funktionsfähigkeit der Ausrüstungen und Fahrzeuge sowie
- bestimmungsgemäße Verwendung der eingesetzten Ausrüstungen und Fahrzeuge.

Zur Unterstützung des Unternehmers eignen sich für die Prüfungen und Überwachungen entsprechend ausgebildete Sicherheitskontrolleure. Besondere Anlässe machen Prüfungen unverzüglich erforderlich. Hierbei sind auch entsprechende Hinweise der Versicherten zu berücksichtigen. Besondere Anlässe sind z. B.

- Änderung eines bestehenden Auftrags,
- Veränderungen der örtlichen Gegebenheiten,
- Unfälle,
- Überfälle,
- Störfälle.

Die Überwachung der Einsatzbedingungen und Objekte erfolgt durch persönliche Kontrollen und über Kommunikationssysteme. Weitere Überwachungsmöglichkeiten bieten z. B.

- automatisch und willensunabhängig arbeitende Signalgeber,
- eine Ausrüstung der Fahrzeuge mit Fahrtenschreibern oder entsprechenden Aufzeichnungsgeräten sowie
- der Einsatz von Ortungssystemen.

Zur Absicherung von Gefahrstellen oder zur Vermeidung festgestellter Gefahren stimmt sich der Unternehmer mit dem Auftraggeber ab. Bis zum Abschluss der Sicherungsmaßnahmen können beispielsweise

- in Objektbereichen die Kontrollwege bzw. Kontrollpunkte sowie
- bei Geld- oder Werttransporten die Transportwege und -zeiten geändert werden.

Ergänzend hierzu bieten sich dann im Zusammenhang mit den jeweiligen örtlichen Gegebenheiten weitere organisatorische und personelle Maßnahmen sowie der Einsatz besonderer Ausrüstungen an. Die Aufzeichnungen über die Prüfungen und Überwachungen müssen auch Aufschlüsse über die getroffenen Maßnahmen geben. Meldungen über festgestellte Gefahren und getroffene Maßnahmen können in Abhängigkeit von dem jeweiligen Ereignis durch Telefon, Funk oder im Wachbuch erfolgen. Ein eventueller Ablöser ist ebenfalls zu informieren. Meldungen über festgestellte Gefahren und Mängel sind grundsätzlich durch Vorgesetzte zu dokumentieren und umgehend den eingesetzten Versicherten in erforderlichem Umfang zur Kenntnis zu bringen. Siehe auch:

- Arbeitsschutzgesetz (ArbSchG), Unfallverhütungsvorschrift „Grundsätze der Prävention" (BGV A1),
- BG-Regel „Einsatz von Personen-Notsignal-Anlagen" (BGR 139).

§ 9 Objekteinweisung
(1) Der Unternehmer hat dafür zu sorgen, dass das Wach- und Sicherungspersonal in das jeweilige zu sichernde Objekt und die spezifischen Gefahren eingewiesen wird.
(2) Die Einweisungen sind zu den Zeiten vorzunehmen, zu denen die Tätigkeit des Wach- und Sicherungspersonals ausgeübt wird.
(3) Der Unternehmer hat dafür zu sorgen, dass für alle Objekte und Objektbereiche, in denen Hunde eingesetzt sind, das Wach- und Sicherungspersonal über das Verhalten bei der Begegnung mit diesen Hunden unterwiesen wird.

DA zu § 9
Diese Forderungen beinhalten z. B., dass

- die Versicherten vor Aufnahme der Tätigkeiten, bei Bedarf und darüber hinaus regelmäßig auftrags-, tätigkeits- und objektbezogen eingewiesen und unterwiesen werden und
- über die Einweisungen und Unterweisungen Aufzeichnungen objekt- und personenbezogen geführt werden.

Ein Bedarf für die Einweisungen und Unterweisungen besteht bei der Übernahme neuer Aufträge sowie wesentlichen Änderungen des Auftrags oder der Arbeitsbedingungen. Bei Nacht eingesetzte Versicherte sollen nicht nur in der Dunkelheit, sondern zusätzlich auch bei Tageslicht eingewiesen werden, damit sie in die Lage versetzt werden, möglichen Gefahren mittels ausreichender Kenntnisse der örtlichen Gegebenheiten zu begegnen. Zeitabstände sind angemessen, wenn die regelmäßigen Unterweisungen mindestens jährlich erfolgen. Siehe auch:

- Arbeitsschutzgesetz (ArbSchG),
- Unfallverhütungsvorschrift „Grundsätze der Prävention" (BGV A1).

§ 10 Ausrüstung des Wach- und Sicherungspersonals

(1) Der Unternehmer hat dafür zu sorgen, dass sich die für das Wach- und Sicherungspersonal erforderlichen Einrichtungen, Ausrüstungen und Hilfsmittel in ordnungsgemäßem Zustand befinden und dass das Wach- und Sicherungspersonal in deren Handhabungen unterwiesen ist.

(2) Anlegbare Ausrüstungen und Hilfsmittel müssen so beschaffen und angelegt sein, dass die Bewegungsfreiheit, insbesondere die der Hände, nicht mehr als nach den Umständen unvermeidbar beeinträchtigt wird.

(3) Der Unternehmer hat dafür zu sorgen, dass der jeweiligen Wach- und Sicherungsaufgabe entsprechendes Schuhwerk von den Versicherten getragen wird.

(4) Der Unternehmer hat dafür zu sorgen, dass bei Dunkelheit eingesetztes Wach- und Sicherungspersonal mit leistungsfähigen Handleuchten ausgerüstet ist.

(5) Die Versicherten haben die zur Verfügung gestellten Ausrüstungen und Hilfsmittel bestimmungsgemäß zu benutzen.

DA zu § 10
Diese Forderungen schließen ein, dass z. B.

- die eingesetzten Fahrzeuge sich in einem betriebssicheren Zustand befinden,
- besondere Witterungseinflüsse bei der Dienstkleidung Berücksichtigung finden,
- beim Einsatz in besonderen Gefährdungsbereichen die Kleidung und Ausrüstung der Versicherten hierfür geeignet sind,
- die Versicherten bei infektionsgefährdenden Tätigkeiten mit geeigneten Schutzmitteln ausgerüstet sind,
- bei Geld- oder Werttransporten eingesetzte technische Transportsicherungen sich in funktionsfähigem Zustand befinden.

Der betriebssichere Zustand der Fahrzeuge umfasst sowohl deren verkehrssicheren als auch deren arbeitssicheren Zustand.

Besondere Witterungseinflüsse sind z. B. Nässe, Kälte und Hitze.

Besondere Gefährdungen können auftreten z. B. in Bereichen mit thermischen, chemischen oder biologischen Gefährdungen sowie in Bereichen mit Explosions- oder Strahlungsgefahren. Des Weiteren können besondere Gefährdungen durch Konfrontationen mit stich- oder schusswaffentragenden Tätern entstehen. Hierfür geeignete persönliche Schutzausrüstungen sind z. B. durchstich- und durchschusshemmende Schutzwesten.

Infektionsgefahren können beim Kontakt mit entsprechenden Personenkreisen oder Materialien bestehen. Geeignete Schutzmittel hierfür sind

z. B. das situationsbedingte Tragen von Infektionsschutzhandschuhen oder
gegen Durchstich schützende Handschuhe.

Für den Einsatz z. B. im unwegsamen Gelände ist festes Schuhwerk geeignet, das widerstandsfähig gegen mögliche mechanische Belastungen ist
und mit rutschhemmenden Profilsohlen sowie gegebenenfalls mit Knöchel-
schutz versehen ist.

Leistungsfähige Handleuchten bedingen eine der Wach- und Sicherungstätigkeit angepasste Reichweite und Gebrauchsfähigkeit. Ersatzlampen und -bat-
terien bzw. -akkus sollen in erreichbarer Nähe zur Verfügung stehen. Siehe auch:

- Arbeitsschutzgesetz (ArbSchG),
- Geräte- und Produktsicherheitsgesetz (GPSG),
- PSA-Benutzungsverordnung (PSA-BV),
- Betriebssicherheitsverordnung (BetrSichV),
- Lastenhandhabungsverordnung (LasthandhabV),
- Arbeitsstättenverordnung (ArbStättV),
- Straßenverkehrs-Zulassungs-Ordnung (StVZO),
- Unfallverhütungsvorschriften
  - „Grundsätze der Prävention" (BGV A1),
  - „Fahrzeuge" (BGV D29),
- BG-Grundsätze
  - „Prüfung von Fahrzeugen durch Fahrpersonal" (BGG 915),
  - „Prüfung von Fahrzeugen durch Sachkundige" (BGG 916),
- Infektionsschutz für Beschäftigte.

§ 11 Brillenträger

Versicherte, die bei Wach- und Sicherungsaufgaben zur Korrektur ihres Sehvermö-
gens eine Brille tragen müssen, haben diese gegen Verlieren zu sichern oder eine
Ersatzbrille mitzuführen.

§ 12 Hunde

(1) Als Diensthunde dürfen nur geprüfte Hunde mit Hundeführern eingesetzt wer-
    den. Hunde, die für die Aufgabe nicht geeignet sind, die zur Bösartigkeit nei-
    gen oder deren Leistungsstand nicht mehr gegeben ist und die dadurch Perso-
    nen gefährden können, dürfen nicht eingesetzt werden.

(2) Abweichend von Absatz 1 dürfen auch ungeprüfte Hunde zu Wahrnehmungs-
    und Meldeaufgaben eingesetzt werden, wenn hierbei der Führer seinen Hund
    unter Kontrolle hat.

(3) Eine Überforderung der Hunde durch Ausbildung und Einsatz ist zu vermeiden.

DA zu § 12

Als Diensthunde sind nur Hunde geeignet, die für die vorgesehenen Aufgaben ausgebildet sind, eine entsprechende Prüfung mit Erfolg abgelegt haben und deren Eignung bei Bedarf, mindestens jedoch einmal jährlich, erneut geprüft wird. Angemessene Qualifikationen sind z. B. Gebrauchshundprüfungen entsprechend der Schutzhundprüfung A sowie Diensthundprüfungen der Bundeswehr, des Bundesgrenzschutzes, der Polizei und des Zolls. Ein aus Hundeführer und Hund bestehendes Team, das seine Befähigung nicht gemeinsam nachgewiesen hat, ist für Schutzaufgaben erst einsetzbar, wenn der Hundeführer den Hund so unter Kontrolle hat, dass er ihn in der Unterordnung und in den Teilen des Schutzdienstes beherrscht, die dem Aufgabenspektrum des Teams entsprechen, z. B. Personenkontrolle, Abwehr eines Überfalls, Eigenschutz.

Voraussetzungen für den Einsatz ungeprüfter Hunde sind, dass die Hunde nur für Wahrnehmungs- und Meldeaufgaben, nicht jedoch für darüber hinausgehende Schutzaufgaben verwendet werden sowie

- nicht bösartig sind und sich ihrem Führer eindeutig unterordnen.

Die Überforderung eines Hundes durch Ausbildung und Einsatz kann dazu führen, dass der Hund nicht mehr für seine Aufgabe geeignet ist und sowohl den Hundeführer als auch andere Personen gefährdet. Überforderungen werden z. B. vermieden, wenn für jeden Hund

- die Ausbildungs- und Trainingsinhalte einschließlich spielerischer Übungen zur Vertiefung der Bindung an den jeweiligen Hundeführer sich an der Veranlagung und dem Leistungsstand des Hundes orientieren,
- Ausbildung oder Training regelmäßig durchgeführt werden und ausschließlich hierfür eine Dauer von ca. 15 Minuten pro Trainingstag ohne spielerische Übungen angesetzt wird,
- der Schutzdienst mindestens einmal in der Woche geübt wird,
- die Dauer des einzelnen Einsatzes nicht mehr als zwei Stunden beträgt und zwischen zwei Einsätzen mindestens eine Ruhepause von zwei Stunden, nach der Fütterung von mindestens vier Stunden eingehalten wird sowie
- die tägliche Gesamtbelastungsdauer zehn Stunden nicht überschreitet.

Beim Einsatz von Leihhunden werden die Vorgaben zur Vermeidung von Überforderungen und Gefährdungen in der Regel nicht erfüllt, weil die anzustrebende Teambildung zwischen Hundeführer und Hund grundsätzlich nicht erreicht wird. Siehe auch:

- Tierschutzgesetz (TSchG),
- Prüfungsordnung für Diensthunde der Bundeswehr.

§ 13 Hundezwinger

(1) Werden Hunde in Zwingern oder Zwingeranlagen gehalten, hat der Unternehmer dafür zu sorgen, dass die Zwinger so beschaffen und ausgestattet sind, dass eine Einzelhaltung aller Hunde ermöglicht wird.

(2) Der Unternehmer hat dafür zu sorgen, dass an den Zwingern auf das Zutrittsverbot durch das Verbotszeichen „Zutritt für Unbefugte verboten" hingewiesen ist.

(3) Belegte Zwinger dürfen nur von Hundeführern oder vom Unternehmer beauftragten Personen, die mit dem jeweiligen Hund vertraut sind, betreten werden.

(4) Belegte Zwinger müssen abgeschlossen sein, sofern ein Entweichen des Hundes oder der Zutritt Unbefugter nicht auf andere Weise verhindert ist.

(5) Die Säuberung und Instandhaltung von Zwingern darf nur dann durchgeführt werden, wenn diese nicht durch Hunde belegt sind.

DA zu § 13

Zwinger sind als geeignet anzusehen, wenn z. B.

- ihre Einfriedungen von den Hunden nicht überwunden werden können und sicher gegen Durchbeißen ausgeführt sind,
- die Zwinger in ausreichendem Maße Bewegungsmöglichkeiten für die Hunde und Schutz gegen Witterungseinflüsse gewähren sowie
- Fütterungs- und Tränkeinrichtungen so gestaltet sind, dass sie gefahrlos von außen betätigt und gefüllt werden können.

Zur Ausstattung für eine Einzelhaltung zählen z. B. abschließbare Türen von Zwingern und Einzelboxen, die mindestens 1,90 m hoch sowie 0,80 m breit sind und unmittelbar in freie Zugangsbereiche führen. Siehe auch:

- Tierschutzgesetz (TSchG),
- Unfallverhütungsvorschriften
  - „Grundsätze der Prävention" (BGV A1),
  - „Sicherheits- und Gesundheitsschutzkennzeichnung am Arbeitsplatz" (BGV A8).

§ 14 Hundehaltung in Objekten

(1) Der Unternehmer hat dafür zu sorgen, dass im Bereich von Objekten, in denen Hunde gehalten werden, Zwinger nach § 13 vorhanden sind.

(2) Abweichend von Absatz 1 ist außerhalb der Verkehrs- und Streifenwege auch eine vorübergehende Anbindehaltung zulässig, wenn hierfür geeignete Einrichtungen vorhanden sind und sich die Hunde jeweils nur für die Dauer einer Schicht im Bereich des Objektes befinden. Der Unternehmer hat dafür zu sorgen, dass auf das Zutrittsverbot durch das Verbotszeichen „Zutritt für Unbefugte verboten" an den Einrichtungen hingewiesen ist.

DA zu § 14 Abs. 2

Geeignete Einrichtungen für die Anbindehaltung bedingen z. B. ausreichenden Schutz gegen Witterungseinflüsse und dass sich die Hunde nicht befreien oder verbeißen können. Die Mitnahme von Hunden in Wach- und Bereitschaftsräume ist nur zulässig, wenn eine Gefährdung von Versicherten ausgeschlossen werden kann. Dies betrifft auch andere Hundeführer oder sonstige eingesetzte Personen. Siehe auch:

- Tierschutzgesetz (TSchG),
- Unfallverhütungsvorschrift „Sicherheits- und Gesundheitsschutzkennzeichnung am Arbeitsplatz" (BGV A8).

§ 15 Hundeführer

(1) Als Hundeführer dürfen nur Versicherte eingesetzt werden, die entsprechend unterwiesen worden sind und dem Unternehmer ihre Befähigung nachgewiesen haben.

(2) Der Unternehmer hat dafür zu sorgen, dass ihm die Befähigung zum Hundeführer regelmäßig nachgewiesen wird. Bei nicht mehr ausreichender Befähigung ist die Befugnis zum Führen von Hunden zu entziehen.

DA zu § 15

Die Befähigung zum Hundeführer setzt eine entsprechende Ausbildung und den erfolgreichen Nachweis hierüber voraus. Die Befähigung kann betriebsintern dem Unternehmer oder einem von ihm beauftragten Sachkundigen nachgewiesen werden und ist mindestens jährlich erneut nachzuweisen. Die Befähigung zum Hundeführer setzt neben den erforderlichen Kenntnissen und praktischen Fähigkeiten voraus, dass der Hundeführer ruhig und besonnen ist, Verständnis sowie Einfühlungsvermögen für den Hund besitzt und fähig ist, in eindeutiger Weise auf den Hund einzuwirken. Sachkundiger ist, wer aufgrund seiner Erfahrungen und Kenntnisse in der Lage ist, den sicheren Einsatz von Hunden und Hundeführern zu beurteilen und zu koordinieren. Dies sind z. B. Hundeführerausbilder, die ihre entsprechende Qualifikation nachgewiesen haben. Siehe auch:

- § 28 Straßenverkehrs-Ordnung (StVO),
- Unfallverhütungsvorschrift „Grundsätze der Prävention" (BGV A1).

§ 18 Ausrüstung mit Schusswaffen

(1) Der Unternehmer hat unter Beachtung der waffenrechtlichen Bestimmungen sicherzustellen, dass eine Ausrüstung des Wach- und Sicherungspersonals mit Schusswaffen nur dann erfolgt, wenn er dies ausdrücklich anordnet. Es dürfen nur Versicherte mit Schusswaffen ausgerüstet werden, die nach dem Waffenrecht zuverlässig, geeignet und sachkundig sowie an den Waffen ausgebildet sind.

(2) Der Unternehmer hat sicherzustellen, dass Versicherte, die Träger von Schusswaffen nach Absatz 1 sind, regelmäßig an Schießübungen teilnehmen und ihre Schießfertigkeit sowie Sachkunde nach dem Waffenrecht ihm oder einem Sachkundigen nachweisen.

(3) Schießübungen nach Absatz 2 müssen unter der Aufsicht eines nach Waffenrecht Verantwortlichen auf Schießstandanlagen durchgeführt werden, die den behördlich festgelegten sicherheitstechnischen Anforderungen entsprechen.

(4) Der Unternehmer hat sicherzustellen, dass über die Schießübungen, die Schießfertigkeit und den Sachkundestand Aufzeichnungen geführt werden.

(5) Der Unternehmer hat sicherzustellen, dass der Entzug von Schusswaffen nach Absatz 1 unverzüglich erfolgt, wenn die Voraussetzungen der Absätze 1 und 2 bei den Versicherten nicht mehr gegeben sind.

DA zu § 18

Die Ausrüstung mit Schusswaffen soll aufgrund der sich daraus ergebenden Gefahrenmomente auf das zwingend notwendige Maß begrenzt werden. Die Zuverlässigkeit und Eignung zum Führen von Schusswaffen sind z. B. nicht gegeben bei

- offensichtlich erkennbarer Einschränkung der geistigen oder körperlichen Voraussetzungen,
- unzureichendem Sachkundestand oder nicht regelmäßiger und erfolgreicher Teilnahme an den Schießübungen,

- Einschränkungen der Reaktionsfähigkeit durch die Einwirkung von Alkohol oder anderen ähnlich wirkenden Mitteln,
- Missbrauch von Schusswaffen oder dem Führen unzulässiger Schusswaffen oder Munition oder
- eigenmächtig vorgenommenen technischen Veränderungen von Schusswaffen oder Munition.

Als ausreichend ausgebildet und sachkundig gilt, wer die erforderlichen Fähigkeiten und Kenntnisse über den Umgang mit Schusswaffen und Munition, die Reichweite und Wirkungsweise der Geschosse, die waffenrechtlichen Vorschriften sowie insbesondere die Bestimmungen über Notwehr und Notstand nachgewiesen hat. Eine regelmäßige Teilnahme an den Schießübungen ist dann gegeben, wenn die Teilnahme an den Übungen in der Regel mindestens viermal jährlich erfolgt und hierbei grundsätzlich ein Zeitabstand von drei Monaten eingehalten wird. Ein ausreichender Sachkundestand ist anzunehmen, wenn der entsprechende Nachweis einmal jährlich erbracht wird.

Sachgerecht durchgeführte Schießübungen bedingen, dass sie mit den dienstlich zugewiesenen Schusswaffen und Munitionsarten durchgeführt werden, die auch beim dienstlichen Einsatz Verwendung finden. Siehe auch:

- Waffengesetz (WaffG),
- Gesetz über die Anwendung unmittelbaren Zwanges und die Ausübung besonderer Befugnisse durch Soldaten der Bundeswehr und verbündeter Streitkräfte sowie zivile Wachpersonen (UZwGBw),
- Verordnungen zum Waffengesetz,
- Ausführungsbestimmungen zum Gesetz über die Anwendung unmittelbaren Zwanges und die Ausübung besonderer Befugnisse durch Soldaten der Bundeswehr und verbündeter Streitkräfte sowie zivile Wachpersonen (UZwGBw),
- Allgemeine Verwaltungsvorschrift zum Waffengesetz (WaffVwV),
- Richtlinien für die Errichtung, die Abnahme und das Betreiben von Schießständen (Schießstand-Richtlinien),
- Unfallverhütungsvorschriften
  - „Grundsätze der Prävention" (BGV A1),
  - „Lärm" (BGV B3),
  - § 32 der Unfallverhütungsvorschrift „Explosivstoffe
  - Allgemeine Vorschrift" (BGV B5),
- Medien der VBG
  - INFO-MAP „Reinigen von Raumschießanlagen",
  - INFO-MAP „Schießsport-und Schützenvereine".

§ 19 Schusswaffen

(1) Es dürfen nur Schusswaffen bereitgehalten und geführt werden, die amtlich geprüft sind und ein in der Bundesrepublik Deutschland anerkanntes Beschusszeichen tragen.

(2) Der Unternehmer hat dafür zu sorgen, dass Schusswaffen bei Verdacht auf Mängel, mindestens jedoch einmal jährlich durch Sachkundige hinsichtlich ihrer Handhabungssicherheit geprüft werden.

(3) Der Unternehmer hat dafür zu sorgen, dass die Instandsetzung von Schusswaffen nur durch Inhaber einer Erlaubnis nach § 7 oder § 41 Waffengesetz (WaffG) erfolgt.

(4) Das Bereithalten und Führen von Schreck- oder Gas-Schusswaffen ist bei der Durchführung von Wach- und Sicherungsaufgaben unzulässig.

DA zu § 19

Sachkundiger für die Prüfung der Handhabungssicherheit von Schusswaffen ist, wer aufgrund seiner Ausbildung und Erfahrungen ausreichende Kenntnisse über die jeweiligen Schusswaffen besitzt und mit den einschlägigen staatlichen Vorschrift en, Unfallverhütungsvorschrift en und allgemein anerkannten Regeln der Technik so weit vertraut ist, dass er die Handhabungssicherheit der Waffen beurteilen kann. Die Instandsetzung oder Bearbeitung von Schusswaffen ist nach dem Waffengesetz (WaffG) nur Personen erlaubt, die hierfür eine Erlaubnis der zuständigen Behörde besitzen. Dies können z. B. Büchsenmacher oder entsprechend ausgebildetes Personal einschlägiger Hersteller und Fachwerkstätten sein. Das Verbot des Bereithaltens und Führens von Schreck- oder Gas-Schusswaffen bei der Durchführung von Wach- und Sicherungsaufgaben betrifft auch entsprechende Reizstoff – oder Signalschusswaffen sowie sonstige schusswaffenähnliche Gegenstände, da sie ein trügerisches Sicherheitsgefühl vermitteln und ihr Einsatz bei Konfrontationen mit schusswaffentragenden Tätern zu einer extremen Gefährdung ohne ausreichende Selbstverteidigungsmöglichkeit führt. Siehe auch:

• Waffengesetz (WaffG),
• Verordnungen zum Waffengesetz,
• Allgemeine Verwaltungsvorschrift zum Waffengesetz (WaffVwV).

§ 20 Führen von Schusswaffen und Mitführen von Munition

(1) Schusswaffen müssen in geeigneten Trageeinrichtungen geführt werden. Das Abgleiten oder Herausfallen der Waffe muss durch eine Sicherung verhindert sein.

(2) Munition darf nicht lose mitgeführt werden.

(3) Außer bei drohender Gefahr darf sich keine Patrone vor dem Lauf befinden. Dies gilt nicht, wenn durch konstruktive Maßnahmen sichergestellt ist, dass sich bei entspanntem Hahn kein Schuss lösen kann.

(4) Geführte Schusswaffen mit einer äußeren Sicherungseinrichtung sind, ausgenommen bei ihrem Einsatz, zu sichern.

(5) Von den Bestimmungen der Absätze 3 und 4 darf für Bereiche abgewichen werden, in denen entsprechende behördliche oder militärische Sonderregelungen bestehen.

DA zu § 20 Abs. 1 bis 4
Diese Forderungen gelten auch innerhalb befriedeten Besitztums.

DA zu § 20 Abs. 5
Behördliche oder militärische Sonderregelungen bestehen z. B. in Bereichen der Bundeswehr, der Deutschen Bundesbank und in Objektbereichen von kerntechnischen Anlagen.

§ 21 Übergabe von Schusswaffen, Kugelfangeinrichtungen

(1) Schusswaffen dürfen nur in entladenem Zustand übergeben werden.

(2) Der Übernehmende hat sich sofort vom Ladezustand der Waffe zu überzeugen und diese auf augenfällige Mängel zu kontrollieren.

(3) Bei Feststellung von Mängeln darf die Waffe nicht geführt werden. Vor einer Wiederverwendung ist sie einer sachkundigen Instandsetzung zuzuleiten.

(4) Beim Laden und Entladen von Schusswaffen müssen diese an sicherem Ort auf eine geeignete Kugelfangeinrichtung gerichtet sein. Jegliches Hantieren mit der Waffe hat hierbei so zu erfolgen, dass keine Versicherten durch einen sich lösenden Schuss verletzt werden können.

DA zu § 21

Als eine geeignete Kugelfangeinrichtung kann z. B. ein Behälter mit einer Grundfläche von mindestens 0,6 m × 0,6 m angesehen werden, der zumindest 0,3 m hoch mit Sand gefüllt ist. Der Ort, an dem sich die Kugelfangeinrichtung befindet, ist als geeignet anzusehen, wenn er in der Nähe der Übergabestelle außerhalb von Verkehrs- und Aufenthaltsbereichen liegt und ausreichende Bewegungsfreiheit für das Laden und Entladen vorhanden ist. Siehe auch:

- Waffengesetz (WaffG),
- Verordnungen zum Waffengesetz,
- Allgemeine Verwaltungsvorschrift zum Waffengesetz (WaffVwV),
- Unfallverhütungsvorschrift „Grundsätze der Prävention" (BGV A1).

§ 22 Aufbewahrung von Schusswaffen und Munition

(1) Der Unternehmer hat dafür zu sorgen, dass für die Aufbewahrung von Schusswaffen und Munition zumindest Stahlblechschränke mit Sicherheitsschloss oder entsprechend sichere Einrichtungen vorhanden sind, die eine getrennte Unterbringung von Waffen und Munition ermöglichen und Schutz gegen Abhandenkommen oder unbefugten Zugriff gewährleisten.

(2) Die Aufbewahrung von Schusswaffen und Munition muss in verschlossenen Einrichtungen nach Absatz 1 erfolgen. Schusswaffen dürfen nur im entladenen Zustand aufbewahrt werden.

DA zu § 22

Die Maßnahmen zur sicheren Aufbewahrung von Schusswaffen und Munition gelten sowohl im Unternehmen als auch in den Kundenobjekten. Die Maßnahmen sollen auch mit der zuständigen kriminalpolizeilichen Beratungsstelle bzw. mit anderen zuständigen behördlichen oder militärischen Stellen abgestimmt werden, da in bestimmten Objektbereichen besondere behördliche oder militärische Regelungen bestehen können, die eine Abweichung erforderlich machen und die Sicherheit auf andere Weise gewährleisten. Siehe auch:

- Waffengesetz (WaffG),
- Verordnungen zum Waffengesetz,
- Allgemeine Verwaltungsvorschrift zum Waffengesetz (WaffVwV),
- Unfallverhütungsvorschrift „Grundsätze der Prävention" (BGV A1),
- § 20 Abs. 5 dieser Unfallverhütungsvorschrift.

§ 23 Alarmempfangszentralen

Der Unternehmer hat dafür zu sorgen, dass Alarmempfangszentralen, die aufgrund ihrer Aufgabenstellung als überfallgefährdet anzusehen und mit Wach- und Sicherungspersonal besetzt sind, ausreichend gesichert sind.

DA zu § 23

Als überfallgefährdete Alarmempfangszentralen sind aufgrund ihrer Aufgabenstellung Notruf- und Serviceleitstellen (NSL) anzusehen, die mit Versicherten besetzt und auf die Überfall- und Einbruchmeldeanlagen aufgeschaltet sind. Eine ausreichende Sicherung für Notruf- und Serviceleitstellen (NSL) ist gegeben, wenn z. B.

- Fenster, die ohne Hilfsmittel von außen erreichbar sind, Sicherungen gegen Einblick von außen haben, feststehend sind und deren Verglasungen hinsichtlich Durchschuss- und Durchbruchhemmung mindestens den Widerstandsklassen BR 3-S nach DIN EN 1063 und P 7B nach DIN 356 entsprechen;
- sonstige Fenster Sicherungen gegen Einblick von außen haben, außer zum Zweck der Reinigung nur kippbar geöffnet werden können und deren Verglasungen mindestens der Widerstandsklasse P 4A auf Durchwurfhemmung nach DIN EN 356 entsprechen;
- die Rahmen und Beschläge der Fenster sowie die umgebenden Gebäudeteile mindestens dem Widerstandswert der Verglasungen entsprechen;
- Außentüren mindestens der Widerstandsklasse FB 3-S nach DIN EN 1522 bzw. der Widerstandsklasse BR 3-S nach DIN EN 1063 entsprechen, selbstschließend ausgeführt sind, sich von außen nur mit Schlüsseln oder entsprechenden Elementen öffnen lassen, einen Durchblick von innen nach außen gewähren, ein Einblick von außen verhindert ist und Schlösser und Beschläge der Widerstandsklasse der Türen entsprechen;
- Bereiche vor Zugängen ausreichend beleuchtet sind sowie
- eine den Regeln der Technik entsprechende Überfallmeldeanlage installiert und gewartet ist, deren Alarm an eine Stelle übertragen wird, die diesen unabhängig von einem Überfallgeschehen weiterleiten und erforderliche Maßnahmen einleiten kann.

Eine Überfallgefahr besteht auch für Einsatzzentralen von Geld- oder Werttransportdiensten, denen die Steuerung und Überwachung der Trans-

porttätigkeiten obliegt. Wesentlich für die Steuerung und Überwachung von
Geld- oder Werttransporttätigkeiten sind z. B.

- Aufstellung und Überwachung der Einsatz- und Tourenpläne,
- Überwachung der Touren durch Kommunikationseinrichtungen und vor-
  handene Ortungssysteme,
- Aufrechterhaltung der Kommunikationsverbindungen sowie
- Entgegennahme und gegebenenfalls Weiterleitung von Notrufen und
  Alarmen sowie Einleitung weiterer erforderlicher Maßnahmen.

Eine Mindestsicherung für Einsatzzentralen von Geld- oder Werttransportdiensten bedingt, dass die Einsatzzentralen ausreichend gegen unbefugten und unbemerkten Zutritt gesichert sowie mit einer den bereits aufgezeig-
ten Anforderungen entsprechenden Überfallmeldeanlage ausgerüstet sind.

- Das Ergebnis der gemäß Arbeitsschutzgesetz (ArbSchG) durchzuführen-
  den Gefährdungsbeurteilung kann weitere Sicherungsmaßnahmen erfor-
  derlich machen. Siehe auch:
- Arbeitsschutzgesetz (ArbSchG),
- Unfallverhütungsvorschrift „Grundsätze der Prävention" (BGV A1),
- Richtlinien für Überfall- und Einbruchmeldeanlagen mit Anschluss an
  die Polizei (ÜEA),
- DIN EN 356 „Glas im Bauwesen – Sicherheitssonderverglasung – Prüf-
  verfahren und Klasseneinteilung des Widerstandes gegen manuellen
  Angriff ",
- DIN EN 1063 „Glas im Bauwesen – Sicherheitssonderverglasung – Prüf-
  verfahren und Klasseneinteilung für den Widerstand gegen Beschuss",
- DIN EN 1522 „Fenster, Türen, Abschlüsse – Durchschusshemmung –
  Anforderungen und Klassifizierung",
- DIN EN 1523 „Fenster, Türen, Abschlüsse – Durchschusshemmung –
  Prüfverfahren",
- DIN VDE 0833–1 „Gefahrenmeldeanlagen für Brand, Einbruch und
  Überfall – Teil 1: Allgemeine Festlegungen",
- DIN VDE 0833–3 „Gefahrenmeldeanlagen für Brand, Einbruch und
  Überfall – Teil 3: Festlegungen für Einbruch- und Überfallmeldeanlagen".

12.3   III. Besondere Bestimmungen für Geldtransporte

§ 24 Eignung
Der Unternehmer darf für Geldtransporte nur Personen einsetzen, die mindestens 18 Jahre alt, persönlich zuverlässig und geeignet sowie für diese Aufgabe besonders ausgebildet und eingewiesen sind.

DA zu § 24
Im Rahmen von Geld- oder Werttransporttätigkeiten nach den Durchführungsanweisungen zu § 1 macht die Durchführung von Geldtransporten wegen der damit verbundenen offenkundigen Überfallgefahr besondere Eignungen, Ausbildungen und Maßnahmen nach § 3 erforderlich. Bei der Eignungsbeurteilung ist insbesondere auch auf Unbescholtenheit sowie eine geordnete Lebensführung zu achten, z. B. durch die unbeschränkte Auskunft nach § 41 Abs. 1 Nr. 9 Bundeszentralregistergesetz (BZRG), polizeiliches Führungszeugnis, die aktuelle Schufa-Selbstauskunft. Im Rahmen der besonderen Ausbildung ist auch den erhöhten Anforderungen hinsichtlich des frühzeitigen Erkennens von Gefahr- und Konfrontationssituationen Rechnung zu tragen. Hierbei sind ebenfalls Kenntnisse über das rechtliche, taktische und strategische Verhalten in Situationen vor, während und nach einem Überfall zu vermitteln. Eine sorgfältige Einweisung beinhaltet auch die Vermittlung fundierter Kenntnisse über Transporttechniken sowie den Einsatz von technischen Transportsicherungen. Entsprechende Eignungen, Ausbildungen und Einweisungen von Beschäftigten können auch für die Durchführung der Transporte von sonstigen Werten nach den Durchführungsanweisungen zu § 1 erforderlich sein, wenn das Ergebnis der gemäß Arbeitsschutzgesetz (ArbSchG) durchzuführenden Gefährdungsbeurteilung ein erhöhtes Überfallrisiko aufzeigt. Siehe auch:

• Arbeitsschutzgesetz (ArbSchG),
• Unfallverhütungsvorschrift „Grundsätze der Prävention" (BGV A1).

§ 25 Geldtransporte durch Boten
(1) Der Unternehmer hat dafür zu sorgen, dass Geldtransporte durch Boten in öffentlich zugänglichen Bereichen von mindestens zwei Personen durchgeführt werden, von denen eine Person die Sicherung übernimmt. Dies gilt auch für entsprechende Wegstrecken zwischen Transportfahrzeugen und Übergabe- oder Übernahmestellen.

(2) Von Absatz 1 darf nur abgewichen werden, wenn
- das Geld unauffällig in der bürgerlichen Kleidung getragen wird,
- der Transport nicht als Geldtransport erkennbar ist,
- der Anreiz zu Überfällen durch technische Ausrüstungen, die für Außenstehende deutlich erkennbar sind, nachhaltig verringert wird oder
- ausschließlich Hartgeld transportiert wird und dies auch für Außenstehende durch Transportverlauf und Transportabwicklung erkennbar ist.

(3) Zum Tragen bestimmte Geldtransportbehältnisse müssen ausreichend handhabbar sein. Sie dürfen mit Boten nicht fest verbunden sein.

DA zu § 25
Die Forderungen für die Sicherung von Geldtransporten nach Absatz 1 gelten auch für Transporttätigkeiten, bei denen für Täter die Möglichkeit eines direkten Zugriffs auf Geldbestände oder Wertbehältnisse besteht, z. B. bei:

- der Ver- oder Entsorgung von Geldautomaten,
- der Ver- oder Entsorgung von Fahrschein- oder entsprechenden Automaten,
- dem Öffnen von Automaten im Rahmen von Serviceleistungen und Störungsbeseitigungen, wenn darin befindliche Geldbestände oder Wertbehältnisse vorübergehend ungesichert sind,
- der Beschickung von Nachttresoren.

Zur Vermeidung von Wegstrecken durch öffentlich zugängliche Bereiche eignen sich z. B.

- Fahrzeug-Schleusen,
- Fahrzeug-Andocksysteme,
- geschlossen gehaltene Hofräume sowie
- vorübergehend unter Verschluss zu nehmende Gebäudeteile, die durch ihre Anordnung und Ausführung Außenstehenden den Zugang verwehren und dementsprechend verwendet werden.

Parkhäuser und für Außenstehende zugängliche Tiefgaragen erfüllen diese Voraussetzungen nicht.
Als bürgerliche Kleidung sind alle Kleidungsstücke anzusehen, die keine Dienstkleidung sind und keine Hinweise auf die Firmenzugehörigkeit oder dergleichen geben. Hierzu gehören auch Taschen und Behältnisse, die allge-

mein üblich sind und keinen Rückschluss auf ihren Inhalt zulassen. Geld-oder Werttransporte nach den Durchführungsanweisungen zu § 1 gelten als für Außenstehende nicht erkennbar, wenn z. B. Kleidung und Ausrüstung, eingesetzte Fahrzeuge sowie Transportverlauf und -abwicklung insgesamt keine entsprechenden Rückschlüsse zulassen. Technische Ausrüstungen, die den Anreiz zu Überfällen nachhaltig verringern, sind technische Transportsi-cherungen, die einer Wegnahme des Transportgutes während des Botengan-ges aufgrund ihrer Funktionsweise entgegenwirken, indem z. B.

- nach einer erzwungenen Übergabe oder dem Entreißen des Transportbe-hältnisses automatisch sofort oder in angemessenem Zeitabstand die Öf-fentlichkeit hierauf durch einen akustischen Alarm sowie einen optischen Alarm in Form einer wirksamen Farbrauchentwicklung aufmerksam ge-macht wird oder
- bei unbefugtem Zugriff auf das Transportgut dieses automatisch wir-kungsvoll eingefärbt wird, um es für Täter wertlos zu machen.

Die Wirksamkeit von technischen Transportsicherungen hinsichtlich der nachhaltigen Verringerung des Anreizes zu Überfällen kann vom zuständigen Unfallversicherungsträger festgestellt werden. Technische Transportsicherun-gen sind nur geeignet, wenn dem Boten auf seiner Wegstrecke im öffentlich zugänglichen Bereich ein Zugriff auf die Werte nicht möglich ist und somit seiner Erpressbarkeit weitgehend entgegengewirkt wird. Dies bedeutet z. B.

- die Aktivierung und Deaktivierung von technischen Transportsicherun-gen darf nur in Bereichen erfolgen können, die öffentlich nicht zugäng-lich sind, der Bote darf Schlüssel oder entsprechende Elemente zur Akti-vierung oder Deaktivierung der technischen Transportsicherung nicht mit sich führen und
- der Bote darf keine Schlüssel oder entsprechenden Elemente mit sich führen, die ihm den Zugang zum öffentlich nicht zugänglichen Bereich ermöglichen.

Die Handhabbarkeit von Transportbehältnissen und technischen Trans-portsicherungen wird z. B. durch deren Ausführung, Formgebung, Abmes-sungen und Gewicht bestimmt. Hierbei ist bei häufiger Handhabung für einen Mann eine Traglast von bis zu 25 kg und für eine Frau eine Traglast von bis zu 12 kg anzusetzen. Im Interesse einer besseren Handhabbarkeit und Reduzierung der Belastungen sind geringere Traglasten anzustreben. Siehe auch:

- Arbeitsschutzgesetz (ArbSchG),
- Betriebssicherheitsverordnung (BetrSichV),
- Lastenhandhabungsverordnung – Arbeitsblatt „Heben und Tragen von Lasten; Hilfe für den Arbeitgeber",
- Unfallverhütungsvorschrift „Grundsätze der Prävention" (BGV A1),
- „Grundsätze für die Prüfung des Arbeitsschutzes von technischen Ausrüstungen zur nachhaltigen Verringerung des Anreizes zu Überfällen" (TAVAÜ); (GS-VW-SG1).

12.4   IV. Ordnungswidrigkeiten

§ 28 Ordnungswidrigkeiten

Ordnungswidrig im Sinne des § 209 Abs. 1 Nr. 1 Siebtes Buch Sozialgesetzbuch (SGB VII) handelt, wer vorsätzlich oder fahrlässig den Bestimmungen des § 2 in Verbindung mit

§ 3,
§ 4 Abs. 1, 2 Satz 1, Absatz 3 Satz 2,
§ 5 Satz 1 oder 3,
§ 6 Abs. 2,
§§ 7, 8 Abs. 1 Satz 1 oder 2, Absatz 2 Satz 2, Absatz 3,
§§ 9, 10 Abs. 1, 3, 4 oder 5,
§ 12 Abs. 1 Satz 1,
§ 13,
§ 14 Abs. 1, 2 Satz 2,
§ 15 Abs. 1,
§ 16 Abs. 1 Satz 1 oder 3, Absatz 3, 4 oder 6,
§ 17,
§§ 18, 19, 20 Abs. 1 Satz 2, Absatz 2, 3 Satz 1, Absatz 4,
§ 21 Abs. 1 bis 3, Absatz 4 Satz 2,
§§ 22, 24, 25 Abs. 1, 3 Satz 2,
§ 26 Abs. 1, 3 oder 5 oder
zuwiderhandelt.

Quellenverzeichnis Gesetzessammlung

www.gesetze-im-internet.de
www.vbg.de

Printed in the United States
by Baker & Taylor Publisher Services